突破创新：
教学模式改革与探索

◎王文举　张　琪/主编

首都经济贸易大学出版社
Capital University of Economics and Business Press
·北京·

图书在版编目(CIP)数据

突破创新:教学模式改革与探索/王文举,张琪主编.
—北京:首都经济贸易大学出版社,2013.10
ISBN 978-7-5638-2156-3

Ⅰ.①突… Ⅱ.①王… ②张… Ⅲ.①高等学校—教学研究—文集 Ⅳ.①G642.0-53

中国版本图书馆 CIP 数据核字(2013)第 245228 号

突破创新:教学模式改革与探索
王文举 张琪 主编

出版发行	首都经济贸易大学出版社
地　　址	北京市朝阳区红庙(邮编 100026)
电　　话	(010)65976483 65065761 65071505(传真)
网　　址	http://www.sjmcb.com
E-mail	publish@cueb.edu.cn
经　　销	全国新华书店
照　　排	首都经济贸易大学出版社激光照排服务部
印　　刷	北京京华虎彩印刷有限公司
开　　本	710 毫米×1000 毫米 1/16
字　　数	233 千字
印　　张	13.25
版　　次	2013 年 10 月第 1 版第 1 次印刷
书　　号	ISBN 978-7-5638-2156-3/G·335
定　　价	29.00 元

图书印装若有质量问题,本社负责调换

01

CONTENTS

课程综合改革

02

CONTENTS

课堂教学组织与设计

课堂实践项目的组织与设计

03

CONTENTS

04

CONTENTS

课程综合改革

财经院校电子商务人才培养创新策略及课程体系设计

工商管理学院　翟春娟　财政税务学院　刘辉

【摘要】:电子商务是近年来新兴的一门交叉学科。在近年的发展过程中,财经类院校电子商务专业却面临着"市场人才需求量大,但毕业生就业率低"的尴尬局面。为解决该问题,本文深入分析了电子商务人才的市场需求,以及财经院校电子商务专业建设面临的问题。同时结合电子商务行业的岗位需求,制定出电子商务人才培养创新策略,并提出了电子商务专业"差异化"课程体系设计方案,以期为财经类院校电子商务专业人才培养提供有价值的参考。

【关键词】:电子商务　人才培养　创新　课程体系

一、引言

电子商务专业是随着网络技术的发展以及互联网的普及出现的新兴专业。《2012 中国电子商务人才状况调查报告》显示,未来 5 年,我国 3 000 多万家中小企业将有半数企业尝试发展电子商务,对电子商务人才的需求将更加迫切[1]。快速的行业发展速度与人才供应不足,形成电子商务领域巨大的人才真空。

然而,与火爆的电子商务人才需求相对应的是,近年来,教育部公布的电子商务专业应届毕业生就业率仅为20%。特别是对一些财经类院校来说,由于存在着培养方向模糊、师资力量(特别是侧重技术方面)薄弱、课程体系设置欠佳等问题,电子商务专业毕业生一半以上找不到对口工作。

一方面电子商务人才的需求非常旺盛,另一方面,学生的就业率却不高。这也映射出电子商务人才培养目标和培养质量与社会的需求、用人单位的择才标准之间还存在着一定的差距。正如《2012 中国电子商务人才状况调查报告》所言,电商行业快速更新的知识结构与传统教育模式存在矛盾,而该矛盾导致传统教育体制教授的电商知识,与企业实践和需求脱节严重[1]。因此,如何制定出科学、合理又满足社会需求的电子商务人才培养模式以及专业课程体系是每个开设电子商务专业的院校需要认真思考的问题。

二、电子商务人才市场需求分析

为响应市场需求,规范电子商务专业人才培养,教育部高教司于 2000 年年底批准设立了电子商务专业,并于2001年3月下达了浙江大学、西安交大、华中师大等13所院校首批试办电子商务本科专业的批文。同年5月,在教育部的支持和引导下,以规范和推动我国高校电子商务专业建设为目的,成立了全国电子商务专业建设专家小组,2002年4月升级为中国高等院校电子商务专业建设协作组,来协作完成国内电子商务专业建设。2001年教育部高教司第二次批准83所院校申办电子商务专业,并于2002年1月下达批文。2002年年底第三期又新增了58所院校[2]。自此,我国已有300多所高校开设电子商务本科专业。

通过对当前电子商务人才的需求行业、需求岗位及岗位职责的分析发现,市场需要的电子商务人才大致可分为三类:一是营销类电子商务人才,主要从事电子商务的商品发布、网络营销、物流管理等工作;二是技术类电子商务人才,主要从事电子商务系统开发、网站建设维护、数据库管理等工作;三是综合管理类电子商务人才,主要从事电子商务的整体规划和运营管理工作[3]。第一类和第二类电子商务人才可以通过在院校培养时有侧重点地培养获得,而第三类综合管理类电子商务人才则需要在相关工作岗位经过长期磨炼才能获得。

三、财经院校电子商务专业面临的问题

目前,国内财经类院校几乎都开有电子商务专业,专业归属大体分为三类。第一类将电子商务专业归属于信息类学院,如上海财经大学、对外经贸大学、河南财经大学等;第二类归属于商学院、国际经贸学院或工商管理学院,如江西财经大学、安徽财经大学和云南财经大学等;第三类以东北财经大学和西南财经大学为代表,设有独立的电子商务学院[4]。

首都经济贸易大学是北京市属重点财经类院校,电子商务专业划分到工商管理学院。笔者近几年为该校电子商务本科学生教授了电子商务概论、电子商务技术基础、网上支付与电子银行、网络经济学等多门专业课。在对电子商务专业学生的授课、课下交流和带毕业论文的过程中发现,电子商务专业的学生在就业时经常面临这样的尴尬:论技术,比不上学计算机科学与技术专业的;论商务,不如市场营销、工商管理等专业。这也是很多财经类院校电子商务专业学生普遍面临的困境,同时也映射出财经类院校电子商务人才培养中出现的问题。

(一)培养目标模糊,专业定位不清晰

电子商务专业是一个打破了文理界线的复合型专业,涉及通信、计算机、经济管理、商务贸易、金融、法律等多学科领域的交叉融合,学科性质的特殊性导致了电子商务专业培养存在培养目标模糊、定位不清晰的问题,同时专业培养目标又是课程体系设置以及就业方向的导向标,因此,明确专业培养目标,对电子商务专业清晰定位至关重要。

以首都经济贸易大学工商管理学院的电子商务专业为例,其培养目标是“适应社会经济发展需要,具有扎实的经济贸易与管理理论素养,掌握信息科学理论与技术,面向首都经济,服务首都经济,胜任电子商务环境下各类行业的经营管理与商务设计开发工作,具有实践能力、创新能力和创业精神的德、智、体、美全面发展的应用型、复合型高级专门人才”。这一培养目标涵盖面广,提出了对学生综合能力的要求,但缺点是侧重点不够突出,定位不清晰。使得学生在就业方向及专业侧重点选择上存在疑惑。这是许多财经类院校电子商务专业面临的普遍问题。

（二）课程设置侧重点不突出

模糊的专业定位必然导致课程体系设置的不合理,主要体现为知识结构失衡、开课顺序不合理、理论类课程比例过高、实践课程有所欠缺以及课程评价标准较为单一等。

电子商务专业课程涵盖经济、管理类和计算机类的课程。目前财经类院校电子商务专业虽然开设了经济管理类和计算机类课程,但存在以下两个问题:

一是课程设置侧重点不够突出。电子商务专业学生经济、管理类和计算机类的课程都要学习,但学生培养方向侧重点不够突出,体现在模块设置中是经济、管理类课程较多,学生选择灵活性不大;而电子商务专业相关的计算机类课程开设较少,只有计算机应用基础、计算机网络基础、数据库应用、管理信息系统、网站设计与规划、电子商务安全等课程,除了后两门课外,其他计算机类课程都属于管理类专业的必修课。与电子商务相关的技术类课程设置较少,使一些希望偏重学习技术类的学生无法在课堂上吸取足够所需的知识,这进一步影响到学生今后就业方向的选择。

二是真正能将技术与商务两方面知识融会贯通的课程设置得较少。这体现在电子商务专业高年级课程设置中缺少将前期所学计算机、管理、经济类课程融会贯通的课程。目前财经类院校开设了企业资源规划(ERP)课程,该课程设计企业采购、生产、销售、财务等多个环节。遗憾的是由于课时有限,学生动手实践环节不足。同时,综合课程较少,造成学生无法将所学知识融会贯通,无法理解电子商务专业与单纯的管理类专业或计算机专业在能力培养上的差别。

（三）实践课程课时不够,对口的课外实践缺乏

电子商务是一个应用性很强的专业,实践环节是教学环节的重要组成部分。目前,财经类院校的实践类课程(如企业资源规划)除了课时量不够的问题以外,还有一个问题就是课外实践匮乏。目前普遍采用的实践教学方式是让学生在实验室操作与电子商务相关的模拟软件,电子商务专业的课外实习基地建设未形成长效机制,而学校与企业之间大多缺乏有效沟通。一方面电子商务专业已签协议的实习基地因为各种原因并未定期接收电子商务专业学生;另一方面,学生对某些实

习基地提供的实习岗位不满意,觉得与专业不是特别对口,不能通过实践得到较多锻炼和提高。因此,学生所学的知识经常停留在抽象的理论层面,其实际操作技能和专业素质无法真正得到有效提高。

(四)专业师资队伍建设有待加强

目前,国内高校电子商务专业老师大部分由于缺少电子商务专业知识的培训以及电子商务的实际操作经验,在教学过程中理论与实践相结合的环节能力较为薄弱,因而造成了学生的实践意识及动手能力不强。财经院校电子商务系教师部分是从管理类专业转过来的,部分是从高校博士毕业直接参加教学工作,没有企业实践经验,具有电子商务相关工作经历的更是少之又少。同时,由于各方面条件限制,教师参加企业电子商务实际工作、阿里学院等机构培训以及电子商务相关研讨会的机会非常少,造成电子商务专业教师的知识储备以及知识结构不够系统、深入和实用,难以满足高素质人才培养的需要。

四、财经院校电子商务专业人才培养策略及课程体系设置

通过以上对财经类院校电子商务专业建设出现问题的分析,本文结合电子商务人才的市场需求,提出电子商务人才培养创新策略,其中对专业课程体系也提出新的设计思路。

(一)结合人才需求特点,明确培养目标

在上文中提到,目前社会对电子商务人才需求有三类:营销类、技术类和综合类。其中前两类是高校培养重点,第三类需要经过长期的相关岗位实践才能具备。根据社会需求种类,可将财经类院校电子商务专业人才的培养目标定位为两类:技术型操作人才和商务型实务人才。

技术型操作人才不但要深刻理解企业的客户需求,也需要有扎实的计算机功底,保证最终设计是为解决企业的业务和管理服务。具体可以细分为三类:①商务网站设计:数据库、程序设计、网页设计、站点管理(技术维护)。②商务平台设计:网络编程、平台规划、安全设计。③美工设计:视频处理、颜色处理、图像处理、文字处理。

商务型实务人才也可以细分为三种:①企业网络营销业务:利用网站为企业客户服务、管理网络品牌、开拓网上业务等。②电子商务支持系统的推广:销售电子商务系统和提供电子商务支持服务、客户管理等。③电子商务网上创业。其中,企业要求网络营销人才在实际工作中具备能力:网站(网店)SEO推广、搜索引擎竞价排名运作、淘宝站内推广、SNS、论坛及微博反向链接、邮件营销、微博营销、网站流量监控、用户数据分析等能力。

(二)参照培养目标,设置“差异化”课程体系

根据上述提到的电子商务专业学生的两个培养目标:技术类和商务型人才,课

程设置时也应突出重点，设置不同的专业核心课程模块。根据电子商务专业目前的培养目标和培养模式，课程体系划分成为三大模块：专业基础课模块、专业必修课模块、专业方向课模块[5]，如图 1 所示。

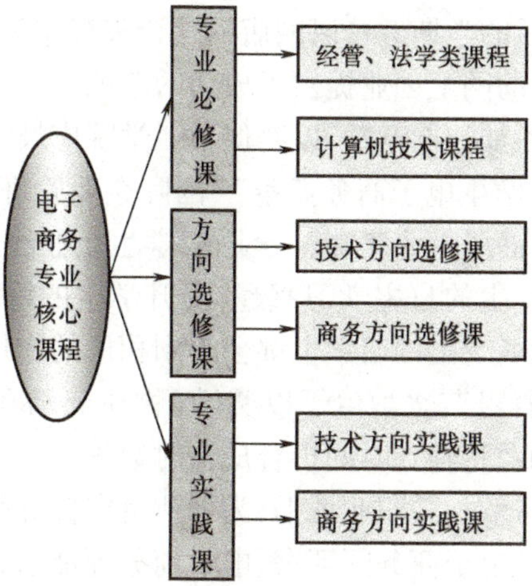

图 1　电子商务专业核心课程

其中，专业基础课和专业必修课与目前课程设置差别不大，对于专业方向课则要有所区分。对于技术型操作人才，培养目标主要是培养学生通过技术来实现对电子商务活动的有效支持的能力，因此课程开设应该偏重于工科方面的课程的开设，比如操作系统、电子商务网站规划、电子商务系统分析与设计、C 语言、JAVA 程序设计、多媒体技术等课程。而商务型实务人才，主要是培养学生能从商务角度实现对电子商务活动的有效支持，所以除了开设基本的技术类课程以外，主要偏重于管理类课程的开设，比如网络营销、网上支付与电子银行、网络经济学、互联网商务模式、客户关系管理等。另外，根据不同的培养方向，对于专业实践课的设置也应有所差异。

同时，这两类人才从课程模块设定上应有所区分，如一个模块专门包含技术类课程，另一个模块专门包含商务类课程。在保证总学分量的基础上，使学生能灵活选择这些模块，比如每个模块最少可选 1 门课程。

（三）搭建教学实践平台，提高学生实际操作能力

在提高学生实践能力方面，可以通过多种方式来实现。本文提供了五种方式，其中有一些也是其他院校电子商务专业建设的成功经验。

第一种，构建校企合作实习平台。利用企业资源创造岗位，让学生熟悉真实的工作环境，为以后工作积累初步经验[6]。

第二种，完善电子商务实验室建设。引入各类电子商务模拟软件和教学沙盘，

通过软件模拟电子商务经营活动的各项业务，加深学生对电子商务的全盘理解，提高他们的操作能力[6]。

第三种，为学生网上创业提供条件。学校要为学生提供资源和技术支持，鼓励学生通过网络自主创业①。比如，可开设专门的电子商务综合实践课程，让学生分小组进行网上创业，最后的学期考核以网店的综合表现作为参考。在这方面，义乌工商学院电子商务专业的网上创业提供了成功的典范。

第四种，鼓励学生参加技能竞赛，以赛促学。学院应鼓励学生参加全国性的电子商务大赛，如“全国大学生电子商务竞赛”“国际企业管理挑战赛（GMC）”“全国商科院校技能大赛移动商务专业竞赛”“全国大学生企业经营管理沙盘模拟大赛”等，这样不仅可以提高学生的自主学习兴趣，提升学生的综合素质，同时这些大赛的获奖经历对于学生就业及出国留学也都会起到积极的作用。学院可邀请专业教师为学生提供赛前培训，对获奖学生予以奖励（物质奖励和增加学分等），对培训教师也可提供物质奖励及将辅导时间折合成课时数等。

第五种，鼓励学生考取相关职业证书，为就业奠定良好基础。这方面的证书包括网页设计师证书、助理电子商务师证书、电子商务师证书，更进一步，可将证书的考取纳入教学计划中，对于取得证书的同学给予相应的学分。这样，一方面提高了学生对于专业课的学习兴趣，同时也为就业奠定了良好的基础。

（四）加强专业师资队伍建设，提高教学质量

为满足培养应用型人才的需求，要求教师必须具有一定的社会实践和应用能力，可从多个方面着手提高电子商务专业教师知识储备和综合能力。

1. 优化师资队伍。积极引入电子商务及相关专业的高层次人才，引进具有丰富实践经验的企业经营人员作为专业骨干教师或者兼职教师，优化师资队伍的学历、年龄、职称结构。

2. 为教师提供多种培训方式。可以经常性地派出教师参加相关学术会议、专业教育会议，通过相互学习、专题研讨等各种方式，提高教师的业务水平、更新思想观念；也可以安排电子商务专业的相关教师深入电子商务企业挂职实习，了解企业所需，丰富实践经验，充实教学内容，提高教学质量。同时，提供多方面的支持，鼓励教师参与阿里巴巴学院等机构的教师培训。

3. 积极利用外部资源。可以邀请国内外名校、名师及优秀的企业家和相关专业的专家到校讲学，把国内外最新的信息及时传递给教师和学生。同时，也可以聘请多位校外具有丰富电子商务经验的人员为兼职教师，校内外共同合作落实应用人才的培养。

① 李民．基于就业导向的电子商务人才培养路径研究[J]．电子商务，2012(12)．

五、结束语

电子商务的快速发展,对高校电子商务专业人才培养的定位、速度以及质量等方面提出了新的要求和挑战。为了更好地提高财经类院校电子商务专业学生培养质量,提升电子商务专业毕业生就业率,应该在电子商务专业人才培养的目标、课程体系设置、师资安排等方面进行必要的改革。本文针对上述问题对财经类院校电子商务专业人才培养改革的相关思路进行了初步的分析与探索,以期对财经类院校电子商务专业人才培养提供有价值的参考。

参考文献

[1] 中国电子商务研究中心. 2012 中国电子商务人才状况报告[R]. 教育部第七届全国信息技术应用水平大赛电子商务运营高级师资培训班(杭州),2012.

[2] 乔晓华. 论财经类院校电子商务专业的建设重点[J]. 内蒙古财经学院学报(综合版),2007(2).

[3] 罗龙燕,李昌兵,王永. 电子商务专业创新人才培养模式探索[J]. 中国信息界,2012(8).

[4] 黎新伍. 财经大学背景下电子商务人才培养模式探索[J]. 江苏商论,2008(6).

[5] 王新庄,党庆忠,毋培新,何计荣,刘勇. 电子商务专业人才培养目标和培养模式的研究[J]. 成都理工大学学报(社会科学版),2004(4).

[6] 李民. 基于就业导向的电子商务人才培养路径研究[J]. 电子商务,2012(12).

顺应时代变化，追求效果突破

——以通选课改革创新促进大学教育的完善和发展

文化与传播学院　郭锦鹏

【摘要】:本科生教育教学的发展正在经历深刻调整。除专业课以外的通选课程越来越多地承担起补充教育的角色。时代变化对高等教育提出了新的要求，单纯过程性教育已经让位于注重效果的教育。这些变化要求当代大学的通选课程教育应当以改革求精益，靠创新谋未来。着眼于此，在那些具体的课程结构、教学范式、课程设置、教学评价等方面，都可以在实践层面上作出新的探索。

【关键词】:大学教育　通选课　改革　发展　创新

随着科技的进步和时代的发展，当今社会的专业分工越来越细，各种新的知识和工具层出不穷，人们的知识更新和充电需求也越来越多。因此，大学教育应该跟随时代的脚步，结合高等教育的规律和客观情况，不断作出调整、改革和完善，以增强高等教育的时代特色。

一、通过调整选修课比例优化课程设置、完善课程体系

(一)应当切实重视公共选修课

公共选修课程，在中国高等教育课程设置中是一个比较重要但相对较新的内容，是近年来高等教育改革引入学分制过程中被持续重视和强化的内容。在发达国家的大学课程设置中，公共选修课(有高校称为“通选课”)是非常重要的内容，有些国家的高校甚至将其比例设定超过专业课程[①]。因为这些课程的数量和质量将直接决定某一学校学生的知识学习选择自由度和满足程度。2007年，教育部曾经发布过一份文件，其中明确要求“要采取各种措施，加大选修课比例，增加学生自主学习的时间和空间，拓宽学生知识面，完善学生的知识结构”[②]。这份文件充分说明，教育主管部门也是非常重视选修课程的。

既然中国教育部和国外高等教育界都重视选修课程，从接受政府指导、加强高校自身建设和参考国外范例的多重角度出发，搞好选修课程不仅应该、而且必要。

---

① 顾海兵. 真大学:选修课比重须超过60%[EB/OL]. http://infzm.com/content/52589.

② 该文件为《关于进一步深化本科教学改革全面提高教学质量的若干意见》。

国内高校在学生培养方案的制订中，大多将必修课程的学分设置为总体毕业要求学分的70%左右，其余为选修课程。当然，有的学校也将公共基础课划入选修课，但是列为限制选修，还有些专业选修课程也被划为限制选修课程之列。这样来看，纯粹的公共选修课设置比例就因各个学校的培养方案和学校情况差异而不同，但总体上国内高校的公共选修课比例不高。

现实情况要求增加公共选修课的比例，这是和社会发展与教育改革完全相关的。第二次世界大战以来，人类进入了新的时期，科技进步日新月异，各种新的生产工具和生活用品被制造出来，生物技术、电子与信息产品等成为引领时代科技的新标志。特别是美国提出建设"信息高速公路"以来，在世界范围内，轻型化和个人化的电子产品、电脑软件及网络关联新事物，已走进人们的日常生活。这也同时提出了一个新的问题，即那些非新兴科学和技术专业的学生如何才能够了解或有所掌握这些陌生的新知识。除了开设类似"计算机"这样的必修课程，为学生们开设更多的与这些新兴知识有关的公共选修课是一种实际可行的办法。

在人文社会科学领域也是一样的，除了继承下来的那些文化遗产，新兴学科和交叉学科等也随着社会的发展涌现出来。对于那些诸如伦理、道德、语言文字等基本文化知识与遗产的普遍传承和学习以外，开设更多的课程供学生们选学是开拓其视野、满足其求知兴趣、补充其专业课程以外知识的重要渠道。

随着人文社会科学和自然科学的继承与发展而同时演进的还有专业分工的细化、复杂化和交叉化。这些细化的分工远不同于那些传统的粗放型的行业与分工，它们衍生出很多新的技术、服务和交叉领域的知识内容。比如，随着手机通信这种新的技术手段的诞生，伴随而来的还有手机软件研发、手机修理、手机美容、发射基站管理与维护、客户服务和通信增值服务等各种新的、细化的专业分工。

传统技术和知识，新技术、新知识和新的专业分工等不可能在同一时间内传授给所有的学生，也无法全部传授给本专业的学生，因为世界上任何一个高校的教学力量或学习力量都不可能满足或实现这种穷尽式教育的要求。但是，在专业知识之外，却可以通过开设公共选修课的方式来尽可能地追踪最新知识、传承已有文明、讲解社会热点，满足学生们补充自身知识和了解更多领域的需求，从培养专门人才出发却避免陷入纯粹专业知识教学的单一化教育，为培育复合型、宽口径、具有基本科学素养和人文社会科学素养的现代高等人才而服务。

（二）给予公选课以更多的空间

从这一点出发，有必要加大公共选修课程的设置比例。那么，多少选修课程才是合适的呢？从科学和现实的角度出发，未必一定要事先计算出一个精确的比例数字，学校所能做的恰恰是努力调整课程设置比例使之更加符合培养现代化、复合型、创新型和实用型人才的需求。因为，现实生活和教育现状除了那些基本稳定的传统教学内容以外，科技和社会生活的变化令人难以完全准确地预测和把握。在这样一种形势下，对于选修课程的设置不妨参考国外同行和国内在此领域进展比较成功的学校，再结合自身的实际估算能够开设的课程和课程比例。前文已经有所提及，国内有高等教育界的知名人士在国外考察后得出：真正的大学选修课程的比例超过60%。当然，一个学校能够开设多少公选课程，还受到教师数量、教师本身素养、教学配套条件等多种因素的制约。

在这方面，是否也按照国外大学的比例设置选修课程呢？在认真参考之余，还要考虑很多因素。国内高校的本科生课程设置一般是在一、二年级以公共必修课程为主，三、四年级以专业课程为主。除了一些公共课程需要按照规定开设以外，要想为学生提供更多的选择，应该考虑把专业课程的内容通过压缩授课时间和调整讲授方法来完成时间调整，把节省下来的时间用于开设更多的公共选修课程。据笔者向单位教学管理和调研部门咨询得知，国内高校本科生的培养方案中学分要求大多数都在160－185个学分之间，其中25个学分的活动量就是不同高校根据自身情况所作的决定。这种学分设置，一般有20－30个学分是公共选修课程。按照通常情况估计，每门选修课程2个学分，那么就是10－15门选修课程。假定国内高校都允许学生从大二第一学期开始选择选修课程，那么每个学生在毕业之前平均每个可选学期应该完成1.7－2.5门课程以便完成学业中的公选课程要求。

事实上，这些选修课程中还有相当比例的限定选修课，即专业选修课程。每个专业一般不少于3门限定选修课程。这样一来，每个学生实际选修的公共选修课程约为7－10门。按照这个比例再次计算，每个学生每个可选学期的公选课程约为1.2－1.5门公选课程。经过两次计算后可知，这些公选课程在学生的培养方案中比例实在不算大，甚至有些过小。按照现在的社会文化氛围与就业实践技能要求，文学、历史、哲学、艺术、计算机及实用操作软件、生化科学、心理健康、社会认知和调查、安全防护、高等地理、地球物理和日常化工等都是需要接触和了解的内容。这样算来，即便每个领域只学习一门课程，那也需要12门课程才能满足。事实上，像计算机这样的课程是无法通过2个学分的课程熟练掌握常用操作软件的。所以，必须要对选修课程在培养方案中设置更大的时间和课程比重。

之所以能够对专业课程再适当压缩以给选修课程多腾出一些时间和空间，是因为有些专业课程完全可以通过教师指导和督学的方式完成，而不是一定要占据一定的课堂时间才能发挥效果。那些并不高深或者不需要专门讲解即可领会的课程完全可以通过教师指导或者学生自学的方式完成，对于这样的课程，完全不必担心大学生在自学方面能力欠缺。这样做也并不会影响培养效果。这样来看，再把学分压缩10分左右分给选修课程是完全可以的。那么，整个选修课程在总体培养方案中就能占到 30 - 40 个学分，课程也会增加到 15 - 20 门，平均每个可选学期的公共选修课程大约有 3.7 - 6.7 个学分或 2 - 3.5 门课程，而总体的学分比例则从原来 0.108 ~ 0.187 5 的占比范围提高到 0.162 ~ 0.25。按照最高比例即 0.25 的占比计算，这也仅占某一专业学生培养方案中总学分的 1/4，剩下的绝大多数时间仍旧是专业课程和公共基础课时间。

这些节省出来分配给公共选修课程的时间能够使学生更多地选择那些对其身心有益、对开阔视野和增加劳动实践技能有帮助的选修课程。如果不这样做，仅仅是在时间安排上允许学生选择少数几门公选课作为陪衬，显然是很难达到开阔学生视野、陶冶情操、提高其劳动实践技能等培养目标的。

将上面的讨论予以汇总就是：尽可能多地开设公共选修课程，对开课教师不必严格要求一定具有某门课程领域的精深研究或者高深造诣；在选课人数上不要有过多的限制，对那些选课人数少的课程也不要一概删除或停止开课，一般在 10 人以上就应该支持其开课；在培养计划中给公共选修课更多的学分比例，不要舍不得或者考虑给专业课程教师留课堂而放不开手脚，应该鼓励专业课程教师在精力允许的情况下也参与到开设选修课程的行列中来。

二、加强对公选课程教学内容和方法的改革与创新

由于公共选修课程这一事物在国内高校的历史还不算长，教师对于公共选修课程还存在一些误解甚至有意无意的轻视。其中比较突出的包括这样几种观点：选修课程不是专业课，不必太认真；选修课程只要能够完成学时就好了；选修课程的教学课堂不用太当真；等等。

（一）尽可能多地设置更多公选课程

公共选修课程作为任意选修课程，既是面向所有选课学生的，又是面向特定人数学生的。这句话并不矛盾。在选课系统开放后，一门课程所面向的是所有选课的学生；一门课程能不能被选修，则是选课学生中少数特定人的作为。所以，受教室和课程限定选修人数的限制，一门课程不太可能被所有学生选择，也不应该被所有学生选择。假如存在那种特定条件下每个学生都想选择的课程，那么可以通过多个教师开设一门课程的方式来解决。除此特例以外，应该鼓励教师们把开课内容设定得更宽广、更丰富。

这就正如顾客到饭店就餐，如果菜谱上仅有“麻辣鸡丝”“木须肉”等几个菜而缺乏选择性，能够坚持常来的只能是少数人或者特定客户，而绝不会因为其有广泛的选择性而招来各种口味和需求的食客。所以，公共选修课的内容也应该不设置条条框框，只要是科学文化知识，不存在违法和不科学的内容，就应该交给学生供其选择。每个学生的兴趣和爱好都会不同，每门课程的内容也是千姿百态，只有把

课程内容建设成“大花园”，才会让那些学子们在花园边上选择自己最喜欢的“花朵”。如果仅有“牡丹、菊花和月季”，任凭开得如何娇艳，也难以满足数以千计的“赏花者”。所以，从这个角度出发，选修课程门类越多越好。无论是语言文学、历史、地理、物理、化学还是数学，再或者是艺术、体育、电子等领域的科学文化课程，只有内容非常丰富可供学生们多样化选择，才能实现公共选修课程的补充教育和选择性充电的功能，避免开成一门专业课程那样单一而孤独的局面。

（二）像专业课程一样重视公选课程内容

在公共选修课的开设过程中，开课教师和管理部门要尤其注意不能对课程内容掉以轻心，否则就会陷入形式主义甚至误人子弟的泥淖。在专业课程之外，开设公共选修课本来也是供老师们展示自身在专业领域之外的知识储备和学识的机会，所以尤其不能马虎。为什么呢？其首要原因在于教师不能以应付的态度对待课程和教学，这是个人职业精神和态度问题，这个态度决定了课程的好坏。其次，越是专业领域外的知识，越是应该更加小心谨慎，这样才能符合一名教师科学、严谨的敬业态度。最后，在网络时代，一个教师有没有认真地对待自己的课程并且精益求精，学生们是能够通过网络渠道或者交叉对比的方式予以声讨甚至抗议的。

无论从哪个角度来说，一个教师都应该认真对待自己所开设的课程。就开设一门课程而言，每个教师都有自己的理解，但是万变不能偏离教书育人的根本，并且要做到以下几个基本要求：

1. 不乱开课，对自己没有认识或者储备的内容随心所欲的开课是不可取的。这样会对自身和学生都造成损害。

2. 所开设课程内容应该符合大众化的基本要求，既不能高深难懂，又不能泛泛而谈如路边花草般平庸，应该把绝大多数学生能够认知、理解和掌握作为基本要求，同时又有一定的前沿性和探究性。

3. 课程的内容不能脱离教学实际，在缺少教学手段和道具的情况下开设纸上谈兵的课程是不可取的。比如，一个教师在没有教学示范场地或道具的情况下开设导演课程，这在教学效果上是要大打折扣的。

总之，只有教师能真正把握并且内容能为学生理解的课程，才能更好地发挥公共选修课程的教育效果。

（三）公选课程的教学方法应该多种多样

很多学生在选择公共课程的时候，常常会选择那些教学手段灵活多样的课程。这就给开课教师一种很好的提醒，对于公共选修课程，不能掉以轻心或者敷衍了事，单纯用一支粉笔和一块黑板就能够完成课堂教学的情况可能越来越少见了。现在的大学生学习了多媒体知识，会用手机上网，还有的喜欢自己动手做试验，所以他们的学习手段已经多样化了，不再像20年前那样更多地依赖黑板教学。他们可能会更喜欢带有图案和声音的课件，可能会更喜欢自己去调查研究或做实验，理科学生可能更喜欢摆弄那些实实在在的教学器具或实验仪器，文科的学生也在有声有色的PPT课件教学和视频教学面前，显示出更大的学习兴趣。

针对这些情况，在公共选修课程的备课和上课过程中，教师们不能省力省心走捷径，而是应该认真对待、扎实准备，把自身的储备知识和理解通过现代化的教学手段或教学辅助工具讲解给学生们，才能够抓住他们的心！① 如果教学手段不能够跟上处于信息时代和多媒体时代的当代大学生，他们可能会对教师的教学缺乏热情和投入，即便教师的课程内容并不糟糕。可是，他们已经习惯和接受了读图、听声音、看对比、感受模型和仪器等更加直观和富有感染力的教学方法，所以单纯的粉笔加黑板就有可能相形见绌了。

此外，还要注意不能忘了加入课堂讨论、作业练习、社会实践等卓有成效的互动教学方法，所有这些教学方法应该是互相补充的。就社会实践和实际参与型的课程而言，应该是非常受学生欢迎的，因为他们可以亲自参与其中并实际感受。

三、加强和完善公选课程的评价和督查

和专业课程一样，教学管理部门对公选课程也应该加强评价管理和改进督查，而不能有任何的放任或松懈。假如管理不力、评价不完善，就可能会背离开设公选课程的初衷，对教育教学事业造成不好的影响。

（一）公选课程的评价应注重实效

公共选修课程的基本属性就是非专业课程和公开选择性，所以对其开课效果不能拔高到专业领域前沿水平，也不能完全用专业课程的标准予以评价。考虑到这种课程的特点和设置目的，在具体评价中应着重考虑其覆盖面、通俗性和可接受性，或者说“选课学生能否从中获取有益的知识和教益”应该是其评价的首要标准。如果一个选修当代文学公选课程的学生从中了解了路遥、莫言等作家和武侠系列以及网络文学等，并且能够在课堂学习中知道当代小说、诗歌、戏剧等所蕴含的写作手法和社会影像，可以说他的学习是有成效的，这门课程也是有价值的。

这个评价标准就是课程的实际效果，特别是具有通俗性的、能够使听课学生基本掌握课程内容和内涵精神的效果。这个标准可以作为所有选修课程评价的基本要求。因为，开设选修课程的基本目的就是开阔大学生视野、使其掌握一些本专业课程内容以外的知识，而并不要求他一定通过课程学习达到专业水平或者在本领域有较好的造诣。当然，如果能够通过一门公选课程学习而达到较高的造诣，那当然更好。所以，实际教育效果应该是最主要的考虑因素。

---

① 于忠宁. 我们需要怎样的大学公共课[N]. 工人日报,2008 - 01 - 10.

（二）公选课程的评价要考虑多种因素甚至打破常规

公选课程是面向所有选课学生的，不分专业和领域，一般以学生的兴趣为选课导向。教师开设选修课程也不必要求其一定在本课程领域有很深的造诣，只要能够清楚无误地讲述基本原理、事实并能够和学生一起讨论、学习即可。再者，既然作为通选课程，首要的是其通俗性和受众广泛性，自然也不应该搞成“阳春白雪”致和者寥寥。选课学生来自不同专业，每个人的基础不同，认识和经历也各不相同，他们在评价教师的授课时也难有比较一致的专业标准。

在这种情况下，对于公选课程的考核评价应考虑听取学生评价和查阅教师教学情况、备课情况和实际效果等。对于专业课程而言，学生们一般会在心理上比较重视，这种重视心理会投射到课程评价上而对教师赋以更高的认同。在公共选修课程评价时，仅靠学生评价就可能会因为非专业课教学和学习目的不同而造成评价失真。比如，有的学生纯粹为了拿学分，只要最后能过关就好，这样的学生给出的评价自然以考试通过率为心理评价基础；有的学生是为了拿高分参评奖学金，这样的学生会以能否拿到高分作为评价基础；有的学生选修某门课程是为了掌握技能或了解知识，他们会以课堂实际讲授情况和受益结果为评价基础；同样，在教师的授课方式多样化的情况下，单纯以其文字教案评价其教学效果和教学态度就可能不全面，而应该全面考虑多种评价方式的搭配性和平衡性。

在这种情况下，评价公选课应该以教学态度和备课情况为基础，综合平衡、考察其教学效果。其中，应该尤其注意以下几点：

第一，教师和学生是否遵守教学纪律，有无逃课或迟到、早退，教师对学生的课堂纪律是否严格要求；

第二，课堂教学内容是否通俗易懂，板书或课件是否清晰、完整；

第三，课堂气氛和教学双方互动情况是否活跃；

第四，教学手段是否灵活多样，以达到传授知识和增加认识为标准灵活选用；

第五，学生自身对教学实现选修目的的满意程度如何；

第六，教师是否认真准备学生的提问、批改作业和公正的组织考试。

这几点可以作为一个教师开设的公共选修课程的通用考察标准，同时又避免像专业课一样以课程的精深为主要评价指标，而是综合教师的教学情况和学生的目标满意度来考量。

（三）公选课的评价应以改进督查为后续

在教学评价之后，及时地要求教学双方进行整改是必要的。对于学生提出整改要求可能更加不容易实现，对教师予以督查促其改进则是可行和必要的。根据经验来看，如果通过选项卡测评或者网络匿名评价的话，给予客观评价的学生一般不会低于60%，所以这个评价结果可以拿来督促教师予以改进。

在实际课堂教学中，教务管理部门督促教师改进课堂纪律、完善课堂内容、丰富课堂教学手段和形式等是能够做到的，也是具有实际督促效果的。从管理的角度来说，如果一个教师不能够认真准备课堂教学、课堂教学内容错误很多或者不遵守教学纪律，是很容易被学生感觉到并提出意见的。教学管理部门在督查过程中，完全可以就那些不予以改进或者没有改进效果的教师予以停止开课或者拒开新课甚至扣减其教学薪酬的方式来实现管理威慑。所以，教学管理部门在对教师开设的公选课尽可能予以客观评价后，应该跟进督查促其改进，这样才能实现提升教学效果和促进教师精益求精的目的。

公共选修课程作为一个比较新的事物，在我国的高等教育中已经占据了重要地位。对其建设和发展，要借鉴国际上的成功经验，结合高校自身的特点，遵循教育规律，紧跟时代变化的需求，支持其在内容、教学手段和课程评价上突破创新，以更好地与专业教学一起服务于新时期培养复合型、高素质和创新实用型人才的需要。

关于我校金融监管课程教学改革及规划的一些思考

金融学院　祁敬宇

【摘要】本文探讨了我校金融监管课程改革与规划方面的一些问题，并结合金融监管课程的教学科研等问题，分析阐明了我校金融监管课程的成绩、不足及今后需进一步完善的地方。同时，作者对金融监管教学与科研的关系进行了分析，指出金融监管的科研对于金融监管课程教学具有促进作用。

【关键词】金融监管　教学科研　教学改革

一、目前我校金融监管课程的教学科研基本情况

近年来，伴随全球金融危机以及金融体系变革等因素，近年来金融监管不断得到重视和加强。

我校于2000年前后开设了“金融监管”课程，这在国内高校中处于较为领先的地位。金融监管是一个涵盖内容十分丰富的课程体系，它涉及的内容广泛全面，涵盖了全面的理论知识和丰富的实践知识，并随着实践的发展而日益走向科学化和规范化。

在金融监管课程开设的10多年间，该课程一直是我校金融专业的优势课程，同时还是其他各专业的选修课程。我校金融学院本课程的教师承担了大量的教学任务，每年授课的对象包括：研究生、本科生、函授生等。通过金融监管课程及其他相关课程，有力地提升了我校金融监管课程的教学能力和科研工作。

（一）在师资队伍方面，本专业担任金融监管课程教学的教师素质高

金融监管课程教学的教师多数是学校后备学科带头人、中青年骨干教师，其中教授2名（祁敬宇、李新），副教授4名（冯瑞河、梁万泉、李文中、唐伟霞），讲师3名（雒庆举、陈奉先、徐新）。他们为金融监管课程教学、科研不懈努力，教学能力强，教学经验丰富，教学特色鲜明；教学团队中90%以上的教师都有在金融机构或政府金融监管机构的从业经历，经验丰富，教学责任感强，团结协作精神好，有合理的年龄结构和学历、职称结构。

（二）在教学条件方面，首都经济贸易大学具有比较完善的信息化教学设施

在这方面，近年来，学校投巨资完善大型电脑教室、金融教学实验室、多媒体教学设备以及教学科研服务机构。首都经济贸易大学图书馆丰富的图书资料，为金

融监管课程的教学和科研以及学科发展建设，提供了强有力的支持。

(三)在教材建设和相关教辅书籍方面取得一定成绩

近年来，金融监管课程一直是我校的金融专业的主干课程，同时还是其他各专业的选修课程。由祁敬宇教授主编的《金融监管学》教材作为国家“十一五”规划教材，被评为北京市精品教材和首都经济贸易大学精品课程，此外，他还出版了《金融监管理论与实务》(2007年)、《金融监管案例评析》(2011年)、《金融监管教学习题与参考答案》(2013年)。《金融监管学》(西安交通大学出版社，2007年第一版，2010年第二版)教材结合教学团队的实践经验，从金融稳定与金融危机等关系方面对金融监管进行了理论分析，取得了较好的教学效果。

我校金融监管课程的主要特点如下：一是内容新、范围广。我们密切注视金融监管领域的最新动向，不断将金融监管领域中出现的新情况、新问题及时进行分析研究，随时将有价值的内容充实到金融监管课程的教学科研之中，充实教材。二是理论联系实际。金融学的独特性质在于它是在市场联系中研究人类筹资、用资和理财等方面行为的科学，这样一门科学决定了对其监管的复杂性和变化性。因此，在金融监管课程的教学中我们注意多学科知识的融合与联系，如管理学、金融学、博弈论、系统论等学科的有机结合，然后综合金融调控、金融风险管理等课程，通过近年来国内外金融监管领域中发生的事件，立足现实的金融运行态势加以分析，并从一定的理论高度加以分析，旨在帮助学生提升金融监管的理论、知识与技能。

需要说明的是，我校的“金融监管课程”目前正在积极申请更高一级的精品课程建设。同时，已经着手进行新一版本的教材修订，争取在同类教材中占有一席之地。

(四)在教学方法与手段方面，注重案例教学、多媒体教学等方法

灵活运用多种先进的教学方法，恰当、充分地使用现代教育技术手段，在有效调动学生的学习积极性、激发学生学习兴趣和提高教学效果方面取得了实效。教师从本课程实际出发，注意针对不同的教学对象采取不同的教学方法，对研究生重点教授系统的理论，并进行深入分析；对本科生侧重于基本知识、基本概念的把握；对于函授生则偏重于金融监管的一般介绍。几年来，金融监管课程的教学在各种不同的班次中均取得了非常好的教学效果，得到学生的广泛好评。

与此同时，我们在对传统金融监管教学方式积极进行改革的同时，探索出来了案例教学的新模式。多年来，从金融监管案例教学实践来看，教学效果明显，它改变了传统的教学模式。传统教学方法一般重概念和理论，轻实践；重逻辑体系，轻方法策略；重教师传授，轻学生参与。由于学生所学知识和技能仅限于书本和笔记，因此当他们走上实际工作岗位时，难免就会出现困惑和迷茫。案例教学变“教师为中心”的教学格局为以“学生为中心”的学习格局，它重实践、重互动、重发挥。

教师不再是单向的“传道、授业、解惑”，学生也从“听讲者”转变为“参与者”，从“理论的接受者”转变为“实践的创造者”，这样就激发了学生的创新精神和参与意识，培养了学生的创新能力。因此，运用案例教学有利于提高学生的思维能力、应变能力和创新能力。通过案例教学，将理论与实践有机结合，使学生加深了对基础理论知识的理解和认识，扩大了知识面，拓宽了思路，提高了分析问题和解决问题的能力。

值得一提的是，在教学过程中我们还采用了多媒体、幻灯片等现代工具，大大提高了课堂的教学效果。我们根据教材完成的“金融监管学教学多媒体课件”伴随教材在全国的推广，得到了同行的一致好评。网上此课件的下载量位居前茅。

（五）注重通过科研促进金融监管教学

当前，受全球金融危机的影响，对金融监管领域的科研受到更多重视。我们积极进行科研，并承担了国家、省部级等多项课题，在相关杂志发表多篇论文。通过对金融监管的科研，了解金融理论和业务发展演变过程，从中认识金融创新的动力和创新的方法，并主动调整金融监管课程的教材、内容和方向，以满足金融监管发展的要求。同时，我们还与国家发改委、财政部、中国人民银行、银监会、证监会、保监会、商务部等有关的国家机关建立了广泛的联系，以提升首都经济贸易大学金融学院的科研和教学水平。

总之，今后我们仍将一如既往地对金融监管课程进行完善，积极探讨金融监管课程改革的方式方法，努力将教学、科研、实践三者密切结合，全面提升对金融监管课程的教学改革，积极探索双语教学，在国际化教学方面有所进步。

二、目前金融监管课程教学存在的问题

在金融监管课程教学取得巨大成绩的同时，我们也清醒地认识到教学中存在着问题和不足。这主要表现在以下几个方面：

首先，金融监管课程体系建设滞后于现实变化。从金融监管课程的知识结构和知识体系等方面看，该课程至少具有以下两个特点：

其一，课程的内容丰富，课程的综合性和关联性强，理论与实践结合紧密。金融监管涉及银行、证券和保险，兼具宏观内容和微观内容，而且信息量大，覆盖面广，专业性很强。从研究内容看，该课程与其他学科联系紧密。在案例教学过程中，可能涉及诸如西方经济学、基础会计、国际贸易、货币银行学等课程的相关知识。所有这些都要求授课教师具有扎实的专业功底且知识全面。

其二，课程内容更新速度快。随着经济和金融全球化的趋势日益明显，金融监管的理论和实践都在发生着日新月异的变化。

金融监管课程所具有的上述特点就要求教师在实际教学过程中，必须紧密联

系目前金融监管领域的现实问题，把握金融监管的发展趋势，提高学生分析问题、解决问题的能力，培养他们的专业素养和科研能力。

其次，我校金融监管课程的教学对象层次性不强。

随着我校招生规模的扩大，在校学生层次也发生了变化。我校目前学生种类主要有博士研究生、硕士研究生（又分为学硕和专硕）、在职研究生、本科生、函授生、自考生及专科生。而我校金融监管课程长期以来变化不大，授课对象主要针对首都经济贸易大学的本科生和在校研究生，其他层次学生，金融监管课程较少，有的甚至没有。而且，针对不同层次的学生，金融监管课程的内容没有相应的层次性，这样我校金融监管课程就无法满足全校各个层次学生的需要。

最后，在金融监管课程的教学中教学模式需要创新，努力提高学生的能力和素质。

"以学生为中心"是现代教育的基本理念。美国实用主义教育家约翰·杜威说过，最好的教学方法就是牢牢记住学校教材和实际经验二者相互联系的必要性，使学生养成一种态度，习惯于寻找两方面的接触点和相互的联系。要充分发挥学生的主体作用，通过运用自主学习、合作学习、研究性学习和探索性学习等开放式教学方式，提高教学水平。

古人云："授之以鱼不如授之以渔。"德国哲学家笛卡尔也曾说过："最有价值的知识是关于方法的知识。"教师的讲授，不仅仅是提供问题的答案，而是告诉学生一个观察问题的视角，提供一个分析问题的方法，是一个启发学生思维、挖掘学生智慧、营造课堂情境、激发学生创造力、鼓励学生创新的过程。因此，如何通过金融监管课程教学提升学生的能力还需要继续探索。

三、今后金融监管课程教学改革的规划

（一）完善并提升金融监管课程体系

课程体系的建设，是学科建设与发展的支撑点，而学科建设又是学校参与竞争、生存和发展的内部决定因素，直接关系到人才培养目标的实现和人才质量的高低。就我校的金融监管课程体系而言，必须坚持与国际接轨、培养一流职业人才为目标，建立多层次、宽领域的金融监管课程体系，全部课程紧跟客观经济形势发展的需要，并有一定的前瞻性，形成鲜明的专业特色，以适应我校进一步发展的需要和社会对金融人才的要求。其一，要突出"本土化"课程教学的特点。要努力克服当前比较流行的照抄照搬国外理论、教材，脱离中国实际的现象，解决好金融监管课程"本土化"问题。这不仅要充分吸收西方金融理论，更要密切结合中国的现实经济情况，特别是我国金融改革与发展的现实。其二，要突出创新性特色。创新是科学发展的生命所在，在教学中也要结合改革现实的发展与时俱进，才能显示出生

命力。

具体说来,首先,要建立适合各教学层次的金融监管课程体系。针对我校学生的多层次性,建立相应的多层次金融监管课程体系。明确不同层次的教学目标与教学要求;设计不同层次的教学组织方案和课时分配的基本建议;提出差别性的教学方式与教学环节的要求;选定不同层次的基本教材和参考文献;确定各学历层次的考核标准和侧重点;注意与其他相关课程教学的衔接与配套问题。这样既保持了各层次教学方案的相对完整性,又注重各层次教学方案间广度递增、难度递进的协调性和课程教学体系的科学性。具体而言,研究生的金融监管课程应注重教授系统理论的讲解,并进行深入分析;本科生、专科生的金融监管课程应侧重于基本知识和基本概念的介绍,如图1所示。

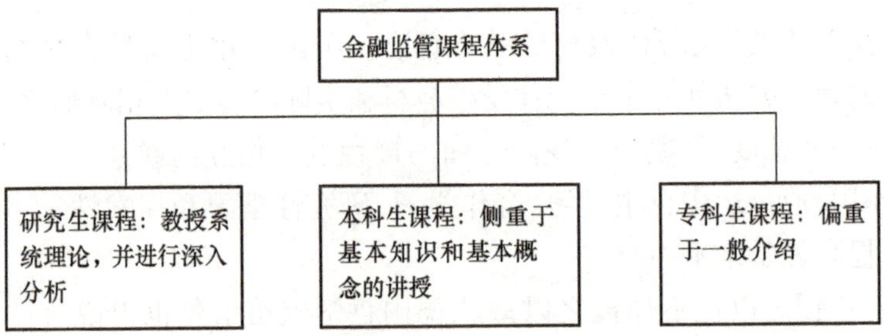

图1　金融监管课程各层次学生教学侧重

其次,完善必修课与选修课相结合的金融监管课程体系。我们必须重视金融监管课程在全校课程体系中的作用,建立必修课与选修课相结合的金融监管课程体系。具体而言,针对不同的专业设定相应的必修课与选修课。在对金融监管课程进行优化提升构思中,要重视现代数学与计量工具在金融监管中的运用。其一,突出数理金融在金融监管领域的运用。随着微观金融学和金融工程学的兴起,金融业务更多地涉及微观主体的理财活动、资本市场的资产选择活动等,这些微观金融活动通常是以一些数理模型为基础进行的。理解和运用这些数理模型往往需要一定程度的数学知识,缺乏这方面的知识将很难进行新型金融工具的设计和开发,而这方面正是目前我们金融高等教育的弱项。因此,我们鼓励学生选修诸如计量经济学、实变函数论和泛函分析、随机过程、动态规划、数值方法、博弈论等课程,使本专业学生形成更为合理的知识结构。另一方面视条件择机开设金融时间序列分析、金融计量经济学等高级金融学课程。其二,有关应用软件和网络信息技术在金融监管领域的运用。作为高层次、国际化的现代金融人才,必须顺应信息技术革命带来的变革,充分有效地利用高技术手段为证券业开辟新的服务方式和发展空间。鼓励学生熟练掌握运用 Excel 进行财务金融建模的技术和一到两种诸如 Eviews,

SPSS,SAS,MatLab 等定量化分析软件的操作,掌握计算机和网络技术方面的基础知识来进行金融监管的理论和实务工作。

(二)继续完善"金融监管学"的教材建设

尽管我们在金融监管学教材建设方面已经取得了一些成绩,但仍需要继续提高。今后一段时间,我们计划进行以下几方面的工作:

其一,组织骨干力量编写精品教材。国内同类教材大多是引用国外的内容与体系,不能跟上金融监管领域中日新月异的发展与创新。首都经济贸易大学金融学院的"金融监管学"课程目前是首都经济贸易大学精品课程,金融监管学教材被评为北京市精品教材,获得了较好的评价。但我们需要跟踪当前金融监管最新态势,不断完善教材修改工作,要根据金融风险、金融工程、金融学等专业的特点制定教学大纲,合理设定教材体系,广泛吸取先进的教学经验,有选择性地取舍现有教材内容,积极整合优秀的教改成果,从教材方面体现新时期社会、经济的发展对人才培养提出的新要求。其二,适当引进国外原版教材。及时将国际上最新的研究成果、经典的原著介绍给广大学生,扩大学生的阅读面,开阔其视野。向学生推荐一些优秀的经典原版教材,采用课堂教学与学生自我阅读相结合的方式,增强学生的专业学习能力和外语阅读能力。

此外,我们还初步设想,在今后除完善金融监管学教材的中文修订之外,在条件成熟时借鉴国外相关教材,编写英文版的金融监管学教材,并开设金融监管学的双语课程。

(三)重视金融实验室,加强和改进案例教学

案例教学是当前教学改革的趋势,但目前我国的案例教学存在一些不足。比如,将案例教学简单等同于举例,或者不经过案例设计,只是对案例进行陈述。案例教学需要案例的设计。只有经过案例设计才能真正达到案例教学的目的。案例教学由于来源于实践,因此,它具有高度的仿真性,富有能动性和创造性,是增强学生理论联系实际能力的有效教学方法之一,是将书本理论知识转化为现实工作能力的有效途径;它既是一种教学活动和教学方法,也是一种实践和体会。

此外,在案例教学中还需要充分利用多种教学手段,注重教学时空的开放性。与传统的教师满堂灌、学生被动听的教学方式相比,案例教学具有很大的信息量,具有时代同步性,它能充分实现师生双向交流、调动学生思维的积极性、主动性和创造性,可以达到理论与实践的适度结合。

案例教学的重点是以培养学生观察、分析和处理问题的应变能力为主,在案例教学的全过程中,教师通过组织学生开展研读案例,查找并分析背景资料、思考判断、讨论交流、总结反思等环节,训练、培养学生的逻辑思维和综合分析问题的能力,培养学生团队合作的精神、批判精神和其他人文精神,同时也要注意提高学生

的口头表达能力和文字表达能力。相对于一般的课堂讲授,案例教学要求教师在知识的准备上、课堂的组织上、教学过程的控制上要花费更多的精力,因此,案例教学要达到较好的教学目的,必须进行周密的计划、准备和安排,以获得案例教学应有的效果。

从金融监管的知识结构和知识体系等方面看,该课程呈现出比较明显的特点,如课程内容丰富,课程的知识综合性和关联性强,课程的内容更新速度快,热点、重点问题多等。面对金融监管学的这些特点,需要在教学方法上注重培养学生分析问题和解决问题能力。要避免学生由于缺乏对于基本理论的完整接受和理解而导致的死记硬背和一知半解的学习方法,应当将基本理论讲得尽可能的清楚透彻,并多用案例进行具体分析,在课后习题练习与考试或考查中体现出对学生分析问题和解决问题能力的重视,从而提高课程的教学效果。

最后,还要积极鼓励和指导学生参加社会实践。这方面的内容限于篇幅,不再赘述。

参考文献

[1] 祁敬宇. 金融监管学课程教学与教材编写的体会[M]. 金融学教学研究论文集. 北京:首都经济贸易大学出版社,2009.

[2] 祁敬宇,王刚. 后危机时代的全球金融监管[M]. 北京:首都经济贸易大学出版社,2011.

[3] 祁敬宇,祁绍斌. 金融监管案例评析[M]. 北京:首都经济贸易大学出版社,2011.

[4] 祁敬宇. 我编写金融监管学教材的一些体会[M]. 探索的脚步——“十一五”北京高等教育教材建设论文集. 北京:电子工业出版社,2010.

深化我校非统计专业“统计学”教学改革

统计学院 董寒青

【摘要】:本文通过对我校非统计专业“统计学”教学状况的分析,提出构建以课堂、实验和实践三维的立体教学体系的理念,深化我校非统计专业“统计学”的教学改革。

【关键词】:统计学 统计软件 实践 教学改革

2002 年笔者在《统计教育》杂志第 5 期上发表了《“统计学”公共课教学改革之我见》。该文探讨了我国在加入 WTO 以后“统计学”教学改革的个人看法——对经济类院校“统计学”公共课从内容到课程设置,计算工具与教材的选择和教师所面临的挑战等几个方面提出了建设性的意见。

10 多年过去了,时代在进步,信息数据也越来越多,呈几何级数的增长,统计学科也在不断地发展。随着国家创新形式的发展,统计教育的创新也同样受到关注,因此“统计学”的教学改革仍要不断地深化。

近几年,首都经济贸易大学的非统计专业的公共课“统计学”教学改革一直在探索之中,主要进行了以下一些尝试。

一是采取了所谓的教师“挂牌”上课,即打乱班级按照教师来组班。“挂牌”上课的优点是学生有选择的主动权,选择余地较大,可以听他们认为讲课好的老师的课。

二是教材的变化与教学内容的增加。从中国人民大学出版社出版的贾俊平的《统计学》,到中国统计出版社出版的吴喜之的《统计学——从数据到结论》,再到今日我校出版社出版的《统计学》。这样将原来的传统的《统计学》内容又增加了多元统计分析的几个方法:聚类分析、主成分分析和因子分析。内容更加丰富,但难度加大,但是,考试对此部分内容要求不高,减轻了学生负担,达到平衡。

三是统计学教学方法和教学手段改革,加强了统计软件包作为统计计算的工具。课堂上由老师演示,课下作业让学生使用统计软件如 SPSS 或 EXCEL 计算。

四是考试内容方式随上述的改革而变化。以前是用计算器所谓的“手算”方式,而今除了选择题、简答题,就是计算分析题。但此时的“计算”分析题,分数占得比重较大,均已用软件计算给出结果,此时的计算分析题事实上成为了问答题。

因此可能有些学生根本不会计算，但会看计算结果，没有真正考核出学生“统计学”课程的真实水平。因此针对这种情况，应加以全面考核。增加上机计算部分，或者以结合各个专业的应用统计学的期末论文（报告）作为辅助考核内容。

上个学期笔者任课的“统计学”课程有两个不参加统考的班级，有了更大的自主发挥的余地：教授了2010级人文学院媒体经营班的2课时的“统计学”和2010级安全工程学院的工业工程专业的3学时的“统计学”。发现以下一些问题需要进一步改革：

一是人文学院的学生没有数学基础，未学过高等数学、概率统计等课程，因此教授起来难度很大。笔者在讲授过程中，补充大量的如概率论等的基础知识，最终完成了大纲的要求。但考试内容也比较简单，让这些零基础的学生能够学到并且掌握最基本的数据分析的方法，培养一些统计推断的思维思想。事实上，媒体经营专业不同于媒体制作专业，它是基本等同于市场营销专业，只不过推销的产品是特殊的与媒体有关的内容。在国外，市场营销专业非常注意培养学生的数据分析的能力，注重“统计学”的应用。北京大学光华管理学院的涂平教授开设的“市场研究”课是市场营销专业的，也是国内外管理学院营销专业普遍必修的一门课程。其授课内容包括：市场研究设计，拟定研究框架—研究设计—样本设计—测量与量表—课程项目的选题与设计；数据收集，二手数据的利用—定性研究—问卷调查法—问卷和量表设计—观察实验法；数据分析与报告，描述性统计分析—相关回归分析—研究报告的准备与提交。因此，建议人文学院在媒体经营专业的课程设置方面一定要改进，增加高等数学和概率论（可以不设数理统计，其内容由统计学课来讲）等基础课程，或者将二者合并只设一门课而内容却包含两科，这样也为“统计学”的课程作了铺垫，与国际接轨。

二是安全工程学院的工业工程专业的3学时的“统计学”，此班为一个工科专业，学生的数学基础较为扎实，因此讲起来也得心应手。除了以我校出版社出版的《统计学》年为教材之外，还结合工科专业的特点辅之以浙江大学盛骤等编的《概率论与数理统计》（第四版），尤其在参数估计和假设检验及方差分析几章的例题与习题均选自那本书，做的都是工科内容的题目，学生感觉很熟悉，且可以联想自身专业的统计应用问题。另外，在授课过程中，笔者比较注重使用“手算”（即分步骤计算）来理解统计方法的原理，与软件的计算结果相结合，强调统计软件的应用技术。班里出现了许多喜欢“统计学”课程的学生，纷纷发挥各自的优势，有学生把Excel画直方图与折线图结合做得非常漂亮，也有学生在银行实习中为其做了一个统计应用分析报告，尝试了统计从设计—数据搜集—整理—分析的全过程。最终的考试内容，也尝试了将计算分析题（统计推断部分）分为不仅有用软件计算给出结果的部分，同时也有要求学生“手算”计算过程答题，这样也为那些有考研目标的学生将来以传统方式答题提供了训练机会。

总之,非统计专业的"统计学"教学,若要进一步提高教学水平,就要不断探索适合他们各个专业要求的教学方法,以及一切配套内容。其中笔者认为最迫切需要改进的是:构建以课堂、实验室和社会实践三维的立体教学体系。

当前的统计学教学应改变一直以来重视课堂教学,即知识的传授,以教师为主体的传统,逐渐向以学生为主体、教师为主导转化,教师应帮助学生养成自主学习的习惯,激发学生的学习兴趣,把"要我学"变成"我要学"。教学中,除了要求学生掌握统计方法的理论知识外,应注重软件应用能力的培养,要求学生能熟练操作一种统计软件,并结合本专业特点做一个综合报告,这也是能够指导学生进行统计实践最好的途径,能够最大限度地调动学生的学习积极性。加强实践能力的锻炼,就可以提高学生的动手能力和创新能力,提高学生运用统计方法分析问题、解决实际问题的能力。但据笔者的经验来看,由于缺乏上机实验的环节,有不少学生就不去使用统计软件了,加之考核也没有这项内容,因此许多学生不重视统计技术。因此,笔者常常有这样的责任感,希望发挥自己的特长,能为全校非统计专业的学生开设一门类似"统计软件 SPSS 应用"的公共选修课来帮助解决所存在的问题。

另外,建议学院还应建立试题库,包括客观题主要有单项选择题和多项选择题,主观题有简答、辨析、论述之外,要加入考核技术的内容:即给一些材料——包括数据,然后让学生选择适当的统计方法使用统计软件进行综合分析的题目。进一步,在统计学院网站上进行随时网上测试,学生若不满意成绩可以多次考试。这样,也能够提高非统计专业学生对"统计学"的重视程度。

事实上,目前计算机的应用已经渗透到几乎无法想象的领域,但计算机最初的功用正是为了计算的目的,而今统计学仍保留在其中。在当今这个信息时代,考察一个人的数据处理分析能力都不亚于考察其语言(包括英语)能力。因此,如何跟上时代的步伐,不断探索"统计学"公共课的教学改革,是我们统计学教师永久的课题。

参考文献

[1] 贾俊平. 统计学[M]. 北京:中国人民大学出版社,2012.

[2] 盛骤. 概率论与数理统计[M]. 第四版. 杭州:浙江大学出版社,2010.

[3] 马尔霍特拉. 市场营销研究—应用导向[M]. 第5版. 涂平,等,译. 北京:电子工业出版社,2009.

[4] 董寒青. "统计学"公共课教学改革之我见[J]. 统计教育,2002(5).

[5] 高祥宝,董寒青. 统计学专业实验教学改革探索[J]. 实验室研究与探索,2007(2).

基于专业互动的“统计学”教学模式改革

统计学院　郭洪伟

【摘要】:笔者在多年教授公共基础课——“统计学”的课堂经验的基础上,提出“统计学”的教学实践应以专业互动为导向,强化结合不同专业特点开展应用型教学,特别是统计软件的使用。本文从内容、手段及方法等几方面分析如何开展专业互动型“统计学”教学,并且指出以此为方向的学科建设才能立于激烈竞争的就业市场。

【关键词】:专业互动　统计学　教学模式　改革

随着经济的发展,统计学在我国的应用越来越广泛。著名经济学家瓦里安(Harl R. Varian)曾经说过:“我可以预见未来十年,统计员是最热门的工作之一。”可见统计学会越来越受到重视。统计学的应用不仅限于统计专业的毕业生,非统计专业的学生也会用到统计知识,对于像首都经济贸易大学这样的财经类院校更是如此。财经类院校的“统计学”课程主要面对非统计专业的财经类学生,作为必修的公共基础课。学生学“统计学”的目的就是结合自己的专业特点加以运用,而且“统计学”确实有很广阔的应用前景,几乎渗透到各专业学生日后工作的每个方面。所以,在讨论“统计学”的学科建设时必须注意到这样一个应用背景。

一、“统计学”教学现存的问题

现阶段,我国的大部分高等院校“统计学”教学中主要存在的问题大致以下有五个方面。

(一)把“统计学”当成“数理统计”

“统计学”是与数据打交道的科学,主要讲述如何搜集、整理、分析数据,并结合自己的专业背景解释数据。它与数学有很深的渊源,但它不是数学。很多理科院校的财经专业把“统计学”等同于数学中的“数理统计”,所以理科院校的财经专业主要讲述理论推导较多,主要关注于理论层面分析型教学,结合实际问题的应用型教学内容不多。这样,学生们把“统计学”当成“数理统计”来学,造成很多文科学生对“统计学”望而生畏。

(二)把"统计学"当成纯文科课程

有些财经院校正好相反,为了迎合文科生的心理需求,把《统计学》当成简单应用学科,很少涉及统计学的数理推导和深入理论分析的内容,涉及理论证明计算或统计理论解释太少,那样讲述又太简单。所以这些学校的老师们在授课时,会进入另外一种错误的怪圈。综合来看,要避免上述两方面的问题,应以一个合适的难度、通俗的方式,合理地设计"统计学"教学内容。

(三)缺乏前期的基础理论教育

统计学的学习必须具有相应的"概率论"和"数理统计"知识作为基础,否则很难讲得太深入。对于安排一学期(48 课时)的课程,内容不可能太多。老师讲述"统计学"时没有时间把"概率论"重复讲一遍。所以,在学习"统计学"之前,学生要接受基本数理统计理论知识的培训。很多学校在没有事先开设"概率论与数理统计"的前提下,就直接开设统计学课程,学生们学起来会很吃力,效果也不好。

(四)"统计学"教学案例陈腐,未能体现不同专业特点

很多财经类院校"统计学"教材的案例,没有财经类各专业的分析数据,很少涉及财经类的专业知识,学生很难把学到的统计学知识融合到自己特定的专业学习和数据分析中去。很多教材还沿用以前的工程应用或化学分析的案例。特别是多元统计分析那部分内容过去工业上用得多,很多案例都来自于工业实践,但这对于财经类学生不合适。这提醒我们,"统计学"教材的编写应注意这一问题,应以财经类学生的专业应用导向为原则,我们在教学实践中应该改变过去那种千篇一律的教学模式,针对不同专业的学生采用不同的案例和数据,并指导学生把"统计学"知识与自己的专业实践结合起来,真正把"统计学"作为一个工具在专业分析探索中加以应用。

(五)学生的应用转化能力需加强

现在的课堂教学有个通病就是容易与实践脱离。学生不会把现实社会中的问题转化成统计问题,从而不知用什么统计分析工具来解决实际问题。比如方差分析的知识,很多学生在实际工作中不知如何运用,如果我们能结合各专业的数据,告诉学生方差分析主要解决一类分类差异的分析问题。学生不仅能学会方差分析知识,也能把实际的问题转化成方差分析能解决的一类问题。

以上几个问题在很多学校的"统计学"教学中都存在。正如大家所知, 一套完整的教学理论是由叙事论、关系论和价值论等基本要素构成的 ,即由"是什么""为什么""应如何"组成。如果我们只片面地强调理论或只强调应用都是有问题的。在教学过程中忽视教学基本理论学习,或忽视其应用价值层面,都不能准确把握教学及实践的关系,更谈不上与日后的专业应用有关系。

二、基于专业互动的教学模式

为解决上述存在的“统计学”教学问题，笔者据此提出基于专业互动的“统计学”教学模式。这种基于专业互动的教学法就是结合学生未来的职业特点，把学科知识与专业数据结合起来，让学生学到的知识真正有用。

(一)基于专业互动教学模式的知识观

根据信息加工理论，笔者将知识分为两类：一类是“陈述性”知识，主要回答世界“是什么”的问题；另一类是“程序性”知识，主要回答“怎么办”的问题。德国职业教育研究者谢尔腾博士和里德尔博士等人则把知识分为应用性知识和元知识。应用性知识又分为陈述性知识和程序性知识，陈述性知识分为事实性和概念性知识以及理解性和论证性知识；程序性知识分为处置性知识和策略性知识。而把元知识作为控制性和调用性知识，元知识用以激活其他的知识类型。

一般“统计学”教学中，陈述性知识较多，程序性知识和元知识很少。老师只是讲述具体的统计方法，不涉及方法的选择。学生学了这些统计方法后不知如何运用，不会联系实际，不能把一个现实问题转化为统计问题，匹配相应的统计方法去解决的能力很欠缺。我们应该从知识观的角度，正确依据“统计学”的知识特点，结合学生各自不同的专业特点开展有鲜明特点的“统计学”教学。

(二)基于专业互动教学模式的能力观

基于专业互动教学模式强调培养学生的知识运用能力和职业能力，进而提高其就业竞争力。能力是在职业情境中以履行岗位职责为核心的有关人际协调、实际操作、在职学习的综合行动能力。在“统计学”教学过程中，应该基于专业互动视角去重视学生的应用能力，把统计方法与自己专业相结合的能力，创新性地把统计方法应用到自己的专业领域中去。

(三)基于专业互动教学模式的学习观

基于专业互动教学理论认为学习是师生共同确定学习目标，并以此为主导的教与学的互动过程。老师在教学过程中应充分调动学生的积极性和主动性，让学生不仅参与学习，而且是参与到教学过程中。如让学生提前预习所学内容，帮助准备教学案例，搜集相关应用数据等。通过主动和全面的参与，达到理论和实践统一的新型学习方式。基于专业互动的教学方法应以人为本，倡导主动的不断优化和自我负责的学习，要求能在实现既定目标过程中进行批判性的应用和强化。基于专业互动教学模式强调学习目标以专业运用为导向，为主要目标，最终是为了获得真实工作环境中的职业能力，具有比较强的知识定向性和应用性。

三、基于专业互动教学的对策和建议

根据基于专业互动教学模式理论，针对过去财经类院校“统计学”教学面临的问题,笔者给出一些对策和建议。下面我们从内容、手段及教与学双方的准备等方面探讨,如何开展基于专业互动型的“统计学”教学实践,以适应就业压力日益增加的财经类学生的学习需求。

第一,在做教学计划时,就要考虑到学习基础的问题。把非统计专业的“统计学”课程安排在二年级或三年级,在这之前安排学习一学期的“概率论和数理统计”。这样再安排“统计学”的学习就顺理成章,学生学习起来也较轻松,而且老师能专注于应用,开展基于专业互动的“统计学”教学实践。

除了常规的一学期教学安排外,也可以针对有些统计知识需求比较多的专业,延长课程开设时间,如学习两个学期或更长。如金融、保险、人力资源等专业对统计知识要求高,可以针对这些专业开设延期课程,增加“统计学”知识的深度和运用广度,改进现阶段各专业一刀切的课程设计方法。这样不仅让非统计专业学生学到统计知识,用好统计知识,而且这样安排具有针对性,教学效果好。

第二,教学内容上的调整。通常“统计学”的学科内容主要以介绍统计方法及其运用为主要目的。很多统计学教材也都是按照此目的编写的,而且很多教材已沿用多年。这些教材在当时看来确实很不错,打破了过去《统计学原理》的编写内容范式。当时很多教材都借用很多国外的编写模式,让人耳目一新,这些教材当时都得到广泛的认可。但现在看来这些教材还有欠缺的地方。特别是很多的应用实例都离现实太远,这种“远”不仅指时间的久远,还有涉及的内容也未免太偏范,特别是与当今学生关心的、熟知的内容相去甚远,更谈不上其举例内容与学生日后就业有关。

基于上述情况,我们在选择不同教材的同时,要考虑到学生的就业问题,让学生在日后的工作过程中确实能体会到“统计学”带给他的益处。要让学生学得到,用得到。譬如一些很有用的统计分析方法如前述内容提到的方差分析方法,学生了解之后,一定要结合具体现实的例子。例如用电脑把方差分析的结果实现,并让学生自己找到相应软件,自己把生活工作中的问题提炼出来,用统计思维去考虑解决现实问题。所以,“统计学”的内容可以基本不变,但我们用基于专业互动的教学方法教授该课程时就要考虑到对其内容微小的适应性调整,以满足不同专业应用的特殊要求。

现在市面上的统计学教材鱼龙混杂,有很多教材写得脱离实际,特别是一些案例都是多年以前的。这些案例脱离学生生活的实际,案例的背景内容学生一点也不了解,所以很多学生觉得“统计学”离他们的生活很远,用不到。这些都是那些枯燥的案例带给学生的不良感受。我们再看看国外的统计教材,都有活生生的案例,有些案例都是学生参与完成的。用统计分析方法分析学生自己的生活,学生们自然觉得有用,自然会感兴趣。

第三，从教学手段上看，要充分运用多媒体教学手段，把统计软件融入其中。过去的统计教材完全与软件脱离，基本不考虑使用统计软件。可以简单地说，若不用统计软件，统计分析就无从谈起。“统计学”就是与数据打交道的，大量的数据处理根本离不开电脑，离不开统计软件。但现在很多教材不涉及软件，有些涉及的很少。从国外的经验看，统计应用最多的地方都要使用 SPSS 和 SAS 等统计软件，美国的学生学统计就是学软件的使用，会使用统计分析软件就能找到好的工作。当然这都是国外统计专业的学生找工作的情况。其实，对于非统计专业的学生来说，统计软件同样重要，很多人日后工作都要分析大量数据，这都离不开统计软件。所以，重视统计软件的教学刻不容缓。就我了解的情况，很多学校非统计专业的“统计学”教学还脱离统计软件而存在，这是很可惜的。

对于统计软件的使用，笔者建议多种软件混合使用教学。专业统计软件 SPSS 和 SAS 功能非常强大，是专业统计人员最喜爱的工具。但对于非统计专业的学生来说，他们以后工作中接触 SPSS 和 SAS 的可能性不大，他们更多地使用 EXCEL 分析工具。所以在“统计学”授课时，应结合专业统计软件和 EXCEL 分析工具，分别讲述其使用方法和工作步骤。特别注意不能完全依赖专业统计软件。实际上，一般的统计功能在 EXCEL 上都能实现。非统计专业“统计学”的教学目标应该是学生在有没有专业统计软件的条件下，利用其他软件也能完成基本的统计分析工作。

第四，从教师的角度做些教学方法的改进以适应基于专业互动的教学要求。作为授课老师首先从思想上改变过去观念，坚持以使用为目的，够用就好，不要贪多，企图把统计各方面内容都介绍给学生的做法是不可取的。一定要让学生动手，多让学生接触统计软件，“统计学”的教学最好结合上机实验，让同学们自己操作统计软件。据统计，目前除了统计专业的学生有专门上机实验外，非统计专业的学生的上机时间不多。这可能是由很多方面的原因造成的，但无论如何上机实验都是最好的教学手段。同时老师在教学过程中要引导启发学生进行统计思维，能把现实的问题转化成统计问题加以处理和分析，这个统计素养不是短期内养成的，需要长期专门的训练。这种素养一旦养成，学生们会受用终生。

对于非统计专业的学生，最大的难点是统计思想的学习。统计思想的训练要贯穿“统计学”授课的始终。如果一个学生不能把一个要解决的现实问题，按照统计分析方法转化为统计问题，他的统计知识就一无用处。老师在教学过程中，必须通过大量实际的案例，让学生能把将来工作中遇到的问题转化成统计问题，然后用统计方法去解决它，这是最关键的，也是最难的。没有哪本教材有这部分内容，现有的教材都是教学生如何解决统计问题，谁能把其他的问题帮你转化成统计问题呢？记得国外有本杂志一篇文章《狗会不会微积分?》，刚看到这个题目我没想到它会用统计知识，实际上作者就是用假设检验知识把这个看似荒唐的命题论述得很好。这种能力是我们要着力培养的。

第五,注意从学生的角度考虑怎么适应新的教学实践。作为非统计专业的学生,他们都没有意识到统计学会在他们今后工作中作用有多大,很多人甚至厌烦“统计学”的学习。所以学生首先要端正学习态度,另外统计学的学习,需要很多知识铺垫,在此之前要学好“高等数学”“概率论”及“数理统计”等课程。“统计学”与“计量经济学”等也有交叉。把相关学科学好也有助于“统计学”的学习。但最关键的还是应用,一定要在学习过程中联系实际,多找实际问题作为学习示例,这样才会有收获。

现在的很多大学生学习主要为了出国和考研,所以他们学习的主要是英语和其他考研要考的科目,“统计学”往往不在他们的重视之列。他们没有意识到出国以后还要重学英文版《统计学》。很多财经类学生留学读硕士、博士,他们写论文肯定用到数据分析,肯定会用到统计,只有他们到了国外才发现国内“统计学”学得太少了。记得一个美国的商科博士亲口对笔者说,他在美国花了一年学“统计学”的方差分析方法,就是为了最后的博士论文。考研的学生同样要写硕士论文,同样需要统计分析技能,这些都是他们几年后将会遇到的,到时候再学就有走回头路之嫌了。

三、总结

统计学的产生、发展来源于实践,依赖于应用,并在应用过程中逐步发展壮大。统计学的生命力就在于它能够不断满足不同专业社会应用的需要。我们在教学实践中就要充分利用统计学的这个特点,把“统计学”教学改革为基于专业互动的教学模式。如果要建设基于专业互动模式的“统计学”教学,必须从各方面同时着手,多管齐下。这要涉及学校、教师和学生等很多方面的因素。以上我们仅分析了基于专业互动的教学实践涉及的几方面,这几方面都是零散的,最终还要学校来组织推进整个教学过程,在教学实践中探索基于专业互动的教学模式。建议由学校的教学管理部门结合院系,共同针对就业市场的发展变化和人才需求趋势改善现有“统计学”教学模式,建立新型适应就业要求的统计学新学科。

参考文献

[1] 陆晓燕. 关于统计学教学改革若干问题的探讨[J]. 教育教学论坛,2013(5).

[2] 朱建安,谭岚,周自明. 基于课程群视角的应用型高效经济学教学改革[J]. 中国高教研究,2012(12).

[3] 罗儒国,王姗姗. 教学理论的误读与纠偏[J]. 大学教育科学,2009(5).

[4] 余文森,教学理论与教学实践的层级和关系[J]. 中国教育学刊,2010(9).

[5] 黄秀海,滕清秀. 教学改革效果的实证研究[J]. 当代教育理论与实践,2012(1).

[6] 杨天平,等. 美国高等教育的“未来规划”及其启示[J]. 高校教育管理,2009(4).

[7] 彭君. 概率统计教学改革探讨[J]. 数学理论与应用,2011(3).

[8] 黄莉芳, 对财经院校非统计专业统计学课程实践教学的探讨[J].高教论坛,2012(12).

[9] 高中萍.生态性的学习理论对现代教育的启示[J].现代教育论丛,2009(8).

高校课程考核方式改革的探索

教务处 张明芳

【摘要】高等学校课程考核是检验教学效果、提高教学质量、培养合格人才的关键环节，是实现学校人才培养目标的手段，更重要的是引导、督促和约束学生的学习过程和学习目标。课程考核方式改革目的在于构建科学的课程考核体系，提高教学质量，培养社会发展需要的集知识、能力、素质协调发展的应用型复合型人才。

【关键词】课程考核内容 课程考核方式 课程考核评价 改革探索

考试作为人类的一个社会活动，在我国有着悠久的历史。1 300 多年前的中国科举考试，被世界公认为考试的始祖。长期以来倚重考试方式来甄别、选拔人才已成了广大民众愿意接受的、被认为是相对公平的手段。步入 21 世纪，学校教育的考核方式越来越受学校和社会各界的重视，尤其是大学课程的考核方式更是成为各大高校建设发展的重中之重。高等学校所进行的各种学业考试要有利于引导学生主动、创造性地学习。考试应该是检测和提高学生创新思维和创新能力的重要环节，是评价和改进教学手段，使之有利于培养创新人才的基本途径。

一、研究的意义

高校教学质量高低的最终体现是人才培养的质量，人才培养是高等学校的核心任务，人才培养方案的适时调整是为了培养更适应社会发展需求的人才服务的。课程考核是检验教学效果、提高教学质量、培养合格人才的关键环节，是实现学校人才培养目标的手段，更重要的是引导、督促和约束学生的学习过程和学习目标。传统的或不灵活的考核方式已难以适应新形势下多元化人才培养的需要，严格、科学、灵活开放的课程考试管理制度是实现考试目标的基本保证[1]。

我校目前的课程考核成绩主要由平时成绩（占 30%）和期末成绩（占 70%）两部分组成，相对传统的考核方式已有一定程度上的改革，但在课程考核方式和相应的考试管理上我们还有很大的改革空间，以适应我校应用型人才、国际化人才和复合型人才的培养要求。第一，学生成绩的计算方法是否科学？这个相对制度化的比例是不是适应所有学科的课程？第二，平时成绩（占 30%）是如何考核的？应该遵循什么样的原则？期末考试内容是否全面、科学？第三，是否强化课程的过程考核，使过程考核与结课考核相结合？这些教学管理中的课程考核相关问题的研究，对人才培养模式的创新有着重要的意义。

二、当前高校课程考核方式存在的问题

（一）考试内容僵化，局限于书本知识

大学课程学习一般要求学生掌握三方面的内容：一是基本知识、基本理论和基本技能；二是综合分析问题、解决问题的能力；三是创新意识和创新能力[2]。在目前的高校课程考核中，老师围绕教学大纲命题，一般比较侧重对基本知识、基本理论的考核，特别是随着电脑的普及，现在的学生上完课后直接拷贝老师的讲课课件，上课连笔记都不用抄了，考前狠背，考完扔掉，或者把上几届考过的题目拿来临阵磨枪，学习的积极性和主动性很低。正因为现在的教学和考核已经发展成为教什么、考什么，考什么、学什么，使得学生的分析和解决问题能力的发挥空间很小或基本没有，学生的想象能力和创造能力在学习过程中得不到真正的培养和发挥，更别提考查学生的创新能力了。

（二）考试题型固定和标准化，容易导致考风不正

目前大部分课程期末考试的试题分为单选、多选、填空、名词解释、简答题、论述题、案例分析题等题型，且客观题占很大的比重，主观题比重太小，这样在保证了考试公平公正的前提下极大地限制了学生的思维能力和创新能力的发挥，学生没有机会发表自己的观点和意见，另外客观题比重过高，就容易使学生投机取巧，造成考试的不正之风，考试作弊现象屡禁不止，除了学生自身的原因外，考试题型过于固定和标准化，也是一个重要原因。

（三）考试形式单一，缺乏科学性

目前高校大部分课程的考核没有充分利用多种考核方法，大多采用单一的闭卷考试的形式，期末考试前，学生将笔记、考试重点和范围、历年试卷复印来死记硬背，闭卷考试导致学生把重点放在了死记硬背概念、理论知识上，学生考试的时候永远都在回忆考前背熟的那些标准答案，从理论到理论，忽视了知识的扩展和灵活运用基础知识能力的培养，通过这种形式考试评定出来的成绩，对如实反映学生的实际水平和综合素质有很大的局限性，甚至无法体现出学生的真实水平，造成学生的高分低能。

（四）考核次数太少，考试规范化程度有待提高[3]

一般来说，学生的成绩由平时成绩和期末考试成绩按一定比例组成，根据教师对考试重视程度的不同，平时成绩的考查和记分有很大的随意性和可操作性；期末考试所占比重过大，基本上是“一次考试定成绩”，考核次数太少使考试带有投机

性，也会造成学生平时不努力、考前抱佛脚的现象产生。因此，改革单凭一张试卷定学生培养质量的做法很有必要，提高考试规范化程度、科学性和合理性，实行学习成绩的综合评定。

（五）考核成绩计算片面[4]

我校目前的课程考核成绩主要由平时成绩（占30%）和期末成绩（占70%）两部分组成，期末卷面成绩占的比例较大，而许多课程的平时成绩包括课程论文、报告、课堂讨论、课程作业和出勤等，需要学生投入更多的精力。由于考试成绩的高低不仅与奖学金、评优评先挂钩，还关系到学生的升级、毕业与学位的获得，因此为了取得高分，学生过分地看重期末的卷面成绩，甚至许多平时不努力学习的学生在考前突击，考试时投机取巧，甚至设法从任课老师口中套试题来取得较高的分数，这种以分数为依据的做法夸大了考试成绩的作用，使学生只注重分数不注重能力。

（六）评价主体局限

一般而言，高校课程考核的评价主体为本课程任课教师，教师自我把关，形成教、考、评一体化，这样很难保证考试的公开、公平、公正，欠缺科学性和全面性。学生很少参与评价，或者只是被动接受评价，师生二者之间缺乏良好的沟通与交流，削弱了课程考核的激励与导向功能[5]。

这些现象的产生虽然有深刻的社会原因，高校扩招的影响使得生源质量参差不齐，教学内容难以深入；教学人数不足，教学方式难以改进，现有的校舍容量有限，教学安排难以合理等，但同时也说明了现行的考核方式已经不适应当前高等教育的理念和教学目的，与人才培养的要求相背离，因此考核方式的改革刻不容缓。

三、以知识、能力、素质协调发展的考核方式探索

前文已经分析了当前高校在人才培养过程中课程考核方式上存在一些弊端，针对这些问题，有的放矢地探索基于知识、能力、素质协调发展的课程考核方式。

（一）拓宽考试内容覆盖面，创新考试内容，注重学生应用能力的培养，提高学生的创新能力

考试改革的目的就是要引导学生在掌握基本理论、基本知识和基本技能的基础上，积极培养学生的思维能力、创新意识和创新能力，提高学生素质。命题的时候可以考虑一些有创新性的问题，而这些问题是从书本上找不到直接的答案的，应避免过分侧重对知识机械的记忆与再现，要鼓励学生独立思考，富有个性和创造性地进行解答，并以创新性作为衡量学生答题的重要指标[6]。只有学生在平时认真上课的基础上，通过对书本知识的消化吸收，提炼出自己的观点对问题进行分析和解决，才可以独立思考、积极探索，从而更容易体现他们的创新能力。因此，对于应用型科目，可以尽量减少笔试内容，通过实践来检验学生对知识的掌握程度及动手

操作能力;非应用型课程,考试内容应以综合性的命题为主,命题侧重于对知识和某些社会问题的深层理解、分析比较以及相关学科间知识的融会贯通,同时,能对问题提出自己的解决办法,有意识地通过考试引导学生扩大知识面及锻炼综合解决问题的能力。

(二)丰富考试题型,考查学生综合素质

考试题型改革的目标在于丰富考试题型,调整客观题和主观题的比例,全面考查学生的综合素质。考试题目的类型往往对学生的知识学习和思维形成产生很大的影响。教师在命题过程中降低试卷中客观题的比例,提高主观题的比例,命题的主旨为开放性强、拓展性强、创新性强,这样的题型没有标准答案,只有一个评分标准,让学生能够运用平时学习的基本理论指导解决现实生活中的具体问题,培养学生的创新能力。从一定程度上控制考场上作弊的行为,也可以改变学生为了考试而学习的局面。

(三)考核形式多样化,增加考核结果的可信度

考试方式应能综合地体现出学生的知识的掌握、能力的培养和素质的提高。因此,能够根据课程性质选择灵活多样的考试方式是很必要的。考试形式除了闭卷考试以外,还有开卷考试、半开卷考试、小论文、机考、演讲、小设计等各种形式,多元化的考核形式激励老师和学生在课程上投入更多的精力。把教学作为一个动态的过程, 考核作为教学质量评价手段, 贯穿于整个教学过程中,改变以闭卷为主、以笔试为主、以基础知识和基础理论为主的考核方式,可以采取闭卷与开卷并举, 笔试与口试、答辩、演讲等并举,理论考试与技能操作并举等,综合利用多种考核的形式。

闭卷考试对理工科的必修课程最为适合,这种课程都有标准答案,且要求答案的唯一性;开卷考试考查知识面广,角度比较新颖,主观性较强,考前机械的记忆在考试中发挥不了多大的作用,主要考查学生对知识的理解和运用能力,这就要求学生对课程的知识体系全面理解,要求学生对平时学习的主动性更高;小论文的考核方式一般适合文科类课程的选修课,题目灵活,给学生很大的思考空间,有利于发挥学生的创新能力和科研能力,但是要求教师的选题更前沿一些,避免学生在这个信息化的时代,集很多人的思想于一体,没有自己的观点;演讲一般适合文科类课程的选修课,这种考核方式能够考查学生的灵活表达能力、应变能力等,学生一般考前比较重视,需要查阅很多参考资料,这样就拓宽了学生的知识面,更有利于学生创新能力的发挥。在大学文科考试中,口试是大家公认的最能反映学生真实水平的一种考试方式。将教材、笔记等书面知识能够用自己的语言表达出来,这是理解了的知识,是真正属于自己的知识。

每门课程的性质不同,教学目标的定位不同,特别是课程内容的内在性质差异

很大。因此,学校要鼓励教师在实际课程考核中根据课程特点创造性地采用多种方式进行课程考核,可以将几种考核方式相结合,更全面地反映学生的实际水平和综合素质。

(四)考试成绩计算科学化,评价过程公平公开化,激发学生学习的积极性

传统的考试成绩大多为平时成绩占较少比例,期末成绩占较高比例。期末成绩所占比例过大,会造成学生考试压力过大,可以适当地调整平时成绩和期末成绩的比例,加大平时成绩在总评成绩中的比例,激发学生平时学习动力与兴趣,有助于提高学生应用能力与创新能力的培养。平时成绩注重考查学生的平时学习情况,可以包括阶段性测试、课堂出勤率、课堂回答问题情况、课后完成作业情况等,也可以表现在社会实践、学科竞赛、学术报告等方面,加强平时教学过程的考核,将课堂提问、小组讨论、阶段小测、小论文、写心得体会、技能训练、查阅资料及出勤率等各阶段的成绩记录到平时成绩中;科研训练、学科竞赛、科技文化活动等活动过程中的成绩、表现也将纳入学生能力评价的范围之中,并计入学分,给予奖励。

另外,公平公开的成绩评价的过程也是促进学生学习的很好的手段。为了确保考试的公正与公平,对于卷面考试,可以实行同一个教研组教师共同流水评卷,而对于考核方式比较灵活的课程,特别是平时成绩部分,可以考虑在考核过程中适当添加学生之间互评成绩的比例,若在讨论中发现学生对问题是理解的,只是卷面上表达不好而影响成绩,应该可以酌情修改考核评价[7]。这种做法可以让学生看到教师是认真地考评,而不是机械给分,也尽可能地减少了课程任课教师的评价主观任意性,激发学生的学习热情。

科学的成绩计算方法不仅能调动学生平时学习的兴趣,激发学生持久学习的积极性和主动性,积极投入整个教学过程完成各阶段的学习任务,使得那些平时不努力、考前再突击的学生难以得到好成绩,也有利于学生增加课外阅读量,掌握自学方法,调动学生学习的主动性和创造性,而且能较全面地反映学生的实际水平,更能促进学生更多地参与社会实践,锻炼其创新能力,增强其综合素质修养。

(五)强化课程考核的分析,规范课程考核档案的管理,使考核结果具有导向性[8]

课程教学是教师围绕某一知识领域创造性地教和学生创造性地学的过程。在教学实践中,要特别强调以学生为中心,强调学生的学习过程,而课程考试本身只是一种评价教师教和学生学的效果的手段,而不是教学的根本目的。课程考核档案的整理归档工作是考试管理工作的重要环节,课程考核档案整理归档工作不仅仅是教学日历、平时教学记录、试卷、参考答案(评分标准)、成绩报告单、课程考核分析等材料的简单堆砌,更重要是从整理归档过程强调对整个教学过程和考核过程与结果的分析研究。课程考核档案如实地反映教师教学的效果,反映人才培养

的质量,从考核结果反向分析教学过程,促进了教师不断进行教学方式、方法和考核方式、方法的改革,推动了教学质量的不断提高。

四、结束语

课程考核评价方式不仅是一种检测学生课程学习情况及教学效果的方式,也是促进学生学习知识和发展能力的有效途径。随着高校的培养模式发生转变,高校的考核方式也应随着进行转变,促使学生进行深入学习,加强对持续性学习的重视,淡化其对考试分数的重视,淡化考试对学生学习和生活的影响,使学生能够投入更多精力进行创造性学习,这样才能促进学生掌握知识、提高能力及素质修养,提高教学质量,才能培养出更多社会需要的高级复合型人才。

参考文献

[1] 马鹏,王天佑.本科生知识、能力、素质培养结构体系探析[J].黑龙江教育,2008,(6).

[2] 徐蕾艳.高校课程考核方式改革研究[J].文教资料,2012 年 6 月中旬刊.

[3] 苗秀玲.高校考试制度及考核方式探析[J].黑龙江教育学院学报,2011,30,(12).

[4] 王静.基于知识、能力、素质协调发展的高校课程考核方式研究[J].学理论,2011,(11).

[5] 朱晓莹,应用型人才培养课程考核评价方式改革探索[J],长春理工大学学报(社会科学版),2011,(10).

[6] 周志淼.高校考试改革与创新人才培养[J].高等教育研究与实践,2007,(9).

[7] 黄德智.关于高校课程考核方式改革的思考[J].安徽农业大学学报(社会科学版),2006,15,(1).

[8] 张健.应用型人才培养教学质量监控与保障体系建立[J].北京教育,2011,4(564):51 -53.

我校补考与重修考试管理模式的实践与探讨

教务处　吴牡兰

【摘要】:本文讨论了我校补考和重修考试管理模式存在的问题,并分析其原因,在此基础上对我校重修制度提出建议和措施,比如取消补考、加强平时教学管理、实现真正意义上的重修等,通过以上措施,达到真正提高我校教育质量的目的。

【关键词】:补考　重修　管理模式　建议和措施

一、引言

随着我国高等教育制度的改革,高校招生规模的不断扩大,在校学生的总人数成倍增长,大学人才培养的数量和质量矛盾越来越尖锐。归根结底,人才培养的质量是高校一切工作的生命线和根本。针对目前高校毕业生日益激烈的就业状况,如何保证毕业生质量,培养具有创新性和竞争力的人才,已经成为高等教育颇为关注的问题。为了顺应高等教育的改革和发展,诸多高校采用学分制管理,以提高教育质量、学校管理水平和人才培养质量。学分制是教育模式的一种,以选课为核心,教师指导为辅助,通过绩点和学分,衡量学生学习质和量的综合教学管理制度。实行学分制就是打破过去封闭式的教学管理模式,赋予学生较大的选课的自主权和灵活性,最大限度地适应学生的个体差异,使学生在学分制教学计划的指导下,自主选择专业、课程、任课教师、授课时间以及学习方式等。目前国内很多大学都开始实行学分制,学生修满所有规定课程并取得相应学分后可以申请毕业。但是我国高校还不能一下子由学年制过渡到学分制,这样就出现了一种学年学分制,有一部分维持学年制的东西,同时也吸纳学分制的一些东西[1]。在学年学分制的背景下面对大量的不及格学生,还是出现了重修和补考两种方式。

二、我校补考、重修制度的现状与存在的问题

补考是正常期末考试不合格的一些学生通过一个假期的复习后,在开学初再次进行的考试。我校施行的补考是学生若期末考试不及格只能参加学校组织的补考,补考工作是教学管理的主要内容,每学期要组织一次,耗费大量人力、物力,而且在短短的暑假或寒假时间里,学生通过自学复习,往往不能达到课程要求,最终许多学生补考的及格更多的是依赖于试题难度的降低和阅卷评分标准的放松而达

到的。因此补考的实际意义不大。重修，一般情况是指学生所学课程期末考试不合格，正常补考后仍不合格者该课程必须重修。重修是学分制内涵管理的一项制度，也是学分制区别于学年制的明显特征。目前，绝大多数高校多数课程采取的考试形式是期末考试不及格者必须重修，如南京大学、上海交通大学、北京航空航天大学、中国人民大学、中国科技大学、武汉大学、天津大学等[2]。但我校施行的重修并不是完全学分制下的重修概念。重修概念的提出，应该说从本意上是非常好的。但目前我校的执行情况远没有达到理想的效果。如果一位学生由于特殊的原因有一门课不及格，而他要是真想学习，倒是有可能到下一年级去听课。问题是有大量的学生有一门及以上的课程不及格，即使他想去学，也基本不可能随堂去听课，因为课程有冲突，他们正常的上课班级也有很多课程。并且我校补考及重修考试的成绩按照1.0绩点计算，无论考多少分都按60分来计算。所以这些学生课程不及格的原因若是学习态度的问题，很难想象他们会自觉地到下一个年级的课堂上去听课，所以目前所谓的重修制大多数实际上只是时间上拖后的一种补考，与补考说法不同而已。因此现在很多高校虽说有重修制度，实际上名存实亡。我校每学期参加补考及重修考试4 000多人次，其中补考2 000多人次、重修1 000多人次，重修人数较多，主要原因如下；

①高校扩招的影响：我国现阶段的高等教育已经从精英型教育转向大众化教育，高等教育改变过去众人竞争过独木桥的状况，以较高的录取率，使每年一半以上的高考考生圆了大学梦。这一举措使得很多高校的入学新生的整体素质有所下降，而且学生之间的差距增大，这在一定程度上导致了重修人数增加。②社会环境的影响：目前社会上的不良风气对学生影响很大。学校周边充斥着各种娱乐场所如：电子游戏室、网吧、茶座等，这些对学生都有很大的诱惑。有些学生因沉迷于这些娱乐场所而荒废学业，他们有人几乎不进行晚自习，有的甚至连课都不上。③家庭的原因：父母是学生的第一任教师。家庭教育对学生自我能力、自觉学习等良好习惯的培养起着重要的作用。一部分学生是因为在家过于溺爱，一旦他们离开了父母就觉得无所适从；另一部分学生则相反，因家教过于严厉，父母对他们处处限制，关心的只是学习成绩，稍有不如意便是训斥与打骂，使学生的身心受到压抑。所以学校应加强与学生家长的联系，准确了解学生的各方面情况，以便与家长一起分析学生学习落后的原因，共同做好学生的思想工作，及时纠正学生的不良倾向。④学校教学管理、管理制度的不合理：管理观念落后，教学管理方法过分强调集中性，是现在许多高校普遍存在的问题。目前，一些高校的课堂教学仍是填鸭式，这种方法使得课堂教学显得过于单调，学生感到枯燥乏味。许多学生在学习的时候更多的是注重对知识的死记，考什么记什么。这种情况不但不利于学生个性的发展与才能的提高，更不利于培养学生的创新精神和实践能力。考试命题缺乏科学

性。我们现今许多高校的考试，仍然是谁任课谁出卷，随意性很大，虽然考试的命题要求应以教学大纲规定的范围为依据，但在具体操作过程中，有些教师对试卷的题量、难易程度不是把握不好，就是不够认真，出卷前没有制定具体的命题计划，试卷出完后，也没有对试卷进行科学的分析，加上试卷的审批制度往往流于形式，结果不是试题太容易就是太难。重修制度不合理，如重修方式的局限性使得重修教学质量得不到保证。大部分高校的重修方式通常有组班重修、跟班重修和自学重修。由于组班重修和跟班重修容易导致学生上课时间的冲突，很多重修学生选择了自学重修。自学重修其实是一种变相的延迟的补考方式，这对学生的重修成绩有很大的负面影响。⑤学生的自身因素：影响学生重修的自身因素主要为学生对学习的重视程度。学生的重修人数比例和重修通过率有一个随时间而变化的曲线。一年级尽管有部分学生在进校后不能及时地从高考胜利的喜悦中走出来。他们认为自己寒窗苦读十载现在终于可以放松了，但是大部分学生还是受高中阶段学习的影响，学习还是比较认真，这样一年级重修的学生还是少数。到了二年级很多学生放松了对自身的要求，学习成绩大幅滑坡，重修人数较多，重修旷考率也较高，而三年级学生因临近毕业，这在一定程度影响学生的学习态度，这时的重修人数较二年级有所下降，重修通过率稍有提高。当学生到了大四，由于他们面临毕业以及就业的压力使得他们不得不认识到学习的重要性，这种情况下重修的人数有较大幅度的下降，并且重修通过率也有较大幅度的提升。当然还有一部分学生因为对自己的专业不太满意，所以很难安心学习。还有一部分学生面对激烈的就业竞争，担心本专业的就业前景，学习上缺乏热情，丧失了信心。以上这些因素也是导致学生挂科，最终参加重修的原因之一。综上所述我校探索补考及重修考试管理模式的改革是必要的。

三、对我校重修制度的建议和措施

（一）取消补考实现真正意义上的重修

正式考试不合格，在开学期初补考考试也不合格、期末考试旷考、旷课达三分之一、考试违纪作弊等情况下该门课程必须进行重修。重修不是目的，是一种激发学生改进学习态度和方法，获得良好高等教育的手段。它是国家教育部《关于加强高等学校本科教学工作，提高教学质量的若干意见》规定实行的教学管理制度改革的一项重要内容，也是学分制下教学活动中的正常教学环节。目前我校实施的重修方法主要有三种：①组班重修，在重修人数达到20人的情况下，组成某门课程的重修班级，一般在周末上课；②跟班重修，可随下一年级或者其他班级上课；③自修，就是自己学习后参加重修考试。同一门课程重修考试后仍不及格、可进行多次重修，但组班重修只能参加一次。已经取得学分的课程，在基本修业年限内不得重修。

从我校目前补考及重修考试管理模式的实践说明学校补考制度存在很多弊端，如考生经过短短一个假期的复习很难掌握到课程的重点并顺利通过考试，每学期期初的补考耗费大量的资源却不能满足学校提高教学质量、人才培养质量的要求。因此应考虑取消补考实现真正意义上的重修。真正意义上的重修是我们经常说的刷分，学生对于不及格的课程通过重修也可以提高绩点。为保证重修质量，最好的方法还是跟班重修或组班重修，跟班重修或许遇到一些问题如：重修课程与本专业课程冲突无法选课，不能跟班重修，或者考试时间冲突导致不能正常考试。那么对一些重要的必修课、基础课可以考虑单独组织开设重修课堂，学时减至原学时的一半左右为宜，安排在周六、周日上课，如果条件不允许，寒、暑假可以，最重要的是要求重修学生必须进入课堂学习。只有把学生请进课堂学习，才能真正算是重修，否则只能算补考。重修课程的讲授，以精讲多练、耐心辅导为主。参加课程重修的学生，对所学课程已有一定程度的了解和掌握，所以任课教师在简单提及概念、定理、分析方法的基础上，围绕这些基本内容多讲例题，多进行课堂练习，多进行课堂讨论，这样可充分调动学生的思维，使其通过大量的训练达到掌握知识的目的。课后还要有针对性地布置少量的作业，以督促学生花费一定的时间来掌握所学内容，但题量不能太多，否则将会影响到正常课程的学习。

（二）在教学管理方面，应重视重修教学管理

重视重修教学管理，首先要从重修选课开始。制定全面、完善的重修选课制度。选课时间要通过各种手段及时通知到每一个学生，防止学生因未被通知而浪费一次重修机会。组班重修或跟班重修，学生须进入学生教务管理系统进行自主选课，选课时发生课程冲突可到院系报名，院系最终将选课名单交至教务处，教务处从后台为学生进行选课。对每学期重修门数进行限制，每位学生每学期重修课门数必须小于3门。而对毕业班和延长学籍的学生，为了保证毕业率，尽量不限制其考试门数及范围。教学管理部门还应定期抽查重修班的上课教案、进度表的完成情况、学生的出勤率和学生评教等，重视重修班的日常管理工作。在进行期中教学检查时，还应召开重修班学生座谈会，就教与学进行交流，以保证重修教育质量。学院重视重修教学管理，对于教师而言，也会提高重修课的重视程度，相应的学生不敢随便旷课，上课率的提高，上课纪律将得以改善，那么教师上课热情也会提高[3]。

（三）限制重修次数，节约办学资源，提高重修质量

由于重修班的开设会导致学院相关教学管理工作部门以及任课教师的工作量增加，并且重修班出勤率往往比较低，重修考试甚至旷考，极大地浪费了学校珍贵的办学资源。因此，我认为，限制重修次数，课程经过三次重修仍未及格，不能正常

毕业,这样就可以从根本上让学生重视重修,从而保证重修课程通过率。

(四)严格成绩评定制度

对于第一次重修的成绩评定,应与正常班采取统一的标准。平时的出勤以及作业占总成绩的30%,期末考试占70%。教师的评分标准要有透明度,做到公平公正,重修成绩可作为学生掌握程度的良好依据。因为重修也可以提高绩点,美化成绩单,为出国或找工作加分,应给予他们机会。而对于通过两次以上重修才通过的科目,成绩应一律记为60分。我认为,这样的成绩评定制度对于初修通过的学生还是很公正的,保证了学生学习的积极性。

(五)严格重修试卷管理

建议重修考试尽量避免非笔试的考核方式,为了更好地反映学生通过重修对课程的掌握程度,应以笔试为主。同时应建立重修考试试题库,重修考试试卷随机抽取,实现真正意义上的考教分离。避免为了提高重修考试通过率,教师在上课及答疑过程中的故意泄题。还有应将重修考试试卷与正常的考试试卷一样纳入教学检查的范围,增强对重修过程的监管。只有真实的成绩,才能引导重修学习沿着正确的方向前进。

(六)充分利用网络资源

校园网的普及为重修学习提供了新的教学平台。课程重修可以借助以下三种方式进行:①网上教学。多媒体和网络技术能提供界面友好、形象直观的交互式学习环境,这有利于激发学生的学习兴趣,有利于情景创设和知识的获取。重修辅导教师可以通过教学网为学生提供教案、电子课件等教学资料,学生可在线学习或下载观看。②E-Mail沟通。为了及时解决重修学生遇到的疑难问题,任课教师可以通过电子邮箱加强与学生的交流,方便学生提问和教师答复。③在线辅导。教学部门可以定期安排教师在线与学生进行交流,解答学生的问题,实现师生互动[4]。

四、结语

由于各高校对待补考和重修的态度不一,在实际中执行的政策也不一样,要想真正提高高等教育质量,还需要高等教育主管部门进一步规范补考和重修制度,拿出行之有效的实施办法。为加强重修教学管理,我校要结合实际情况,分析总结,完善重修制度管理,促进教育质量和管理水平的提高。

参考文献

[1] 田宝柱,陈婷婷. 学分制下高校重修制度管理模式的探讨[J]. 中国水运,2007(7).

[2] 赵国臻. 谈现阶段高校学生重修的教学管理改革[J]. 内蒙古农业大学学

报(社会科学版),2007(5).

[3] 王振涛,贺洪江.提高重修课程教学质量的方法探讨[J].河北建筑科技学院学报(社科版),2003(4):83-84.

[4] 田巧玲,王世舰.高校重修制度探讨[J].教育管理,2010(3):104-105.

面向经管类复合型拔尖创新人才培养的课程体系构建

——以教学管理的视角

教务处　陈海沐

【摘要】　拔尖创新人才的培养是建设创新型国家的必然要求，更是高等院校建设与发展所面临的重要课题。人才培养是高等教育的重要职能，教育效果以课程的形式得以体现。本文从管理者的角度，从建设理念、课程体系、课程结构、教材体系、互动氛围等几个方面，针对经管类复合型拔尖创新人才培养的课程体系建设进行了探讨：从结构主义课程理论出发，依据“四个结合”的理念，构建凸显专业特色与创新能力培养、融专业与通识教育为一体的课程结构体系，并辅以重视理论研究和科研能力培养的教材体系和校、师、生之间有效的互动氛围。

【关键词】　经管类复合型　拔尖创新型人才　课程体系

当今世界，国家竞争的关键在人才，国家进步的源泉在创新。《国家中长期教育改革和发展规划纲要（2010—2020 年）》提出到 2020 年“进入人力资源强国行列”的战略目标，进一步强调“培养造就数以亿计的高素质劳动者，数以千万计的专门人才和一大批拔尖创新人才”。作为人才培养的重要产出环节，高等教育是培养拔尖创新人才的重要阶段，高等院校负有重要的职责和使命。探索建立拔尖创新人才培养的有效机制，促进拔尖创新人才脱颖而出，是建设创新型国家的必然要求，也是高等院校建设与发展过程中所面临的重要课题。

对于当今的教育体系来说，人才培养工作是一个系统工程，教师不再是唯一的参与者，知识的传授也不再是唯一的培养形式。以往来看，参与课程建设的人员多来自教学岗位，单一视角所构建的课程体系难免带有盲目性，造成教学内容与社会需求脱节，过于侧重专业知识、忽视学生的需求，课程结构不尽合理等问题。从教学管理的角度来看拔尖创新人才的培养，将教学管理的思路与常规教学工作有机结合，对课程体系进行整体的规划和设计，能够提供更为宏观的思路，为人才培养系统可持续运行提供有效的支持与保障，促进拔尖创新人才培养目标的达成。

一、课程建设与人才培养工作的关系

拔尖创新人才多是指以本科为基础，以硕士或博士为出口，具有广阔国际视

野、精通外语、知识结构合理、专业知识扎实精深,创新能力强、综合素质全面的高层次人才。针对设有经济类、管理类专业的高校,应依托学科优势和专业特色,突出多学科综合优势,通过科学研究的强势带动、国际化的教育途径,促进拔尖创新人才的培养。

人才培养是高校的首要职责,是高等教育教学活动的根本目标。任何教育的最终效果取决于直接面对学生的课程及其实施过程,因此,课程建设是提高高等教育质量的核心环节,是提高教育质量的重要举措。在我国,由于惯性思维方式和教育体制的影响,高校课程设置大多未能摆脱学术性教育的一贯做法,没有真正做到以人为本,推动学生个性化发展,经管类院校亦未能幸免。那么,如何构建经管类复合型拔尖创新人才课程体系?如何通过课程建设与体系优化促进人才培养目标的实现?高校课程建设理论提供了一个可参考的理论框架:一般来讲,高校课程建设可分为课程理念、院校层次的人才培养方案编制、单门课程的教材编写、教学、以学业成就评价为核心的课程评价(潘懋元,2009)。本文参考高校课程建设理论,结合教学管理工作的内容,拟从课程建设理念、课程结构、教材体系等以下几个方面探讨经管类拔尖创新人才培养课程体系的建设。

二、结构主义课程理论指导下的课程建设理念

2012年,教育部出台了《关于全面提高高等教育质量的若干意见》(教高〔2012〕4号),强调高等教育要继续坚持以质量提升为核心的内涵式发展,作为我国教育事业最高级别的行政管理机构,教育部这一文件的出台为高等教育未来发展指出了明确的方向。对于高校来说,质量的提升主要表现在教育教学内容的选择和设计以及教育方法的合理度、时效等方面。结合经管类复合型拔尖创新人才培养工作,应进一步从课程内容的完整性、深度、广度,课程结构的完善程度,塑造学生人格的有效性等方面,明确课程建设理念,为构建完整、有效的课程体系提供顶层的设计思路。

20世纪中叶出现的结构主义课程理论,为我们提供了有效的参考:这种教育对现代教育有着深远的影响,其根本目的在于培养精英;强调课程要反映各学科借鉴已有成熟的课程理论,教学应着重传授各学科应有的基本概念和过程;着重培养学生进一步求知、自学的能力,鼓励创造性思维,重视设计有效的课程组织,以形式恰当地体现有价值的教学内容,符合不同学生的认知结构。以结构主义课程理论为指导,结合经管类专业的特点,可将拔尖创新人才培养课程建设的理念归纳为“四个结合”。

第一,将专业知识与综合素质相结合。结构主义强调传授各学科特有理论体系,对专业知识体系的构建具有重要作用,但须注意的一点是,经管类专业更强调

学生综合运用知识的能力，因此，在经管类复合型拔尖创新人才培养中，既要强调专业，也要强调综合素养。首先，具备扎实的数理分析能力，掌握运筹学、系统工程学、管理经济学、数理科学、管理科学等方面的知识，为专业学习奠定良好的基础。其次，经管学科属于国际化水平比较高的学科，该专业背景的学生应精通外语，具有广阔的国际视野。最后，从学生全面发展的角度来讲，还应加强人文素养的训练，了解经济地理、经济史等方面的知识，提高科学精神和文化素养。由此，以涉及多个学科、领域的教学内容丰富课程体系，完善、优化多样的课程结构，避免学科细分可能导致的视野过窄、知识体系单一等问题的出现。

第二，将专业教育与德育教育相结合。从结构主义的角度出发，专业知识的重要性毋庸置疑；对于经管类专业学生来说，身处这个与商品、货币打交道的领域，专业素质和业务素质固然重要，但政治素质、思想素质、道德素质也同样不可忽视，尤其是在社会的转型期，市场经济也带来了利己主义、拜金主义等负面因素，经管类复合型拔尖创新人才是这个领域的精英，但不应唯利是图，他们须具备高尚的道德情怀，建立正确的世界观、人生观、价值观，学习中国传统文化，锤炼高尚的人品，塑造健全的人格，承担应有的社会责任，懂得追求美好、充盈的生活。

第三，将学术研究与创新实践相结合。经管类专业着重培养学生的经济管理理论基础、研究方法和学习能力，这恰好是结构主义课程理论强调引导学生自主学习的能力，激发创新能力的内涵所在。此外，经管类专业属于应用性较强的学科，已有研究成果显示，经营或管理人才越早到基层工作越有利于今后的长远发展，可见，高层次经管人才需突出宽口径、厚基础、可塑性大、创新创业能力强等特点，离不开实践创新能力的培养。因此，针对经管类高层次人才，在课程内容与教学方法上，可大胆借鉴学术研究、创新实践的经验和模式，让指定的导师通过竞赛、论文等多种指导形式指导学生在实践中自主探索，不断成长。

第四，将个性发展与全面发展相结合。我国古代教育家孔子提倡“因材施教”的教育理念，这与结构主义课程理论所提的课程教学须与学生的认知结构相符合的内容有异曲同工之处。由于成长环境、家庭背景、先天性格等原因，学生之间存在着性格、学习能力等各方面的差异，当代教育所提倡的以人为本，就是要尊重差异的存在，这一点对于拔尖创新人才来说尤为重要。鉴于此，需要从课程组织形式、教学方法等进行多样化的调整，为不同的学生提供更好的、成长成才的环境和土壤，让其拥有更多的选择空间和机会，设计适合于自身发展的成才途径。

三、优化凸显专业特色、创新能力培养的课程体系

经济管理类专业的教育在我国的发展历史由来已久，最早可追溯至清朝光绪年间（纪宝成，2006）；由于社会经济体制的原因——尤其是社会主义特色市场经济

体制的建设与发展，国际化事件的驱动——如中国加入世界贸易组织等，经管类专业才逐渐进入了快速发展时期，被人们所重视。由于学科属性以及社会经济体制的特色，经管类专业人才既要熟悉西方先进的管理理论，更要了解中国企业及产业发展与建设实情，这就要求教育者既要重视理论知识体系的构建，夯实学生专业基础，同时又要将其与综合素养、实践能力的培养有机结合。

从人才培养工作所涉及的范围来看，广义的课程体系可划分为三个层次：宏观层面，面向多样化、多层次、不同专业的人才培养目标体系；中观层面，面向某种特定类型人才的培养目标；微观层面，面向某个专业或特定的教学目标。经管类复合型拔尖创新人才培养的课程体系建设介于中观和微观层面，既要依靠专业背景，同时也要兼顾人才培养类型，以专业的特色和优势依托，为学生成长成才提供有效的渠道、方式、途径。

经管类高层次精英人才，往往以硕士、博士为出口，需要具备广阔的国际文化视野，合理的知识结构和扎实的专业知识，以及较强的专业竞争力，在本科阶段要着重培养学生的经济管理理论基础、研究方法和学习能力。根据结构主义课程理论的指导思想——以“学科结构”为主要内容，掌握了基本概念、基本原理即可应用与新知识的学习——课程体系需侧重于学习掌握基本经济理论及其应用和经济学分析的基本工具及方法，除此之外，鉴于经管类专业的特色，其课程建设还需逐步走向精品化、国际化和网络化，构建与国际接轨、与研究生教育接轨的结构性课程体系，同时，注意与其他学科的有效搭配，增强学生的数理分析能力，加强人文素养的训练。

四、搭建融专业教育与通识教育为一体的课程结构

确定了课程体系的重要内容和导向之后，需要进一步考虑如何对其进行完善，课程结构的优化需首先明确课程结构与体系之间的关系，分析人才培养目标对其影响，并结合管理者的视角，对其进行整体的规划与设计。

第一，课程结构与课程体系之间的关系。结构决定功能，功能需要结构的优化得以实现；系统要产生较为理想的作用，需要合理的结构，因此课程体系的建设与改革，核心问题是优化课程结构。课程体系是一个负担特定功能、具有特定结构、开放性的知识组合系统，其体系结构的组织不仅要使所含专业课形成有机的整体，还需正确反映培养目标和规格，适应社会经济发展的需求，符合总体学制及学时等限制。课程结构是课程目标转化为教育成果的纽带，是课程实施活动顺利开展的依据。

第二，人才培养对课程结构的影响。经管类复合型拔尖创新型人才的培养需要多维度、全方位、综合性的考虑：针对专业知识体系的培养，需构建包括经济、管

理等专业学科以及数理、外国语、人文、自然科学等多个学科在内的课程体系;针对拔尖创新人才的全面成长,除专业知识外,更需受到数理、人文、德育等领域知识和能力的传授与训练,与专业学习相得益彰。

第三,设计基于管理者角度的课程结构。理论上,课程可分为宏观、中观和微观三个层次。宏观层面的课程结构包括三个基本方面:国家、地方和校本课程之间的关系;先行课程和隐形课程之间的关系;必修课程和选修课程之间的关系。中观层面的课程结构包括:学科内部课程及其之间的关系;活动课程(科技活动、文体活动、社会实践活动等)之间的关系;限定选修课与任意选修课程的比例关系。微观层面课程结构包括各科目内的结构以及潜在课程各构成要素内的结构。

作为教学管理者,主要是从宏观的层面对课程结构进行考虑(见图1)。广义角度上,教育可分为通识教育和专业教育,专业教育和通识教育是一个问题的两个方面,不可偏废其一:通识教育旨在培养学生成为一个负责任的人和公民,专业教育旨在培养学生将来从事某种职业所需的能力。专业课程和通识课程的有机结合,是优化课程结构、完善课程体系的有效途径。目前,我国的通识课程基本包括公共基础课、通识教育选修课,重在提高学生综合素质,塑造健全人格,为学生了解历史、社会和世界提供多种思维方式和视角。专业课程包括学科基础课、专业限选课和专业选修课,这类课程着重于建立宽厚的学科知识基础,拓宽知识面,奠定今后学业发展基础,同时培养学生扎实的学科专业知识和动手能力、创新精神。

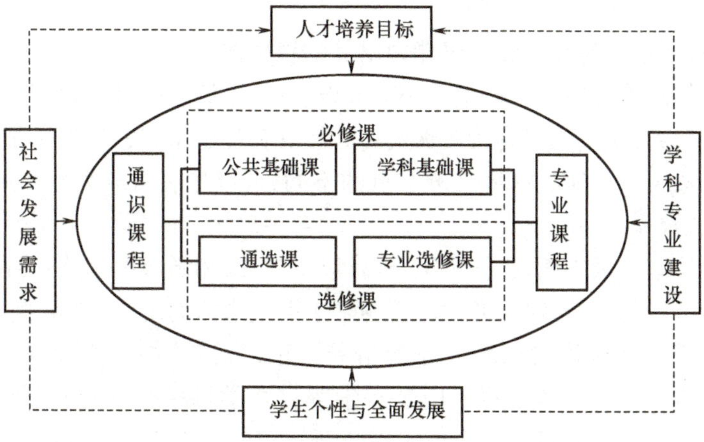

图1　结合专业教育与通识教育的课程结构模式

资料来源:孙根年.课程体系优化的系统观及系统方法[J].系统工程理论与实践,2002(6).

具体到经管类复合型拔尖创新人才的培养,则需要在不同类型的课程中各有侧重。①在专业课方面,综合经济管理类学科的发展现状、教育部出台的相关规定和指导性文件(如《普通高等学校本科专业目录》等),为学生搭建坚实的学科基础，提供完备的专业理论知识体系，引领学生深入学科前沿，培养科研创新素质。②通过通识教育课程的开展，帮助学生树立正确的人生观、世界观、价值观，掌握扎实的基本功，拓展视野，拓宽知识面，培养综合素质和能力，为多元化、多样化的成才道路奠定良好的基础。在教学管理工作中，管理者多以制定人才培养方案的形式参与课程结构设计的工作中，应在充分调研的基础上，规划设计相对科学、合理的比例范围，搭建突出通识性、基础性、自主性，以专业素质、综合素质培养为核心、理论知识与实践能力兼顾的跨学科、多元化课程体系（见图2）。

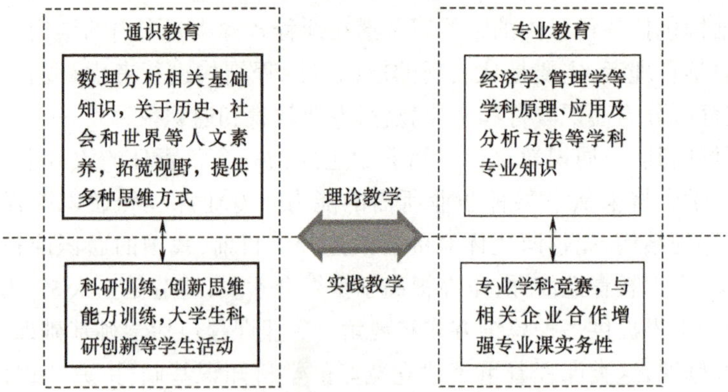

图2　面向经管类复合型拔尖创新人才培养的课程体系结构

五、设计注重理论研究和科研能力培养的教材体系

教材是体现课程内容和教学方法的知识载体，是课程的具体化，教材是教育过程的要素之一，其质量不仅直接体现着高等教育和科学研究的发展水平，也直接影响高等教育质量。按照教材体系侧重点的不同，可以把教材分为理论体系和工作体系（或经验体系）。

在教材体系建设方面，仍需牢牢坚持理论与实践相结合的思路，强调专业理论知识与科研方法的结合，注重通识课程与学生课余生活的结合，提高学生的科学精神和文化素养。针对拔尖创新人才的培养目标，可借鉴结构主义课程理论的思想——其核心观点之一就是每一门学科中都存在学科结构，即基本概念、基本原理，掌握基本原理，即可将基础知识应用与新知识的学习；其特点在于强调教学过程与学生认知结构相适应，重视课程内容的序列化，强调从简单到复杂，从低级到高级逐级递进的过程。针对拔尖创新人才的培养，宜将学科涉及的基本概念、基础理论、基本方法与典型事实按照认知规律进行编排，强调教材内容的系统性和教材内容的内在逻辑性，培养学生应用概念、解决问题的能力。在教材选用方面，多使用专业领域国际通用的名家名著，同时在专业知识传授的同时，注重培养学生的动手能力和创新精神,为学生介绍科学的研究方法,与专业课程、学科竞赛等有机结合,加强学生在创新思维能力、分析思辨能力、口头和文字表达能力等综合性的训练。此外,鼓励教学岗位的教师,以培养经验为依据,针对思维训练、研究方法等方面自编少量高水平教材。

六、营造校—师—生三方互动学习氛围

要实现多样化、多元化的人才培养体系,就需要动员学校、院(系)、教师、学生等多方参与人才培养工作之中,从课内、课外等多视角、利用多种手段和机制改造传统教学方式,鼓励教师采用启发式的、参与式的教学,增强学生的参与度,强化学生学习的自主性,培养学生的学习能力、创新能力;根据专业和学科特色,组织学科竞赛、科研训练活动,鼓励以专业、院(系)等为单位的学习小组形式,选择优秀导师对学生的学业、职业生涯规划等成长问题进行指导、提出建议,构建本科生从事研究型学习的机制。

课程是教育外部环境与内部教学体系的结合点,通过课程体系的完善来实现人才培养的目标,提高教育质量,这是一项复杂而艰难的系统工程,本文仅从结构主义课程理论出发,结合现实中存在的一些问题,对经管类复合型拔尖创新人才的培养提出若干意见。具体到一所高校,如何通过课程建设来实现分类定位、提高教育质量,还必须根据其所处地理社会环境、专业建设实力、师资力量、实验设备、实训基地等条件,充分论证并落实到具体实践中。

参考文献

[1] 潘懋元,周群英.从高校分类的视角看应用型本科课程建设[J].中国大学教学,2009(3).

[2] 纪宝成.我国高等商科教育人才培养模式探讨[J].中国高教研究,2006(10).

[3] 李令令.论结构主义课程理论对战后美国基础教育改革的影响[J].考试周刊,2011(61).

[4] 杨明全.课程概论[M].北京:北京师范大学出版社,2012.

[5] 孙根年.课程体系优化的系统观及系统方法[J].系统工程理论与实践,2002(6).

[6] 哈佛委员会.哈佛通识教育红皮书[M].李曼丽,译.北京:北京大学出版社,2010.

[7] 刘灿.高等财经教育创新型人才培养模式的探索[J].中国大学教学,2007(4).

课堂教学组织与设计

经济地理学课程探究式教学模式改革探讨

城市经济与公共管理学院　邬晓霞

【摘要】:经济地理学课程作为首都经济贸易大学城市管理(区域经济管理方向)本科专业的基础课程,具有较强的理论性和实践性。文章探讨了经济地理学探究式教学方法的实施原则,构建了经济地理学探究式教学模式。该教学模式由文献阅读、课堂探究、田野调查和评价考核四大模块组成。其中,文献阅读是探究式教学模式的基础。课堂探究是探究式教学活动的最基本环节,包括"理论—案例式"探究和"问题—专题式"探究两种方式。田野调查是实践研究的主要形式。评价考核采取多元化的考核模式,从读书笔记、案例分析报告、专题分析报告、野外实习报告、卷面考试等多个方面综合评价学生的科学思维和创新能力。

【关键词】:经济地理学　探究式教学法　教学模式改革

探究式教学理念最早由萨奇曼提出,最初广泛应用于中小学教学实践活动,其主旨是借鉴科学家解决问题、探索未知的理智策略,通过发现和提问向学生传授问题的解决策略(肖少英、白淑军等,2012)。近年来,作为创新型人才培养的主要基地,高等院校的教学工作人员就探究式教学的特征、类型和模式等内容进行了一些有益的探索,并在高等院校的部分课程教学中开展了实践,取得了显著成效(王丹,1998;郑渊方等,2001;李森、于泽元,2002;李刚等,2004;张军海等,2008;王国梁,2010)。

经济地理学课程是我校城市管理(区域经济管理)本科专业的必修课程之一,目前使用的教材是李小建主编的面向21世纪课程教材《经济地理学》(李小建等,2006)。该教材具有内容体系逻辑性强,偏重理论,注重与国际接轨等特点,在全国高校中广泛使用。在近5年的教学实践中,笔者发现该教材存在过于强调理论性而缺乏实际案例的问题。在教学模式方面,由于经济地理学知识点的综合性和在实践中的应用性较强,传统的课堂讲授方法难以胜任教学任务。目前,以《经济地理学》主编李小建教授为核心的课程组已经率先在国内开展了经济地理学探究式教学模式的研究(李小建等,2011;罗庆,2011)。可以在借鉴已有研究成果的基础上,结合我校作为国内第一所开设区域经济管理本科专业的院校及其服务首都乃至京津冀都市圈的特殊性,探讨我校经济地理学探究式课堂教学方法的实施原则,构建经济地理学探究式课堂教学模式，以期促进我校城市管理学科的探究式教学和培养创新型的区域经济管理人才。

一、经济地理学探究式课堂教学方法的实施原则

（一）注重立足于基础理论的创新实践

面向21世纪课程教材《经济地理学》指出，经济地理学主要研究经济活动的区位、空间组织及其与地理环境的关系。教材共计四篇十四章的内容中，关于基础理论的章节超过半数，其中涉及的理论知识点超过20个。同时，经济地理学的许多重大问题均与实际结合密切，由此可以看出，经济地理学为探究式教学方法提供了丰富的内容。因此，教师要根据我校学生的实际水平及不同的学科背景，结合大类培养的课程设置和经济地理学的课堂教学进度，充分利用经济地理相关案例引起学生的兴趣，引导学生进行讨论，逐步学会运用基本的经济地理理论探讨经济活动的过程、成因及空间规律。

（二）注重立足于科学研究的教学实践

科研、教学互促互进是探究式教学模式的精髓所在。探究式课堂教学在实施过程中，尤其要注重以科学研究为基础的教学。这就要求教师在教学过程中为学生创造探究式学习的机会，教师要设计多种多样的问题，营造适合于学生探究的问题情境，激发学生的兴趣和探究激情，引导学生自主探究，使学生在自主学习和研究经历中逐步建立探索研究的学习模式。

（三）注重立足于共同发展的师生互动

传统的师生关系中，教师占据主导地位，自上而下的“灌输式教学”在一定程度上抹杀了学生的创造性。探究式教学模式，必须要打破传统的师生关系，强调学生的主体地位，教师要与学生互动，激发学生的科研热情，共同成为科学问题的研究者，共享研究成果，最终实现共同发展。

（四）注重立足于课外拓展的教学活动

对探究式教学模式来说，教学活动既可以利用100分钟的课堂教学，也可以充分利用课外时间，尤其注重大学生研究训练的课外拓展。可以鼓励学生积极参与学校组织的大学生科研创新项目，并给予硬件支持和柔性指导；可以吸纳本科生参与院系教师具体的科研项目；也可以通过田野调查，将自主探究理念拓展到学生的课外学习过程中。

二、经济地理学探究式教学模式的构建

根据经济地理学的学科特点及从事经济地理学的教学体会，认为经济地理学探究式教学模式应该由文献阅读、课堂探究、田野调查和评估考核四大模块组成。

其中,文献阅读、课堂探究和田野调查是探究式教学模式的核心内容,评价考核主要承担辅助功能,可以根据教学内容和教学进度采取多元化的评价方法。

(一)文献阅读

文献阅读可以使学生独立进行知识储备,有助于增强教学效果。文献阅读的过程中,教师需要帮助学生筛选经典文献。需要注意以下几点:第一,选取与教材中涉及的理论知识点契合度较高的经典文献;第二,每个理论知识点列出经典文献5篇左右,部分知识点可以列出著作1部,如讲到区位论时,需要学生阅读韦伯的《工业区位论》;第三,指出阅读文献时必须注意的问题;第四,以中文文献或者译著为主,侧重中国案例文献;第五,学生可以在独立阅读的基础上,分小组交流各自的阅读体会,并完成各自的读书笔记(李小建等,2011)。

(二)课堂探究

课堂探究主要采取“理论—案例式”探究和“问题—专题式”探究两种方法。由于该课程讲授周期较短,虽然案例、专题研究已粗具雏形,但还稍显薄弱,待准备成熟,可以着手编撰经济地理学案例库,作为高等院校《经济地理学》教材的一个有益补充。

1. 理论—案例式探究。理论—案例式探究教学法就是基于经济地理学的基本理论和基本观点,通过相关案例和数据,引导学生进入案例情景,通过研讨来进行学习的教学方法。理论知识点的选取主要源自李小建主编、高等教育出版社出版的《经济地理学》(第二版),案例为教学内容服务,并且需要与各理论知识点一一对应。通过理论—案例式探究教学法,可以极大地调动学生对经济地理学基本理论和基本观点的学习热情,提高学生应用所学理论解决实际问题的能力。根据我校的实际情况,拟从《经济地理学》教材中选取10个理论知识点,并提供相应的案例论证思路。

第一,经济地理学的学科定位和研究内容。理论知识点包括经济地理学的研究对象,学科发展脉络及其与相关学科的关系。案例的选取,主要根据我校区域经济管理本科专业的设置背景以及现有开设课程,重点关注经济地理学与地理学其他学科的关系,经济地理学与区域经济学的区别与联系。

第二,杜能的农业区位论。理论知识点是企业型农业时代空间距离对农业生产方式配置的影响。案例的选取包括,上海、北京等城市郊区农业空间结构,北京市郊区土地利用的空间分异。

第三,韦伯的工业区位论。理论知识点是工业活动的最佳区位点倾向于费用最小点。案例的选取,以啤酒、服装、电子计算机等不同工业部门和工业地带(走廊)为例,分析运费、劳动力、产业集聚、土地、优惠政策等方面产生的费用对工业区位选址的影响及其效果。

第四，克里斯塔勒的中心地理论。理论知识点是城市的规模和空间分布规律，即中心地的职能越高，其提供商品和服务的种类越多，腹地范围越大，该类中心地的数量越少。案例的选取包括北京市商业网点的等级与数量关系，荷兰在围海造田得来的圩田上规划的居民点体系。

第五，企业空间扩张规律。理论知识点是企业空间扩张呈现接触扩张（近邻效应和距离衰减）、等级扩张（市场规模）和通道扩张三种模式。案例的选取包括3种类型的企业的空间扩张。

第六，跨国公司区位。理论知识点是跨国公司各组分的合理布局会使公司整体利益最大化。案例的选取包括，北京市总部经济发展概况，若干跨国公司在华的区位选择和成功因素分析。

第七，区域产业结构演变理论。理论知识点是区域产业结构变化的方向、方式和途径。案例的选取包括，京津冀都市圈产业发展导向，京津冀三方的工业化发展阶段判断。

第八，区域空间结构演变理论。理论知识点是区域空间结构的演变表现为低水平均衡—非均衡—高水平均衡，以及点—线—网络的变化特征。案例的选取包括，陆大道的点轴理论，网络式空间结构在我国城市空间开发中的应用。

第九，区域经济发展相关理论。理论知识点包括区域增长极理论和区域经济增长阶段理论。案例的选取包括北京市经济发展的新增长极——京西转型、人均GDP10 000美元后发达国家和地区经济社会发展的阶段性特征与经验借鉴。

第十，区域经济差异。理论知识点是区域经济差异与收入水平呈倒“U”字形关系。案例的选取包括中国四大板块、省际、城乡区域发展差异，北京市域发展差异。

2. 问题—专题式探究。问题—专题式探究教学方法就是指以现行的《经济地理学》教材为基本内容，参照现行的经济地理现象，特别是一些新近出现的经济地理现象，为学生提供若干科学问题或课题，以学生独立自主学习和合作讨论为主要方式，将自己所学理论知识应用于解决实际问题的一种教学模式。问题—专题式探究作为基本理论掌握和知识应用能力的整合平台，在经济地理探究式教学模式改革中发挥着举足轻重的作用。该方法能够培养学生的科学素养、团队合作意识和正确的价值观，提高学生分析解决问题的能力、批判性思维能力、语言表达能力与应变能力、收集处理资料、论证能力、办公软件应用能力等。

根据现行教材，结合实际，拟选取以下3个探究专题。

第一，产业集群对区域发展的影响。主要通过学生对国内外产业集群发展实践及相关研究理论成果的梳理，探讨产业集群的概念、特征、形成的动力机制及其对区域发展的影响。如硅谷电子信息产业集群、中关村信息网络产业集群、江苏扬州杭集镇牙刷产业集群、河南新乡长垣起重机产业集群等。

第二,大都市区区域管制的国际经验及启示。主要通过学生对美国、德国等发达国家大都市区管制实践及相关研究理论成果的梳理,对比分析国外大都市区通过区域管制实现区域合作的典型模式与特点,总结国外经验,探讨我国京津冀地区区域管制的基本策略。

第三,以某一具体产业为例分析经济全球化的影响。拟引导学生以某一具体产业为例,探讨经济全球化对区域经济、人民生活产生的影响。

组织问题—专题式探究教学应注意以下几点:第一,研究选题宜小、宜新、宜实;第二,必须事前认真阅读一定数量的相关经典文献、相关评论文章,搜集相关资料、数据;第三,采取科学审慎的态度对待别人的研究成果,注重学术规范;第四,研究可以采取横向对比分析、纵向历史分析或者两者结合;第五,可采取主题发言、小组讨论、专题辩论会等多种形式开展课堂教学。

(三)田野调查

作为经济地理学探究式教学模式的重要组成部分之一,田野调查主要基于两个目的,一是深化学生对经济地理学相关理论知识的理解和掌握;二是提高学生运用经济地理学课堂所学知识和理论在实践中的应用水平。有鉴于此,在实践教学环节中,需要根据课程重点内容精心选择实习目的地,可以由教师确定实习选题,也可以由学生根据实习目标自主确定实习选题,根据资料、数据等研究信息的采集,自主完成研究性实习报告。

结合我校实际,可以循序渐进,首先依托学院在北京、天津的实习基地,开展以京津冀都市圈发展为主的实践教学,主要包括北京经济技术开发区、滨海新区、中关村信息网络产业集群、通州新城等。同时,考虑到生源地(主要来自北京,部分来自京外)和教学内容的整体性,待条件成熟,可以选择到东部其他城市或者较远的中西部地区考察,发展若干家实习基地。我校目前正在进行本科人才培养方案的调整,其中加大了实验和实践性教学环节的课程比重,经济地理学要紧紧抓住此次机会,充分利用田野调查,在培养创新型、应用型区域经济管理本科人才方面发挥重要作用。

(四)评价考核

传统的评价考核体系是以学生学业成绩为主的纸笔考试形式,我校常用的评价考核包括考查和考试两种类型。但无论哪种类型的考核办法,重点均在期末考试成绩,平时成绩所占比重较小,一般低于30%,而期末成绩所占比重较大,通常不低于70%,常称其是“一次考试定结果”的考核方法(赵会彦等,2010)。这种考核办法具有明显的弊端:学生不重视平时学习,只是在期末考试前临时抱佛脚,只重视考试结果,忽视学习质量;只能考查学生学习到的书本知识及运用这些知识解决书面问题的能力；考试结果难以反映学生的综合能力和真实情况；没有对学习发挥出应有的反馈和推动作用。由此可见，传统的评价考核体系忽视了考查学生分析解决实际经济地理问题的能力，评价方式较为单一。

探究式课堂教学要求对传统的评价考核体系进行改革，改变传统的“一次考试定结果”的考核方法，建立一种多元化的考核模式。注重培养学生的综合素质，注重锻炼学生发现问题、分析问题、解决问题、成果展示的能力，注重培养学生发散性思维，采用新方法、新思路解决问题的能力。具体到操作层面，可以从读书笔记、案例分析报告、专题分析报告、野外实习报告、卷面考试等多个方面综合评价考核学习效果。例如，课程期末总成绩中，读书笔记占10%、案例分析报告占10%、专题分析报告占10%、野外实习报告占20%、卷面考试占50%。

三、结论

探究式教学模式的理论研究和实践应用在我国尚处探索阶段，真正实施需要一系列配套条件，如所处的教育环境，教师观念的转变，学生的适应条件，各级各类课程的衔接等。本文基于高等教育出版社出版的《经济地理学》教材，对区域经济管理专业的必修课——经济地理学的探究式教学模式进行了探讨。基于经济地理学的学科特征，文章构建了经济地理学探究式教学模式。该模式由文献阅读、课堂探究、田野调查和评价考核四大模块组成。其中，文献阅读是探究式教学模式的基础。课堂探究是探究式教学活动的最基本环节，包括“理论—案例式”探究和“问题—专题式”探究两种方式。田野调查是课外拓展的主要方式，是实践研究的主要形式。评价考核采取多元化的考核模式，从读书笔记、案例分析报告、专题分析报告、野外实习报告、卷面考试等多个方面综合评价学生的科学思维和创新能力。

参考文献

[1] 肖少英，白淑军. 探究式教学模式初探——以《城市环境与城市生态学》为例[J]. 河北工业大学学报(社会科学版)，2012，4(4)：73 -76.

[2] 王丹. 试论探究式教学的特点及教师的作用[J]. 学科教育，1998，(10)：20 -23.

[3] 郑渊方，廖伯琴，王姗. 探究式教学的模型建构探讨[J]. 学科教育，2001，(5)：1 -4.

[4] 李森，于泽元. 对探究教学几个理论问题的认识[J]. 教育研究，2002，(2)：83 -88.

[5] 李刚，吴元芳. 高校人文地理学教学方法改革新思路[J]. 福建地理，2004，19(2)：42 -44.

[6] 张军海,李仁杰,孙铁柱,等.高师地理实施探究教学模式的研究与实践[J].河北师范大学学报(自然科学版),2008,32(2):257-262.

[7] 王国梁,高校人文地理学探究式教学模式实践[J].中国大学教学,2010,(7):51-54.

[8] 李小建.经济地理学[M].第二版.北京:高等教育出版社,2006.

[9] 李小建,罗庆等."经济地理学"探究式教学模式研究[J].中国大学教学,2011,(12):17-20.

[10] 罗庆,探究式教学在经济地理学课程教学中的应用研究[J].当代经济,2011,(12):106-107.

[11] 赵会彦,欧阳昉昕,龚静.城市规划课程考核方法的探讨[J].高等建筑教育,2010,(4):115-117.

关于国际化会计人才培养模式的调查分析

会计学院　贺宏

【摘要】:我国加速的对外贸易和投资催生了对熟悉国际惯例且具备综合能力的国际会计人才的需求,近年来国内高校与国外职业机构开展联合培养会计人才的合作,本文以当前与国内20所高校合作的加拿大注册会计师项目为例,通过问卷调查的方法调查学生对这一合作办学项目的反馈,探讨我国现阶段国际化会计人才培养现状,并提出培养具备综合能力的国际化会计人才的具体建议。

【关键词】:国际化会计人才　综合能力　课程设置　教学方法

一、引言

近年来,中国对外经济贸易往来和投资日益加速,大批的企业正迈向国际市场。经济环境的发展与变化迫切要求国内高校培养出符合时代发展和市场需求的国际化会计人才。为满足这一需要,国内高校与国外大学开展合作办学项目联合培养国际会计本科生。本文以我国高校与加拿大注册会计师协会(Certified General Accountants Association of Canada)合作培养加拿大注册会计师(Certified General Accountan,以下简称CGA)项目为例,通过对中加合作办学项目的教学目标和效果、教学方法和能力培养方面的调查,分析我国国际化会计人才培养的现状,探讨基于综合能力培养的国际化会计人才培养模式。

加拿大注册会计师协会成立于1908年,基于能力培养的CGA项目,旨在让学员能分析并清晰传递准确的和可靠的财务信息,并在这些财务信息的基础上来制订和提出相应的经营战略。CGA项目着重于高级财务管理人员和职业会计师技术知识、综合技能和专业价值的发展,包括:会计及相关领域的专业见解,职业判断和决策技能,有效沟通、管理和领导技能,理解、鉴别和分析技能,作为管理和会计工具使用计算机的能力,技术、方法和组织架构方面的变革管理能力,运用复杂的信息系统帮助决策的能力。

CGA项目于1993年进入中国,1994年开始与清华大学、厦门大学等合作培养会计专业本科学生作为试点项目,至今已经与对外经济贸易大学、南开大学、上海财经大学、首都经济贸易大学等20所高校合作开设会计学或国际会计本科专业。根据合作协议,在国内大学学习阶段,学生需完成加拿大注册会计师协会指定的9

门必修课程，其中，财务会计 1 至 4 共 4 门课程，管理会计 1 至 2 共两门课程，还有财务管理、审计和会计理论课程。学生使用的教材都是由加拿大注册会计师协会指定的全英文原版教材，课程由国内大学的老师讲授，部分课程会安排加拿大大学的老师给学生做短期（通常是 2 个星期）的讲授，课程的考核由国内大学老师确定。学生通过这 9 门课程后，就获得 CGA 资格考试中这些课程的豁免权，学生只需再参加 CGA 的另外 5 门全球统考课程即可获得加拿大注册会计师资格。

本文以首都经济贸易大学同加拿大注册会计师协会合作开设的国际会计专业的本科学生为对象，采用问卷调查的方法，调查研究国际化会计教学在提高学生综合能力方面是否达到预期效果。

二、文献综述

叶怡雄（2011）分析了培养国际化会计人才可能遇到的问题，指出国际化会计人才的培养离不开实践教学。提出应科学运用案例教学法、双语全英教学法和多媒体教学法，并加强校内外实习活动。田立冬（2010）以会计专业为例，指出师资水平是影响双语教学质量的重要因素，提出高校应建立由专业学科和英语学科共同参与的双语课程教学科研机制。古利平（2010）则讨论了 ACCA 双语教学课程安排、教学模式、师资培养及学生素质等。

陈晓芳、翟长洪、崔伟（2008）界定了本科人才培养模式及其构成要素，详细介绍了国外本科会计人才的培养模式即培养目标、课程体系、教与学的方法，并就以上几个方面分析比较了中外不同人才培养模式。陈晓芳等对我国高校会计本科人才培养模式的发展趋势做出预测。沈颖玲（2008）分析了国外教育体系的制定方法，提出会计教育目标的动态调整，即通过毕业生的认可度和环境的变化调整教育目标，并根据调整的目标制定课程体系。在对课程体系动态调整论述中，文章提出核心课程与辅助课程的确定方法，课程群与课程的建设。

王琴（2008）认为：经济全球化对会计人才培养国际化提出了现实的要求，会计教育教学模式的改革要通过会计课程体系国际化和会计教学内容的国际化来实现；提出应开设一系列与国际接轨的新课程，应改变专业设置过窄、过细，课程体系过于专业化，知识基础课过窄，学生的知识面狭窄的现象；主张要广泛开展演示教学。沈英（2006）对我国会计教育存在的问题进行了简要分析，提出根据新时代的会计教育目标，构建高层次复合型国际化会计人才培养模式的总体思路。本文的局限在于仅从理论层面进行分析，建议过于宽泛，缺乏具体操作方法。

以上文献讨论了当前国际化会计人才培养的具体操作和建议，然而这些文献多是限于理论层次的讨论，缺乏对中外联合培养项目的实地考察和分析。

三、问卷调查设计

为弥补现有研究中的不足，本文使用网上电子调查问卷的形式，以首都经济贸易大学同加拿大注册会计师协会合作开设的国际会计专业的本科学生为对象，调查学生在国际会计教学体系下，对学习目的与学习效果、学生毕业后选择与本专业教学优势、课程设置与教学方法等具体问题的反馈，并依据问卷调查结果总结分析出当前国际化会计人才培养现状。

调查问卷分为3部分。第一部分，考查学生选择国际会计专业的学习目的以及学习的效果；第二部分，针对课程设置、教学方法对学生进行调查；第三部分，按学生毕业选择分类，分为国内读研、出国读研和工作三类，调查国际会计专业对学生毕业后选择具有哪些优势。

本次电子问卷调查共40人参与，实际回收的有效问卷为38份，有效问卷回收率达95%。

四、问卷结果及其分析

（一）学习目的与学习效果

调查学生选择国际会计专业的目的可以了解学生的学习期望，将其与最终的学习效果相比，可以衡量出两者存在的差异，进而为改进教学模式提供依据。

对于学生选择国际会计专业的目的，调查结果显示，48%的学生认为获得国际性会计资格证书是选择国际会计专业的目的，45%的学生认为通过学习国外课程培养多种能力同样重要。没有人选择以提高英语水平为目的来学习。

从学习效果看，学生主要获得了财务类相关知识（82%），其次为管理类相关知识（76%）以及经济类相关知识（37%）。从获得能力看出，学生认为专业学习较好地培养了他们的学习能力（68%），其次为语言和文字能力（60%）。

在针对学生创新能力获得的调查中，90%的学生认为创新能力最重要。然而，只有3%的学生（投票数为1，占总数的3%）认为自己的创新能力得到提高，97%的学生都认为在专业学习中没有获得创新能力。只有1/3的学生认为通过学习，自己能够独立解决实际中的财务会计问题。

由以上调查结果可以得出：学生选择国际会计专业的期望并非是提高英语水平，学生期望在大学不仅仅学到专业知识，更要提高自身综合能力为走入社会进一步学习打下基础。学生获得了较好的学习能力，但学生解决实务问题的综合能力还有待提高。

（二）课程设置与教学方法

在课程设置方面，主要考察专业课程设置是否满足学生的期望。45%的学生认为比较符合期望，37%的学生认为一般。学生希望多设置一些案例分析的课程

(68%),并且认为去企业实地实习将有助于他们将学过的知识付诸实践(66%)。针对一些已经参加 CGA 后续阶段5门全球统考课程的学生,79%的学生认为,后5门课程要求学生具备较高的自学能力,考查学生结合已经学过的全部知识解决实际问题的能力。在参加如战略财务管理这样的课程时,学生除了需具备必要的财务管理、会计、审计和税法知识外,还应该具有专业的素质和技能。这些考试通常不具有唯一的标准答案,它们测试的是学生面对具体案例时,综合运用知识解决问题的能力。然而,当问及学生目前的课程设置是否对参加后续阶段5门全球统考有帮助时,只有40%的学生认为比较有帮助,32%的学生认为帮助主要体现在知识面上,仅8%的学生认为目前的课程设置提高了他们解决实际问题的能力。

在教学方法上,学生认为,案例分析、小组讨论或文献阅读这类灵活的教学形式所占比例较少,为10% -20%。从授课语言来看,目前教学中英语的授课比例在30%以下,而学生认为较适宜的英语授课比例为30% -50%。另外,每年加拿大注册会计师协会派遣外籍教师,负责为中国学生讲授一定量的课程。在问及国内和国外教师授课方式的差异时,76%的学生认为国外教师更多的使用提出问题进行讨论最终总结出知识点的方法,而国内教师还是更多的使用提出问题随即给出标准答案的方法。

从学生对课程设置和教学方法的反馈看,现阶段课程设置还应提高灵活性,社会实践可以提高学生运用知识解决问题的实际能力,教学方法应以学生为主体,调动学生自主学习的积极性。

(三)学生毕业选择与本专业教育优势

在调查对学生的帮助时,我们将学生按毕业后选择分为国内读研、国外读研和国内工作3个方向,并考察在不同情况下国际会计专业对学生的帮助。

在调查者中,13%的学生选择国内读研,认为专业学习对考研的帮助一般,最大的优势体现在外语水平上。24%的人选择出国深造,认为国际会计专业对申请学校有较大的帮助,在今后留学过程中将有较大帮助。大部分学生(63%)倾向于毕业直接工作,主要将在会计师事务所工作,倾向于从事财务、审计类领域的工作,认为国际会计专业对今后工作有一定帮助。

在问及学生在实习和应聘面试时,哪种能力带来较高的优势,80%的回答者认为专业英语能力带来的优势最大,专业知识也起到较大帮助。国际会计专业为应聘和实习带来一定帮助,尤其是在实习过程中,英语能力占据主导地位,帮助学生更好地适应工作,专业知识其次。值得注意的是,80%的学生认为,在应聘过程中表现出的团队协作和表达能力亦相当重要,但是,接近90%的学生却认为,包括创新能力在内的团队协作能力和表达能力在四年的学习中获得很少。

由以上结果可以看出:整体上,学生毕业后大多选择就业。无论选择国内外读研还是工作,学生都将继续从事会计领域。专业英语能力给学生带来的帮助最大。然而,就能力培养来看,现阶段国际会计专业的教育对学生能力提高是有限的。

五、讨论与建议

本文以首都经济贸易大学国际会计专业学生为对象,通过调查问卷方法,考察国际化会计教学在提高学生综合能力方面所起的作用。本文发现,学生选择国际会计专业的目的之一在于获得国际认可的职业资格,并且通过学习能够提升综合能力。然而,目前的课程设置比较单一,缺乏案例分析等考查学生综合运用知识解决实际问题的课程,教师授课的方式还是以讲解为主,学生主动参与学习的讨论式教学方法运用较少,这在一定程度上限制了学生综合能力的运用与提升。在学习过程中使用英文原版教材,学生的英语能力得到较大提高,使得学生在就业中具备较强的外语优势,提高了学生在求职时的竞争力。然而,学生普遍认为,创新能力、团队协作能力以及表达能力的提高是有限的。

通过以上分析可知,国际化会计人才培养不应局限于单纯引进国外教材替换国内教材,在培养具备国际视野、通晓国际规则的专业会计人才时,教师不仅要传授知识,更重要的是培养学生独立学习和独立解决问题的综合能力。这与 CGA 项目设立的目的,即着重于高级财务管理人员和职业会计师技术知识、综合技能和专业价值的发展相一致。为达到这一目的,课程设置和教学方法应以提高学生综合能力为目的。为培养出具备国际视野的国际会计人才,课程设置不应局限于单纯讲解会计规则和计算的原理课程。在教学方法上,应更多地采取以学生为中心的学习模式,提高学生课堂参与和讨论,鼓励学生自主思考和创新思维。在教学过程中应该培养学生建立起会计人员的社会意识,提高学生具备应对国际准则变化的学习能力。教师的作用应该更多体现在引导学习方面,尽量减少提供标准答案限制住学生的思维。教师应该采取更加灵活的教学方式,包括引入涉及国内和国际商业环境的案例,使学生切实融入现实的商业环境,并利用自己所学知识做出专业判断。应使学生明白,现实业务中很多问题并没有标准答案,这就需要学生运用专业知识自己做出符合规律的职业判断。

参考文献

[1] 叶怡雄.强化会计实践教学——培养国际化人才[J].会计之友,2011,2,115-116.

[2] 田立冬.会计专业本科双语教学研究新视角[J].财会月刊,2010,8,95-96.

[3] 古利平,会计国际化教学相关问题探讨——基于 ACCA 双语教学的思考[J].财会通讯,2010,3,41-42.

[4] 陈晓芳,翟长洪,崔伟.中外高校会计本科人才培养模式比较研究[J].财会通讯,2008,5,122-124.

[5] 沈颖玲.国际化会计人才培养课程体系的动态调整[J].会计之友,2008,3,73-75.

[6] 王琴.会计国际化视角下的人才培养模式选择[J],财会通讯,2008,3,25-27.

[7] 沈英.国际化会计人才培养模式研究[J].财会通讯,2006,4,43~45.

音乐赏析课程教学探索

韩丽

【摘要】:美好的音乐,启迪人的智慧,丰富人的情感。在普通高校开设音乐赏析课程,引导学生学习音乐的兴趣,学习音乐基础知识,提高学生的音乐审美能力,让美好的音乐伴随学生成长。

【关键词】:音乐　审美

音乐,美好的音乐,是人类文化艺术宝库中的瑰宝。西方音乐的发展可以追溯到遥远的古希腊、古罗马时期,人们发现的爱琴文化在公元前3000年左右。古希腊的柏拉图、亚里士多德等对于音乐的美学和音乐教育作用都给予肯定,认为音乐对青年的成长有着积极的作用。当今,社会的发展,科学技术的进步,人们生活水平的提高,让人们进一步感受到艺术对于培养人的全面素质的提高是不可或缺的。贝多芬说:唯有艺术和科学才是人类的最高启示。爱因斯坦说:音乐加数学公式就是完整的世界。李岚清说:在现在这个时代,音乐加数字就是完整的世界。美好的音乐,启迪人的智慧,丰富人的情感。陶冶情操,发展人的想象力及创意思维能力,是人类不断追求的美好境界。

在普通高等院校开设音乐课程,主要是提高学生对经典音乐,特别是交响音乐的学习和兴趣。音乐通过主题、动机的重复、变化和发展,组成互不相同的各种形式,又根据它反映内容的需要,形成了不同的音乐体裁。我校学生不是学习音乐专业的,音乐基础也相对薄弱,笔者在对学生的调查中了解到,对于美好的、优美的音乐旋律,学生是喜爱的,也是愿意去了解的。但面对西方古典音乐,交响音乐,人类音乐中的精华,学生认为应该学习,但又心生畏惧,不知如何去听,如何去感受,如何去欣赏?面对学生的现状,我在音乐教学中,改革过去就音乐而音乐的模式,以学生为主体。收集我国最新的音响音像资料,精心选择音乐赏析曲目,创新音乐教学理念。在音乐教学中,努力引导学生学习音乐知识,提高学生对音乐学习的兴趣,培养学生的音乐审美能力。

一、培养学生的学习兴趣,进行积极的音乐欣赏引导

学习兴趣对于年龄较低的学生是非常重要的,在培养普通高校学生音乐的学

习中，也占有同等重要的地位。通俗流行音乐语汇比较简单，歌词浅显易懂，旋律易于上口，很容易传唱。例如，现在流行的《江南 style》，明快的节奏，简单的歌词，标志性的动作表情，引起了人们的共鸣，跟着音乐的节奏人们也跃跃欲试。通过“我是歌手”节目走红的彭佳慧，所演唱的《走在红毯的那一天》：“走在红毯那一天，蒙上白纱的脸，微笑中留下的眼泪，一定很美；走在红毯那一天，带上幸福的戒，有个人厮守到永远，是一生所愿。”其动人的歌词，优美的旋律，也令许多歌迷为之流下眼泪。西方交响音乐用先进的音乐创作理念技法写作，内涵丰富，旋律优美，构思深邃，是具有长久艺术生命力的音乐。培养学生的学习兴趣，提高对古典音乐艺术的接受能力，成为普通高校音乐课程教学的重点。“交响曲之父”奥地利的海顿，虽不是创作交响曲的第一人，但他把交响曲的形式巩固发展，创作了一百多部交响曲。在海顿时代，交响曲作为新兴的音乐体裁，是一种时尚，受到追捧，富人们以倾听交响曲为时尚，纷纷走进音乐厅感受交响曲，但大多数听众听不懂交响曲，尤其第二乐章慢板，经常昏昏欲睡。海顿幽默风趣，创作了一部交响曲，在第二乐章，写作了一个很简单的旋律：

在优雅旋律基础上，加进了和声的变化，演奏力度的增强，在当时演出现场，有的听众以为突发什么事，有的观众仓皇而逃。学生了解了这个音乐背景，在接下来赏析此曲过程，学生因觉得有趣而格外投入地去欣赏乐曲，探索乐曲所表达的情绪，牢牢记住了《第九十四交响曲——惊愕》。柴可夫斯基《1812 序曲》，首演在 1882 年，当时适逢俄法战争七十年，作者就以这个历史事件为背景，写作了此曲。通过了解背景故事，学生在倾听时会联想起与 1812 战争有关的事件，也很容易听懂乐曲表现的内容。

二、熟知音乐的旋律，是倾听音乐的基础

美好、优美的音乐旋律，始终让人记忆深刻，甚至伴随一生。我校有位退休的中文教授，现在都能把柴可夫斯基芭蕾舞剧《天鹅湖》的音乐，所有的近三十段音乐旋律演唱出来。他说：这是他青年时代学会的，至今记忆清晰，伴随他的一生。音乐旋律是音乐的基本要素，是音乐的灵魂。贝多芬在交响曲的创作中，重视音乐旋律的表现，重视音乐主题旋律的作用。例如：

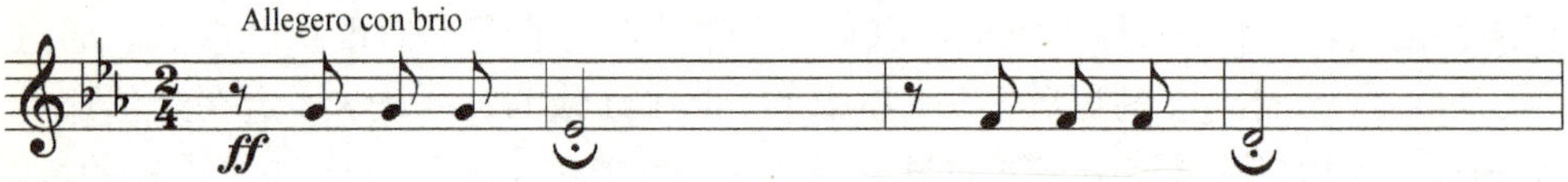

学生一听就知道贝多芬《第五命运交响曲》，因为这个主题旋律学生太熟悉了。生活命运的苦难，考验着贝多芬，青年时代的耳疾，造成一生的悲剧。“我要扼住命运的咽喉，休想使我屈服。”是贝多芬交响音乐创作的永恒主题。从绝望到斗争，以斗争求欢乐。贝多芬晚年《第九合唱交响曲》是献给全人类的美好颂歌，《欢乐颂》的主题旋律，是每个人都听过、能演唱的，其旋律简单明快，表现出无限的美好与欢乐。

“欢乐啊，美丽的神的火花，极乐世界的仙女，天女啊，我们如醉如痴，踏进你神圣的天府，为时尚无情地分隔的一切，你的魔力又把它们重新联结。只要在你温柔的羽翼之下，那里的人们都结成兄弟。”终曲的旋律，爆发出更大的威力，欢乐笼罩着一切。乐队和合唱队一起怀着极度兴奋的激情，赞颂欢乐，歌颂全人类的团结与友爱。贝多芬的《第六田园交响曲》主题旋律学生不熟悉。在教学中，要求学生倾听和演唱乐曲的主部主题、副部主题的旋律，体会两个主题旋律的不同与对比，了解交响音乐创作方法，学习交响音乐主题形象塑造发展的音乐的戏剧性。第一乐章初到乡村时愉快的感受，乐曲充满着浓浓的乡村民间因素。初到乡村，投身到大自然的怀抱，沐浴着阳光，行进在乡村田野，呼吸着清新的空气，感受着和暖的微风，怡然自得，多么惬意，让人流连忘返……通过学习交响音乐写作的曲式结构模式，熟悉音乐的旋律，能够更好地赏析交响音乐。

三、在赏析音乐活动中，体验音乐的节奏节拍律动

音乐的节拍，是音乐节奏强弱位置有规律的变化和重复。节奏也是音乐重要的表现手段。不同的节奏，人们从中感觉到不同的音乐形式。例如：强弱有力的二拍子音乐，是典型的进行曲节奏；强弱弱的三拍子音乐，是华尔兹圆舞曲的节奏特点。长期以来，人们一直把节奏是看作固定的、有规律的，像我们的心脏的跳动，脚步的韵律，我们也在不自觉中随音乐摇动身体，与之保持一致。贝多芬《田园交响曲》第一乐章，奏鸣曲式。在发展部中，作者使用了典型的节奏，重复七十二小节，

不仅不让人感到枯燥单调，反而作曲家在这里使用不同的和声与配器色彩，使大自然显得更加五光十色，生机勃发。散发着强烈的信息，快快投入到大自然的怀抱，感受人与自然的和谐。曲调质朴甜美，明快跳跃，好像置身在乡村田野，坐着马车在观赏乡间小路，闻到淡淡花草的芬芳，聆听田野中鸟语虫鸣，大自然的生机勃勃，大自然美丽画卷，让人陶醉，流连忘返。捷克民族乐派的代表人物斯美塔那，晚年双耳失聪，他凭着对祖国的挚爱，一片深情，创作了由六首交响诗组成的交响诗套曲《我的祖国》，其中最著名的是第二首交响诗《沃尔塔瓦河》，优美的旋律给人留下深刻的的记忆。沃尔塔瓦河是捷克境内最大的河流，纵贯南北。斯美塔那用满腔的热情谱写出一幅幅动人的图画。让茂密的森林，乡村的婚礼，月光下的沃尔塔瓦河，变成美丽的乐段。当然，在这首曲目中，最打动人心的是沃尔塔瓦河的主题。

旋律优美抒情，充满着宽广的诗意和美感。在教学中，让学生学唱主题旋律，体验乐曲中的节奏律动，河水流动的速度，想象着沃尔塔瓦河宽阔的河面，河水在阳光的照耀下，波光粼粼，冲击着卵石哗哗作响，缓缓流淌。这种节奏律动速度，像我们的呼吸，像人体血液的流动，让学生联想乐曲表达的内容，随着乐曲的乐句调整自己的呼吸，在音乐中放松自己的身心，投入到这段音乐中，享受音乐带来的美好。在这一音乐片段赏析结束，仿佛生活的烦恼、压力随着音乐的结束而消失，使得学生感觉身体的轻松，身心的愉悦。这就是音乐，它可以抚慰人心中的浮躁，消除都市的喧嚣，净化人的心灵。在乡村婚礼乐段，作曲家使用了波西米亚民族特有的节奏，波尔卡舞曲的律动，让人联想，乡民们随着音乐翩翩起舞，尽情享受生活的美好。乡村婚礼的热闹场面与月光下的沃尔塔瓦河形成对比，欢快与平静的激烈

碰撞，更是使乐曲充满了浪漫的、朦胧的、迷人的色彩，平稳的节奏，歌唱的旋律，使月光下的沃尔塔瓦河更加妩媚，好像水仙女的舞蹈与歌唱，让人充满遐想。

四、感知音乐色彩变化，赏析不同风格音乐

在西方音乐的发展中，经历了巴洛克时期，古典主义，浪漫主义时期，民族乐派，二十世纪音乐这些阶段。不同时期音乐的风格是不一样的，音乐的色彩也不尽相同。

巴洛克时期，是个充满生机与活力的时期。巴洛克时期的艺术，宏伟壮观，崇尚于富丽堂皇，精雕细琢。复调音乐成为巴洛克时期器乐的主体。维瓦尔第的小提琴协奏曲，春夏秋冬——《四季》，把协奏曲定型为三个乐章的形式，发展了小提琴的演奏技巧，丰富了器乐配器法。他的作品色彩丰富，华丽优美。小提琴协奏曲《春》，具有欢快的春天气息："春天来了，无限欢欣。"第二乐章，描写了静谧悠闲的田园风光，鲜花盛开，草地田野，处处都是充满生机的绿的色彩。在巴赫的《钢琴平均律集》中，每一首乐曲都由前奏曲与赋格曲构成，他的古组曲，奏鸣曲，《勃兰登堡协奏曲》等，都显示出复调音乐大师的风采。亨德尔的《水上音乐组曲》《烟火音乐组曲》，也体现出了巴洛克时期的音乐特点，充满着典雅、优美的色彩。

古典主义时期音乐，崇尚理性，创作风格优雅、高尚，侧重表现音乐的形式和技巧，语言明晰纯净，作品结构严谨，均衡自然。在音乐上，古典主义音乐风格最明显的标志，是以主调和声织体为主导。海顿创作的一百多部交响曲，莫扎特四十一部交响曲，贝多芬九部交响曲，都是古典主义音乐风格的集中体现，他们的交响音乐，代表着人类音乐文化的最高成就。他们是照耀百代的音乐家。

浪漫主义是欧洲资产阶级民主革命和民族革命时期的一种文艺思潮，它追求个性的解放，强调个人感情的抒发。浪漫主义的音乐，是个性化的，理想化的，浪漫的，富于诗意的。舒伯特在三十一年的岁月中，创作了六百多首艺术歌曲，十首序曲，十部交响曲等，他的作品大约一千五百首。《第八未完成交响曲》虽然只有两个乐章，但它本身却是一部完整无缺的作品。忧郁的沉思，诗意的抒情，优美的旋律，仿佛都是从舒伯特歌曲中产生出来，出自内心深处的曲调，耐人寻味。舒曼和钢琴家克拉拉的爱情，本身就是浪漫的。舒曼献给克拉拉的钢琴小品《童年情景》，回忆了俩人童年时期美好快乐的时光。门德尔松出生在一个富有的家庭，他的《第三苏格兰交响曲》就是从苏格兰的浪漫气氛和大自然的风光中得来的灵感。《第四意大利交响曲》，以其风俗性的内容和鲜明的色彩著称。《e小调小提琴协奏曲》第一乐章，热情的快板，主题充满活力，优美高亢激越的情绪激励着观众。表现了作者对大自然的浪漫主义态度，幻想的形象，光彩焕发的气氛，如歌的旋律以及小提琴演奏的辉煌灿烂的技巧，令人难忘。肖邦，波兰伟大的音乐家。最有代表性的作品是《圆舞曲》《夜曲》《玛祖卡》《谐谑曲》《即兴曲》《练习曲》等，他将钢琴的演奏技巧与音乐的艺术性紧密结合，强烈的戏剧性与优美的抒情性相映成辉。舒曼评价肖邦的音乐作品是隐藏在花丛中的大炮。匈牙利的钢琴家、作曲家李斯特，首创了交响诗这一音乐体裁，被誉为“诗的管弦乐”。他以匈牙利和吉卜赛的民歌、舞曲为主题，创作了具有浓厚民族色彩的十九首《匈牙利狂想曲》，表现了李斯特对祖国深厚的感情。其中《匈牙利狂想曲》第六号，绚丽灿烂，光彩夺目。特别是其辉煌的技巧性，很好地表现了匈牙利人民欢度节日的热烈场面。此曲深受学生的欢迎。浪漫主义时期还有勃拉姆斯、柴可夫斯基、约翰·施特劳斯、瓦格纳、理查·施特劳斯、马勒等作曲家和音乐家，他们的作品充满了浪漫主义风格，强烈的浪漫主义色彩，是人类音乐的精华。

在浪漫主义音乐这艘大船向前航行的同时，在俄罗斯，东欧和北欧地区的国家崛起了一批民族乐派的代表音乐家。他们有明确的目的，提高民族自觉性，争取民主、自由与独立。民族乐派的音乐家，直接运用本民族的民歌、舞曲，歌颂本民族的英雄，赞美祖国的大好河山。捷克民族乐派的代表斯美塔那，创作了交响诗套曲《我的祖国》，热情讴歌祖国的壮丽山河，饱含深情，对祖国的未来充满信心。挪威作曲家格里格，选择挪威戏剧家易卜生的戏剧《培尔·金特》，写作了组曲。

第一首《晨景》，旋律淳朴优美，有着鲜明的民族风格，描写了晨曦初上，太阳慢慢升起的美丽景色。这首乐曲节奏丰富，和声新颖，管弦乐音响具有奇丽的色彩。学生在欣赏这首曲目时，会情不自禁地去想象这些画面。这就是音乐，不论是令人震撼的《命运交响曲》，还是民族田园风格的《晨景》，都令人完全的投入与陶醉。有时，在赏析音乐之后，会使学生的学习，精力更加的集中，学习效率也相应提高。

俄国作曲家里姆斯基·科萨科夫，创作了《舍赫拉查达》，又叫《天方夜谭》，他把《天方夜谭》中个别而不相关联的故事和情景，分散地写在组曲的四个乐章。第一乐章海和辛巴达的航船，低沉而严峻的音响，刻画了残酷的苏丹王的形象；在竖琴的伴奏下，独奏小提琴奏出一个富有东方色彩的、优美的旋律，这是舍赫拉查达的主题音乐，多么美妙。在欣赏这首乐曲的过程中，可以让学生对木管乐器，尤其是长笛的音色更为熟悉，聆听竖琴在交响音乐中的应用。

随着社会的进步，科学技术的发展，各种新思潮和新的创作技法层出不穷。进入20世纪,管弦乐队的乐器更加完善,音色音响更加丰富多彩。交响音乐的创作多种多样,音乐的风格与色彩变得更加扑朔迷离。

印象主义是19世纪末在法国巴黎萌生的一种艺术风格。音乐上的印象主义一词,是从印象主义绘画借用来的。印象派音乐的杰出代表是法国的德彪西,他将音乐创作的重点放在音响音色上,编织了一个用光线折射的音乐世界。模糊的轮廓,朦胧的色彩,不易分辨的色调变化,是印象派音乐的特征。德彪西的钢琴曲《月光》与贝多芬的《月光钢琴奏鸣曲》同名,但却有着截然不同的特色。德彪西的《月光》刻画了一幅静谧、悠闲的月夜,让人浮想联翩。然而,贝多芬创作的《月光钢琴奏鸣曲》隐含着暗淡的情绪,因为与当时贝多芬的情感生活有关,对爱情的渴望,可以说是贝多芬对感情的一种宣泄,不是单纯的描写月光。通过对两首《月光》的对比欣赏,可以让学生更为直接的了解印象派的音乐特征,对两首《月光》有更为深刻的印象,增加学生学习经典音乐的兴趣。

新原始主义音乐,新古典主义音乐,也是20世纪音乐的代表,主要表现原始音乐的粗野稚拙,崇尚狂烈的节奏,互相撞击的不协和音程。以斯特拉文斯基的舞剧音乐《火鸟》为例,最令人震撼的是它的朝气与活力,色彩斑斓,充满着异国情调和东方韵味。音乐的色彩灿烂而原始,用前所未有的方式表现着野蛮时代的狂暴。学生也很惊异于这种音响的刺激。

五、学习音乐的创作技法,能够更深入地聆听音乐

作曲家创作音乐离不开旋律、节拍节奏、力度的强弱、调试、和声、织体、曲式、配器等。旋律、节奏节拍在前面已有论述。

西方音乐中,大调式、小调式的创作历史悠久,创作技法精湛。大调式表现的情绪是明朗,亮丽,宽广;小调式乐曲情绪比较柔和,暗淡,忧郁。莫扎特的音乐作品,让人感受到青春的活力,充满永恒的阳光。但《第四十交响曲》,第一乐章,g小调,主题像歌剧的咏叹调,倾诉着生活的苦痛,如怨如诉的忧郁悲怆,情绪比较激动。有一位音乐家听到后说:这是何等的悲伤! 莫扎特的钢琴曲《土耳其进行曲》,开始音乐a小调,旋律轻快、活泼、精巧;主题音乐A大调,雄壮宏伟,是具有英雄气质的进行曲。乐曲风格独特,学生非常喜欢。我国的五声音阶,五声调式宫、商、角、徵、羽,是我国民族音乐的基础,充满了东方音乐的魅力。陈钢、何占豪在学生时代为探索交响音乐民族化,创作了小提琴协奏曲《梁山伯与祝英台》。就是使用我国民族徵调式,写出了优美的、深情的、委婉的、甜蜜的爱情主题。因为这个主题旋律家喻户晓,联想梁祝的爱情故事,学生能很投入的进行音乐赏析。

曲式是乐曲的结构形式。了解乐曲的曲式,可以更好地研究分析音乐作品,深入地进行音乐赏析。奏鸣曲式是一种常见的曲式结构,是写作奏鸣曲、协奏曲、交响曲必用的结构形式。一般分为三个部分:呈示部、发展部、再现部。呈示部又分为主部、副部、结束部。贝多芬《田园交响曲》第一乐章,奏鸣曲式,主部主题质朴酣畅,初到乡村时的愉快感受;副部主题更加清新愉悦,充满活力。第二乐章,在溪边,奏鸣曲式,夏日的午后,躺在小溪边榆树下的草地上,小溪潺潺的流水,温暖的微风,仰望着蓝色的天空,沉浸在美丽的大自然里,美极了。学生在欣赏这一乐章时,结合自己田园生活体验,尽情想象,尽情陶醉。变奏曲式、回旋曲式、三部曲式、复三部曲式都是音乐作品的结构形式,在西方音乐的进程中,经历了几百年的发展,都在音乐大师的作品中展现。例如:贝多芬钢琴小品《献给爱丽丝》,回旋曲式;贝多芬《第五交响曲》,第一乐章奏鸣曲式,第二乐章双主题变奏曲式。在这里,旋律充满热情,有平和安详,深沉的思索,温暖的感情,光明的幻想,相互交错,纠结,犹豫,直到转化为坚定的决心。这是一首辉煌的抒情诗。对于管弦乐队的配器,首先要清楚地了解管弦乐队乐器的音色、音域、音响。管弦乐队的配置,双管编制、三管编制以及四管以上编制的不同,作曲家是如何进行乐曲编配的。这些音乐创作技法,在音乐欣赏中要不断地体会,不断地学习,品味音乐的内涵,提高欣赏音乐的层次。

李岚清在《音乐艺术人生》讲座中,论述音乐的作用。他说:音乐的魅力,可以使学习更有实效,思维更有创意,工作更有效率,领导更有艺术,生活更有情趣,人生更加丰厚。青年钢琴家郎朗说:要永远热爱音乐。经典音乐提高人的审美品位,提升人的精神境界。在现今,音乐音响音像技术的发展,网络发达的便利优势,学生很容易找到自己喜爱的经典音乐,为学生的学习提供了条件。我是学习音乐的受益者,我希望能把音乐带给我的快乐和美好传递给学生。让美好的音乐伴随学生健康成长。

参考文献

[1] 杨民望.世界名曲赏析[M].上海:上海音乐出版社,1991.
[2] 孙继南.中外名曲赏析[M].济南:山东教育出版社,1987.
[3] 钱仁康.欧洲音乐简史[M].北京:高等教育出版社,1991.
[4] 李岚清.音乐笔谈[M].北京:高等教育出版社,2004.

面向知识经济的大学语文创新教学模式研究

文化与传播学院　吴伟凡

【摘要】:鉴于大学语文文本融文学、语言、文化、历史、哲学,甚至政治、经济、军事、宗教等为一体的人文特色及具有思维宝库的属性,拥有可供我们进行创新思维教学的优厚内容资源,我们的教学改革可以继续以高级语文素养和情智素养的培养为根据地,还应有意识地改善和提升大学生的创新思维品质,尤其是利用文本思想精髓的部分,调动多样的研讨方法,建构创新型教学模式,促动大学生创新思维能力的培养,使大学语文在"立德树人"的教育征程中具有更崇高、更深远和更现实的意义。

【关键词】:大学语文　思维训练　创新型

1978 年,在南京大学校长匡亚明先生和复旦大学校长苏步青先生倡导下,全国各高校开始陆续开设大学语文课。直到今天,大学语文之路已经走过了 30 多个年头。作为提升大学生人文素养和实施高校素质教育的核心课程之一,其旨归从语文素养到素质教育,到国学素养再到创新能力,在几起几落的目标调整中,可谓透显了时代的发展主题和教育改革的目标方向。在知识经济时代,创新是知识经济的灵魂,是知识经济的核心。鉴于大学语文文本融文学、语言、文化、历史、哲学,甚至政治、经济、军事、宗教等为一体的人文特色,拥有可供我们进行目标导引的优厚内容资源,我们的教学改革不仅应继续以高级语文素养和情智素养的培养为根据地,还应有意识地改善和提升大学生的创新思维品质,尤其是利用文本思想精髓的部分,调动多样的研讨方法,建构创新型教学模式,促动大学生创新思维能力的培养,使大学语文在"立德树人"的教育征程中具有更崇高、更深远和更现实的意义。

一、当前大学语文教学面临的主要问题

大学语文课虽然在素质教育的使命中勇挑重担,但一直在被边缘化的现实中挣扎,这就是此门课程的现状。此种现实的发生主要由于大学语文一般为大一学生开设,在与中学语文相衔接的学习过程中,除中学语文的工具性内容和工具理性式学习导致他们学习疲劳,缺乏兴趣之外,学生对深度的母语学习和素质、能力的

社会需求还意识滞后，经济大潮和就业压力下观念的变化使人们更注重实用和硬性的课程等也是主要原因。

从学生的学习认知角度来看，曾有视语文为“鸡肋”甚至“阑尾”的。由于时代的变化，以前社会上奉行“学会数理化，走遍天下都不怕”，如今则是“外语四六级，计算机，社会实践一个都不能少”。诚然，现在的用人单位并不重视“语文等级证”，似乎只要是个中国人，语文就一定能够过关。而学生的现状呢？写毕业论文多数是从网上下载的，实用文体不会写，人文素质下降成为社会有目共睹的事实。虽然不少“老外”争先恐后学汉语，国外汉语热持续升温，但要我们中国学生热爱汉语、敬畏汉语，能得心应手地使用汉语，仿佛成了少数人的梦呓。尽管一些学校亮出了“英语不过不能毕业，现在汉语不过也不能毕业”的法宝，但在学生的眼里，这不过是一种不能当真的威慑。放在一个更广大的视野来看，在阅读量日趋减少、实用主义日渐猖獗的年代里，大学语文的疲软现象则不仅是一个“用进废退”的结果了。加之学生对生活和事业中语文素质和实际能力的社会需求缺乏洞见，中学阶段工具理性式的语文学习方法令学生大伤语文学习脾胃，都导致学生不能继续热爱母语学习。

从大学语文的开设情形看，目前许多高校虽然开设了大学语文课，但没有形成统一的要求，或没有成为必修课程。即使是开设，也没有得到足够的制度保证，或经常被不断削减课时。教学中也存在着诸多问题，如一些学校常用的《大学语文》教材偏重于对思想内容的考虑，结果会在一定程度上背离和削弱了语文本应有的感染人、教育人的功效。在教学内容上，一些学校的大学语文课程仍然局限于语文知识传授的浅层表面，忽略了在文化教育与审美教育的高层空间上进行拓展的新要求，尤其是不能联系时代精神，与时俱进地突出学习目标，引领学生学习，导致大学语文教学缺少了应有的现实性、开放性与自由度。从教学角度而言，工具性与人文性何者为主线，如何阐释其人文性的内容，这是主要问题。大学语文既有工具性又有人文性，它的工具性和人文性兼并的内核已经属于共识层面的认知。工具性和人文性像一枚硬币的两面结合在一起，但又不可能使它们平分课程内容之秋色。人文性与工具性两相结合的分寸在哪里？他们的关联应是以人文性为主线，将工具性融贯其中，还是将工具性作为主线，将人文性附着其间？抑或是依据篇目的特点，来决定人文性或工具性何为主何为辅？这的确是一个由理性而实践的难点。很多人从语言的交际属性和文章内容的人文属性去发掘和论析，这是十分中肯的。一些一线大学语文教师对这个问题更有结合实践的思考。他们以为如果仅仅立足于提高大学生语言文字的运用能力，将大学语文作为一种工具性课程，则在语文之前便不必冠以“大学”二字，因为其实质将与中学语文没有本质的差别和境界的高低，在教学运行过程中学生也会觉得枯燥乏味，甚至厌学，教师的内容操作和价值追求也会显得单一而肤浅。而如果立足于语文课程的人文性，以弘扬人文精神、传承人类文明，培养人文素质、帮助大学生精神成人为目标，则课程又会显得大而空洞，在教学过程中会令人手足无措，甚至陷入漫无目的的境地。一些一线教师为了与中学语文相区别，脱离文本天马行空般地进行人文发挥，学生听时觉得神乎其神，过后却留不住一些基本思路和方法。还有一些学校在开设大学语文课时，为了避免变成高四语文，便把大学语文课开成了中国文学简史课，把讲解文学史作为大学语文的主要内容。其实，中国文学史是中文系学生从史的角度系统了解中国文学的主要课程，史性课程是中文系学生的基础课而不具备工具性。

最后，从社会学习需求的角度，短时间开设的课程期待值却普遍偏高。高校面向大学生开设大学语文课，除了通识教育的内涵，主要还有鉴于大学生母语表达不过关的现实问题。虽然中学语文学习阶段应试教育使学生使用语言能力难以得到更全面、精细的锻炼，表达起来比较机械，但语言文字水平的提高决非一日之功，即便是老编辑、老语言学家每每操笔写作也要谨慎小心，几多修改。期望大学生一毕业就能有发表报刊文章的语言运用水平也是不切实际的。希求在短时期内通过一门课程使素养获得全面提升，也是言过其实的。一些基本关系并未被社会梳理清晰：其一，人文素质的提高应通过语言文字品识和运用能力的长期发展来实现，这是一个基础的思路。没有语言文字品识和运用能力的提高，人文素养的提高就成为一句空话。而语言品识能力绝不是一日一时一课之功。其二，人文底蕴能使语文运用能力如虎添翼、如鱼得水，进而左右逢源。而人文底蕴的积淀是涓涓小溪与润物无声的过程，大学语文只是这个教育与学习过程的最后阶段，深厚的人文底蕴除了个人精神境界的自足、参与社会构建人际和谐外，最基本的落实点还是在日常工作和生活中通过各种渠道进行人际交流和实际工作。期望大学阶段大学生的知识水平和对人生的理解能力有质的飞跃，并能借助语言工具展开人文层面的深度探询，驾轻就熟地运用语言解决生命、实际生活和工作中的多样问题，似乎在实际的考量中，他们学习语文与理解语文都还缺乏深刻的人生落脚处，故而不能以用促学、活学活用。

二、大学语文进行创新思维能力培养的理据

通过创新思维能力的培养激活大学语文的教学现状，这不失为一个时代新契机下教学改革的新维度。其理据首先应在语文的内涵中寻找。语文是什么？现代汉语词典解释：语言和文字，语言和文学。其实更确切地说，应指语言和文章。因为语言中包括文字，文章中也包含了文学作品。现在我们更应从信息的角度来认识语文教学何以能进行创新思维能力的培养。语言和文章构成的语文内涵其实质应用社会信息系统来描述，由语言而文章而思维，这是一个由低级到高级的社会信

息系统。文字的产生是文明的发轫,但还不是文明的关键。文字是视觉信息,它突破了时空的限制,并为人类的思维发展创造了必要的条件。语言既是交流的工具,也是思维的工具。由于它的规律要从社会习惯和约定俗成的社会性中找寻,因此,语言这个信息系统是初级的,具有社会性、民族性的特征。思维是客观事物的反应,没有语言词句也就无法实现形象和抽象的反映,没有语言基础之上的文章,也就没有语言思维之上的文章思维,文章思维是对客观世界更加复杂、系统和精确的反映。作为描述人类社会自然科学和人文社会科学规律和认识的文章,无论古今中外都必然用它既作为思维形式,又作为思想的载体。没有文章思维作为科学思维形式,也就没有任何新思想新文明,任何科学创新也就无从谈起。原因在于文章思维是对语言而说的高级思维,它是在语言思维的基础上依靠文字和思维的相互依存和促进,来正确反映大自然自组织规律及其演变的。文章思维不仅是思维的宝库,也因高级思维中蕴涵着人的创造性思考而具有深刻的思想性和人文内容。虽然人类的语言、文章和思维是三位一体的社会信息系统,但文章思维的高级性显然不同于语言思维的初级性。例如,复句作为语言的最大单位,只能反映一个推理,而最短的议论文必须具备两个以上的推理,才能构成最简单的论证。这种现象我们不能把它看成是单纯的量变,而是量变引起的质变。语言的组织规律遵从的是语法规律,是约定俗成的,文章的组织规律是理路,理路不是约定俗成的,而是辨证逻辑和形式逻辑支配下抽象的总分和归纳演绎规律以及形象思维在具体时空上显示出来的一般规律。从语言思维进入文章思维是从低级到高级的门槛。古今中外的文章是在语言思维基础上建立起来的高级思维的宝库。它和语言紧密连接在一起,构成语言文章思维的系列信息系统。它不仅是人文精华的载体,也是文明创新的工具。

大学语文课程可以进行创新思维训练,还在于文章本身就是思维的产物。它能够使我们不仅内窥常规思维,更可以感受创新思维的成果。虽然人类在文明上的进步可以用日新月异来形容,但人们对人的思维、智慧和心理的研究还在步履维艰中进展。从现有的研究情况看,理性思维的研究稍微领先一步,因而,在常规思维的领域,人们获得了基本的共识。比如,形象思维是用形象为单位来认识事物、表现事物本质的思维活动。形象也即表象,是离开具体物质的记忆形象;或者是具象,是以具体物质为基础的知觉形象;或者是经过意义浓缩及提炼的艺术形象。此种思维是运用形象再造新形象的思维形式;抽象思维是运用概念、判断和推理的形式来反映客观事物的运动规律,以认识事物的内在联系和本质特征的思维方式。美国著名学者阿恩海姆认为,形象思维和抽象思维是互相表达的;灵感思维称作直觉思维。它是人们借助直觉启示所豁然迸发的一种理解或顿悟。屠格涅夫称这种思维为“神的君临”,钱学森则称它是“第三思维”。艾青从诗人的角度解释说:“所谓‘灵感’,是诗人的主观世界与客观世界的最愉快的邂逅。”大学语文中的文本无不是最伟大的人的写作与思维活动的结晶。任何写作本身都是思维活动,思维是与每个写作的阶段同步进行的,写作的一切环节都离不开思维。若要叙述抒情,达到感动人情的目的,就需要调动形象思维;若要议论证明,达到以理服人的目的,就要运用逻辑思维中的归纳和演绎思维;若要分析说明,达到以事晓人的目的,就要使用分析综合的思维方法。苏联生理学家巴甫洛夫将人的气质分为思维型、艺术型和中间型三种。认为思维型的作者适合在逻辑思维的天地里开创天地,艺术型的作者更适合在形象思维的境界里发挥作用。介于上述两者之间的写作者则属于中间型。逻辑思维与形象思维的和谐统一,使得中间型作者可以发挥其兼有的优势,融说明、议论、叙述、描写及抒情于一体,成为文章写作上的“两栖”人才。大学语文对不同的思维类型都提供文本的描述和分析。而从创新思维的角度而言,创新思维就是具有崭新思维内容,并能产生全新思维成果的高级思维形式。创新是人类大脑思维高度进化的结果,是人类与客观自然交互作用,用思维规律反映自然、改造客观的能动结果。创新是人类为了满足生存进化和发展的内在客观需要,为了一定的目的,遵循事物发展的规律,对对象进行变革,从而使其得以更新与发展的活动。创新作为智能劳动,是人利用社会信息系统的直接成果,尤其是高级思维的直接成果,而越高级的思维活动,其本身具有的灵活变化、综合协调的特点就越明显。所谓方法的灵活性是相对于思维的僵化性而言的。重复性思维有别于创新性思维正是因为它每次思维的展开其变动性少、灵活性要求不高。而创新思维则相反,要求有很强的敏感性、灵活性、变动性。创新思维的灵活性还要表现在目标转移的灵活性上,既要看到目标的多元性,又要善于发现偏离原目标的有价值的东西。某种意义上说是把副产品变成正产品,以此去推动自己的思维深入。这也是创新思维要把握的一个重要特点。在大学语文的文本中有很多文章都可以从内容和形式的传统与创新上展开思考的维度。大学语文文本是不容抛弃的语言、文章和思维的宝库,既是进行人文教育和母语教育最兼得的内容对象,也是进行思维训练的最好教材。

三、大学语文创新教学模式的改革

大学语文创新教学模式的改革,应基于教材教本多样化、人性化,文选系统化、经典化,思想阐释多样化、个性化,语言分析精要化、诗意化,教学视野立体化、生活化的基本面貌进行。同时,尤其应关注以下方面:

其一,教师要具有创新人格。教师是影响创新人才培养质量最重要的因素,是引领学生创新实践的“教练”,是对学生进行创新性实践教育中最能动的力量和最关键的纽带。没有教师有目的的引导,学生将复制教师的人格去思考,依照旧的惯性去学习。教师成为学生创新实践教练的关键是教师从理念和实践上要由承传型向创新型发展。人格上实现内质的转变,即不仅是知识的承传者,更是知识系统的构建者、独特思想的启迪者、创造灵光的启导者。教书匠的类型绝不能满足创新型人才的培养需求。如何实现这种重要转变?一是努力进行高水平科研。占据自己的科研领域,不断搜求学术前沿信息,良好调动学术文化资源,发散思考,奋笔耕耘,写出有价值有创新的学术文章。不断积累学术研究的思维和突破经验,总结并凝练这些宝贵经验,上升到方法和规律的意义,及时传递给学生,使他们能具体而生动地受益。二是关注并学习关于创新理论与方法方面的高端学术信息,及时接受这些有意义的学术研究,把真正有体系有真知的创新理论当作指导自己创新并进而带领学生进行创新实践的指南。三是接受创新理论和创新教育的培训。目前,教育部、一些著名高校都在研发创新理论和创新教育培训,一些机构还做了相关"面向21世纪培训创新型教师的理论与实践研究"的课题,选择好的机构接受相关培训,迅速提升创新理论的修养和智能,掌握创新方法,进而在各自学术领域进行相关渗透和推广。

其二,依创新维度重新整合教学内容。在教学过程中应以培养创新能力为新的教学目标,重新整合教学内容,策划教学环节。一是挖掘并凭借教材的创新素材,培养学生的创新意识。有意识才有能力和技术。创新意识的培养是学生创新能力培养的前提和关键,只有在创新意识的引导下,才可能产生创新动机,启动创新思维,进而获得创新结果。一个没有创新意识的人是不可能去进行创新思维活动的。创新思维的养成首先需要创新意识的先导。此处意识是窄化的用法,主要指人在醒觉状态下思想的定向力,或说是一种理性自觉。作为一种理性自觉,创新意识不像一般的意识那样普遍存在于人脑的机能里。作为一般的意识,它是人脑的特有机能,既是自然界长期发展的产物,也是社会的产物,是劳动、语言和人脑互相促进的必然产物。作为特殊的意识,它不是普遍的人的所有。它是一种比较高级的人的心理和思维反应。当然,也是?人脑对客观存在的反映,是客观存在通过人的创新实践活动作用于人脑,人脑才会形成对客观存在的反映,这才有了创新意识。如何利用现有教材的素材进行创新维度的意义开掘,是教改研究的重点之一。从宏观上说,任何一个作家在历史长河的律动中留传下来,都是对文化事业有开拓有构建的人,因此都是创新头脑的拥有者和创新实践的成就着。但如此泛泛而谈还不足提起学生注意,要举例说明,系统解释。比如诸子争鸣,过去只从时代和流派的角度进行知识性阐释,现在就可以从思想领域的原始创新凝练此一部分内容的深意,并具体解释创新的类型不仅有原始创新,还有集成创新和半集成创新等。二是解读文本的过程中通过另向思路的开掘得出意义新解,就此进行创新训练。比如,类似"三十而立""君子远庖厨"这样名句的解读,学生想当然按照通常思路理解成三十岁成家立业、君子慈悲，故而远离厨房。如何启导他们在避免误读的前提下躲开常规理解，根据文献鼓励创读，读出新解。三是从形式着眼看创新的发生和意义。比如诗歌的递进，散文的发展和骈体文与八股文等的关系都是承传与创新层递发展的结果等。

其三，采用研究性学习搭建创新平台。如何使学生具备创新意识？教师要使学生沉入创新实践的氛围中，一边用教材内容与形式唤起他们的创新意识，一边要针对学生的兴趣与需求，设计综合性和研究性的创新活动，比如，将作家作品进行探究型学习，把 PPT 比赛、演讲比赛等有机结合。探究型学习活动是很好的创新活动。它不是只为掌握知识而进行学习，而是一种面向问题的学习。学生可以针对文学或文章个案自组小组，自选课题，自主学习，协作探讨。在研讨过程中，带着问题查找文献，梳理资料，把作业当项目来做，当要发表的论文来写，不仅使学生了解学术研究的过程和探索的艰辛，还锻炼了他们搜集材料的能力和对比、分析、论证等思维与写作能力，就此激发学生的求知欲，并进行创新能力训练。另外，进行学生间的多样化交流。课前安排学术论坛，课间开展多样化的问题交流，问题辩难，促进学生之间创新思想的碰撞，激发学生的探究兴趣和创新思维，也是课堂创新实践的举措之一。创新离不开交流。如果没有交流，关起门来读死书做学问，学生既无兴趣也不能产生创新欲望和行动。

其四，采取创新激励机制主动管理。搭建坚实的管理平台，为学生提供优良的创新实践条件很重要。一是制定创新优胜奖，二是给予优胜同学以平时成绩加星加分，促成鼓励创新、促进交流的活跃的学术氛围，激励学生开展创新性研究。科学的教学管理机制不仅有完善学分制等学习激励机制，保障核心培养环节得以有效实施，适应创新人才多样化培养需要的意义，还用正能量促动教学评价和信息反馈，促使教师投入教学，增强了教师主体提高教学质量的主动性、创造性，就此实现教育观念的三个转变：从以教师为中心向以教师为主导转变，从讲授型教学向研讨型教学转变，从内容方法单一向内容方法交叉多元转变。

其五，改革考试制度体现创新也是其中重要内容。以往的大学语文教学长期以来基本是受应试教育的影响，以闭卷考试为主的方式考查学生的学习效果，主要成绩基本是通过一次考试、一张试卷来决定，这显然不符合创新型人才培养的要求。在大学语文的教学目标、教学内容、教学方法都作了大量改革和调整的前提下，多年来以闭卷考试为主的大学语文课程考核方式也必须改变，要建立能全方位考核学生综合语文素质和思维能力的开放式和灵活式相结合的大学语文考核模式。考核内容应在关照阅读理解等基本能力的基础上，突出人文领悟性与思维创新能力的考核。加大平时成绩的比例，加大创意出新成绩的比例，特别强调学在平时、考核在平时。考核的题目 50% 应为主观题或写作理解题，这种试卷虽然评价标准难以统一，费时费力，较难批改，但更符合学科特点，更能反映出学生的思维水平和实践能力。20% 为讲演表达考核，20% 为客观知识考核，最后的 10% 为纪律和课堂笔记，以考查学生的学习态度与听写归纳能力。主观题和演讲题的题目都要求学生紧密联系教材文本和当今社会实际进行分析。除了有关人文、文学内容放在期末进行考核，其他内容都在平时教学过程中随堂考查。这个部分占总成绩的 50% ，其考核内容着重在人文方面的知识，题型全部为主观题，要求结合文本联系社会实际作答。

总之，知识经济时代是激发创造力的时代。虽然创造力与创新思维有很多条件，也有天赋、灵感和机遇等愈合的促动，但毕竟其中规律性的方面是我们教育工作者必须探寻和总结并引导学生去思考、理解和实践的内容。大学语文中的传统经典都是以文章的形式留存下来的宝贵思维遗产，它能在更多的层面揭示创新思维的本质与特点。所以大学语文不仅是立人教育的舞台，更是思维训练的阵地。要使大学生在语文文本的宏伟框架和美丽细节中体会和感受丰富的人文内涵，进而置身浓厚的研究氛围，产生探究的兴趣，经历多层次的创新实践，掌握基本的创新方法，在不断做出创新成果的过程中，产生成就感，树立自信心，培育创新精神，提升创新能力，这应不是一个语文工作者的梦。

卓越法律人才培养的课堂教学机制变革

法学院　李晓娟

【摘要】:为落实学校“十二五”规划的目标和要求,培养具有国际视野与创新精神的高素质、复合型、应用型法律人才,在课堂教学方面,必须进行教学观念和方式的实质性改革。现有的教学模式,某种程度上对学生创新实践能力的培养仍然呈现掣肘的现象。我认为,法学专业的课堂教学主要是发挥其点、提的作用,应更多地鼓励学生主动参与到教学活动中,关键在促进学生学习自主性的发挥,理顺“学与教、用与学”的关系,进而提升学生实践能力和创新能力。为此目标,法学课堂教学应转变观念,努力改进教学方法,针对不同层次和要求的学生,在理论讲授与实践技能培养方法上采用有区别和有针对性的教学方法,完善课堂教学的机制建设。

【关键词】:法学　课堂教学　法学专业人才培养

近年来,我校以提高人才培养质量为中心,不断深化人才培养模式改革。法学院也为此目标采取了一系列改革措施:修订了法学专业的人才培养方案、细化学生培养方向,开展了法律诊所教学、实践案例教学等教学方式,鼓励学生积极参加学科竞赛、社会实践等活动,取得了比较好的效果。但是,毕竟课堂教学才是我们培养人才的主阵地,创新现有教学模式,是笔者在教学工作中不断思考和实践的课题。

一、法学课堂教学存在的问题调查

(一)课堂教学存在的主要问题

法学教育是一个国家法治建设的基础工程。因此,中国法学教育的现状和未来发展,已经成为一个全社会瞩目的焦点。法学教育的发展,需要在准确把握发展趋势的基础上,积极稳妥地推进各项具体制度的改革,同时通过完善社会主义法治理念教育,把握好中国法学教育的特色和方向。那么,在进行具体法学课堂教学中,法学教育的目标到底是什么?这是我们需要首先明确的问题。在组织我院部分学生的问卷调查中,有一半以上的被调查学生选择了希望成为应用型的法学人才,超过七成的同学希望能够参加司法考试。这就给我们提出了一个问题:我们的法学教育是素质养成模式还是法律职业教育模式。一直以来,中国的法学教育是单纯的素质养成型目标模式,即法学教育的人才是可以适合法治国家建设的不同岗位需求的,这意味着,法学教育并不过多考虑法律职业的需求。在此前提下,法学教育主要承担着“法律意识”和“法律素质”的培养工作,法律职业的培养主要靠司法考试选拔和未来从事相应法律工作的经验积累。但是,这种目标模式已经越来越不适应我们的现实需要。当前,我国高等院校普遍设有法律专业,一方面法学教育人才出现了“供”大于“求”的态势,另一方面又出现了法学教育人才和法律职业相脱节的问题,很多法学教育人才不能迅速满足法律职业发展的要求。这种状况也迅速反馈到我们的法学课堂教学中。同学们在问卷调查中,也更倾向希望我们的法学课堂教学能够兼顾理论和实践,提高实践教学的比重。在问卷调查中,绝大多数同学都强调法学课堂教学要理论联系实际,要与同学们的就业需求相联系。强调在现有条件下,尽量采用案例教学方法,侧重学生实践能力的培养。实际上,法学教育的目标模式已在强调法学素质教育的同时必须兼顾法学职业的培养。因此,在课堂教学方面,对教师提出了新的挑战,教师不应再主要是课程讲授者的身份,更主要的是课程的设计者和指挥者。在同学们对加强自主学习重要性已有认识的基础上,努力激发学生的主观能动性,客观上也需要创造一定的条件。

(二)课堂教学存在的矛盾

明确了同学们对法学课堂教学的需求,我们也发现了当前法学课堂存在的一些矛盾。一是教育理念落后。目前我国关于法学教育的思想很大程度上还属于应试教育范畴,忽视学生个人特长、能力、创新思维等综合素质的发展,是一种畸形的教育模式。在这种教育理念影响下,法学教育一直比较注重理论知识的灌输,而忽视专业技能的培养。二是教育内容设置不科学。新的法学教育目标模式在强调法学素质教育的前提下,要侧重学生的法律职业能力即学生的实践创新能力培养。但是,现有的法学教育课程的设置却相去甚远。据了解,近年来,部分法学院校已对课程设置进行改革,我校也在此大趋势下展开了人才培养模式的新一轮大变革。法学教师面临的任务是:如何能够在尽可能短的课堂教学时间内“精讲”教学内容、提升教学效果,进而配合所设置的与法学专业密切相关的政治学、经济学、证券、保险、法律实务等选修课程,形成完整的教学联系环节。三是法学教育与实践严重脱节。目前我国法学教育采用的教学方法,还不能彻底摆脱传统的课堂讲授法。这种方法的长处是能帮助学生系统掌握基本的法律知识,能在较短时间内领会法律思想和内容要领;不足之处是学生缺乏主动性,易出现理论与实践的脱节。教师在课堂上,尽量模拟真实的法庭调解、法庭辩护、庭审实践或律师实习等实践操作,但各种因素所限,效果也是有限。随着学生人数的增加,以及受就业压力的影响,学生实习制度往往也流于形式,许多实务部门也因工作的压力和学生工作能力的缺乏,不愿意接受学生实习,即使接受也疏于督导。这样一来,学生实践活动形同虚设,走上工作岗位后,他们很难较快适应工作。四是素质参差不齐,法律思维能力差异较大。由于高等院校扩招等原因,学生之间的素质差异加大,使得课堂教学有时难以兼顾不同层次学生的,法律思维是按照法律的逻辑(包括法律规范原则和精神)观察、分析和解决问题的思维方式。法律思维能力是法律人最核心的素养,是一个合格法律人所必不可缺的基本功。在司法过程中,只有依照严格的法律思维,才能排除个人偏见,避免随意性,才能形成并推导出解决法律问题的正确结论。然而,相当一部分法学毕业生还不具备这一能力,思维方式还停留在"常人"的思维上,没有真正实现从"普通人"向法律职业人的转变。

总之,正是法学教育和法律职业分离的模式割裂了法律职业培养的过程,在课堂教学这一法学教育的关键环节上,如何能够发挥尽可能大的作用,使法学教育尽可能适应法律职业需要,是我们应该首先解决的问题。其次,在具体措施和制度设计上,深层次的变革已迫在眉睫。如何对课堂教学进行重新规划设计,是法学课堂教学改革的重心。

二、法学教学理念和方法的改进

(一)树立正确的课堂教学理念

法学专业人才的课堂教学,必须树立有效教学的思想,关注教学效益和学生发展,教师教学观念的转变关系到法学课堂教学改革的成败。这种转变应包括以下几个方面:

首先,使学生由被动接受向主动学习转变。法学概念和理论具有一定的抽象性,有的还艰涩难懂,片面强调教师在课堂教学中的主导作用,往往很难吸引学生的兴趣。必须时刻树立以学生为主体的教学观念,才有利于充分调动学生学习法学的积极性。如鼓励学生自主查找和阅读相关资料、尝试学生课堂讲授和讨论、培养每一个学生独立分析问题的积极性等。

其次,教师的课堂教学由理论灌输向能力培养转变。法学专业理论性和实用性并存,传统式课堂教学教师往往更倾向于理论讲授,这不利于具有综合法律素质的国际化法律人才的培养。法学专业教师应当牢固树立讲授法律知识与培养法律工作能力并重的观念,在课程的安排上、教学内容的选择上、教学各环节的衔接上,都应重视对学生法律理论和实践创新能力的培养。

最后,教学方法由传授知识向兼顾素质教育和职业教育转变。新形势下,法学素质教育的培养理念同样应体现在法学课堂教学上,教师应加强课堂教学方法的研究,在课堂教学中把传授知识、培养能力和提高素质融合在一起,构建培养中国高素质法律人才的教学新模式。徐显明教授认为,我国法学教育在职业化方面有两个缺陷。第一个是缺乏司法伦理的训练,不具有司法伦理的法官、检察官和律师是很危险的,就如同守仓库的盗贼。司法腐败与缺乏职业伦理教育有极大的关系。第二个是缺乏职业技巧培训。没有职业技巧的法官、检察官和律师无法适应职业要求。因此,对当前的法学教育方式进行反思,我们也不能顾此失彼。

(二)课堂教学方法的改进

法学教学方法方面,我国存在的问题主要是以教师为中心,以传授知识为主。谈到教学方法改革,往往会认为要彻底改变它,但完全以学生为中心进行教学,也存在一定的问题与困难,特别是本科教学不能这样。法学课堂教学的改革并不是对传统的以教师为中心的理论讲授形式的彻底否定,而是在保留和完善传统理论教学的同时,加强和完善实践教学,建立起人才培养目标实现的教学体系。笔者认为,法学教学改革的目标,应是在保留和完善传统理论教学的同时,广泛采用案例教学,全面采用计算机辅助教学,加强和完善实践教学,实行科学的考试评价方法,建立一种能够促进新的时代条件下法学教学目的实现的教学体系。

1. 关于理论教学。从法学本科教学来看,由于时间、教学资源所限,学生的法律实践活动难以广泛而深入的展开,课堂教学首先是让学生了解本学科必须掌握的基本概念和知识,适当扩展学生的知识面,帮助学生建立一定的法律思维意识。当然,在具体讲解时必须对比学生之前已掌握的法律知识、让学生主动地去收集相关的信息,避免浪费时间去重复学生已掌握的内容。更多地采用启发式教学方法,引导学生设定疑问、反向思考。进而引申出相关法律制度的建立背景、存废争议、发展方向的讨论。同时,引导学生进行课前准备、课后交流,阅读一些中外法学资料,开阔眼界、主动思考。

2. 关于能力培养。法学也是一门非常强的法律实践科学,在普通法系甚至一些大陆法系国家里判例是法律的重要渊源之一。本科教学当然不能忽视学生能力的培养,尤其是法律思维意识的培养,案例教学方法是其能力培养的主要方面。但是,当前案例教学往往体现出是另一种形式的理论注释法学,教学效果并不明显,学生学习过程中也很少有机会真正运用所学的法律知识解决实际问题。新的案例教学模式必须提高学生的实际参与度,发挥学生学习的能动性。这首先要解决几个方面的问题:一是完善案例收集的渠道。法律的许多重要制度、原则的确立都与实际的判例有关,因此,通过尽可能多的途径如报纸、电视、网络等收集最新的、现实的案例外,很重要的是通过建立专门的法学实践教学基地,开辟与实践部门的专业交流平台,设专项拨款,派专人收集相关案例,完成相应的案例遴选和论证工作,最终构建法学案例教学数据库。二是重点推进模拟法庭教学模式。在本科教学中,采用模拟法庭结合案例讨论的教学模式应是一种重要的形式。组织学生进行案件审理前的法律准备、指导学生相应"法律角色"文件的起草和分析、演示案件审理的法律过程，最后进行讨论、总结评述。其中应始终贯彻学生为主的指导思想。同时，通过法律援助这样的实践平台，创造条件为学生引入一定的法律诊所式教学实践活动，提供相关法律咨询或法律帮助等。三是组建“学习小组”，推进讨论式教学。笔者认为，教师在法学专业的课堂教学中应主要发挥其点、提的作用，更多地应鼓励学生主动参与到教学活动中，关键在促进学生学习自主性的发挥，理顺“学与教、用与学”的关系，进而实现提升学生实践能力和创新能力的目标。

三、法学课堂教学机制建设

经调查，学生们对在课堂中采用分析案例和课堂讨论的教学方法认可度较高，也体现出较强的参与意识，但需要教师在教学方式、课程设计等环节创造更多的条件，在教学模式上有所创新、丰富法学教学手段。

（一）课堂教学模式创新

1. 启发思考、角色设计。在课堂教学中应尽量发挥学生的主导作用，教师通过在课堂上提出问题引导学生讨论并由学生自行解决问题。在此种启发式教学的基础上，引入案例教学方式，努力使案例的选择到问题的提出再到争论与解决，都由学生自己动手，教师应逐步放手，使课堂“回归学生”，只负责全程点评、适时指导和最后的总结。这样明晰的分工就使得课堂教学能够尽最大可能发挥学生的参与度和积极能动性。

学生通过“选择案例”能够全面切实地了解案情及该案所涉及的基本理论问题，也可以反映大家对法学前沿问题的敏感程度。在案例分析过程中，可以组织学生进行不同的案例角色扮演，并加入一定的平时成绩的考核指标，在最大程度上提高学生参与的积极性，并形成良性循环。

同时，“提出问题”的能力是在传统教学模式甚至是启发式教学模式下都无法得到培养的，它不仅是传统教育模式下学生最容易缺乏的能力，也是实务中最不可或缺的基本技能。教师在教学中应着力培养学生们这种发现问题的能力，这正是新式案例教学中所应发扬的。学生在学习知识的同时，不仅了解了解决问题的方法，还学到了实务思维，这正是在普通的案例课程中无法得来的。

2. 建设实务课堂。在法学课堂教学中，必须始终贯彻以解决实际问题为中心，将实践引入教学。一方面，利用学生社会实践和毕业实习的机会，让学生从国家机关、律所、仲裁机构等各个途径收集各种纠纷的资料，提出自己的解决方案，与纠纷的实际解决结果相比较，指导自己将来的法律实践。另一方面，考虑到我国实际的教学环境，可以积极地与司法机构开展合作，允许少量学生旁听，让司法机构每年定量地承担一些法学实践教育责任。同时，在实践教学中，组织学生模拟法庭或仲裁庭开庭，着重解决案件中可能遇到的各类法律问题，引导学生掌握解决法律问题的方法和程序。笔者认为在双语教学中应当从实际需要出发,尝试采用真实的英文买卖合同、离婚协议书等作为补充教材,增强学生处理实际涉外法律文件的能力。

为了使抽象的理论形象化,并考虑到从事理论教育的教师与专门从事实务工作的律师、法官存在的思维和逻辑上的差别,应努力将二者结合起来,发动“校外资源”走进课堂现身说法,必将事半功倍。当然,实务教学的条件较为严格,一般要求应小班授课、增加相应的课时量等,因此,时机成熟时通过网络平台来进行案例教学也不失为一种替代方法。总之,法学课堂应尽可能实现“真实的”模拟,实现走出去的目标,让学生尽可能多的机会去了解校外的法律世界。

(二)完善教师培养机制

“给学生一杯水,自己要有一桶水”,为了完成法学课堂教学,教师自身必须有坚实的业务基础作保障。因此,教师要不断更新知识,形成兼具时代性、实用性和广泛性的完整的知识结构,同时,还要不断地丰富自己的法律实践工作经验。

1. 完善法学教师的知识结构。法学教师的专业知识结构应当包括以下几个方面的内容:一是应通过对法学理论的系统、深入的研究,深刻地把握法律的内在精神和基本原则,从而具备灵活地运用法律解决实际问题的能力。加强法学基本理论的学习,能够帮助教师具备扎实的法学理论功底,有效地组织教学内容和教学环节,引导学生把握法律的精神实质,并且运用所学法律知识和技能解决现实的法律实践问题。二是应不断追踪了解法律发展的动态,把握法律发展的趋势,并将最新的立法发展贯彻到法学教学中去。只有不断地了解、学习国内及国际立法的最新发展, 才能掌握现实法律的基本状况,不断更新自己的相关法律观念和知识,不断更新法学教学内容,补充讲稿。三是应在研究活动中投入更多的时间和精力,不断提高自己的法学研究能力。研究是法学教师提高自己教学水平的重要基础,较强的研究能力和较高的研究水平能够使教师深入地了解和掌握法学实践的最新发展,了解法学理论研究的前沿动态和新的理论、新的观点、新的信息,从而丰富自己的教学内容。四是还应掌握一定的教育学与心理学知识。实践表明,那些认真学过心理学和教育学的教师和没有系统学习过这方面知识的教师在开始从事教学工作的阶段,教学的效果是存在很大差异的。因此,法学教师也应较为深入地学习教育学和心理学的相关知识,法律院系也应为教师补上这一课提供良好的条件,以促进法学教师提高课堂教学的能力。

2. 丰富法学教师的法律实践工作经验。法学是一门具有高度实践性的社会科学,法学教师必须具备丰富的法律实践工作经验,并且能够在教学中将这些经验传授给学生。目前,我国法律院系教师的法律实践工作经验主要是在从事兼职律师的工作过程中获得的。但是从实际情况看,这一制度也存在许多弊病,教师兼职从事律师事务过多便会影响其投入教学和研究工作的时间和精力，而如果教师不能在律师业务上投入更多的精力，又会由于律师事务过少而不能起到增加法律工作经验的目的，而且允许教师担任兼职律师的制度只能使参与其中的法学教师熟悉和了解律师事务，却不能使他们全面地获得司法过程中其他实际活动（如法官）的经验，法学教师作为一个整体只具备一种经验，显然是不充分的。因此，为了提高法学教师的法律工作能力，有必要对法律院系的教师培养机制作以下几个方面的改革。一是建立法律案件的主审法官、律师、仲裁员和法学教师之间职业互换的渠道，使得有丰富法律工作经验的法官、律师或仲裁员愿意并且能够通过一定的渠道到法律院系中任教，并且能够在一段时间后再回到工作岗位上去。同时，也使法学教师能够在积累了较为厚实的法学理论基础后，在从事法律实务的工作岗位上发挥自己的才智。二是建立法学教师轮流到法律实务工作部门挂职锻炼的制度。法学教师在从事一定时间的教学工作以后，应当安排其去法院挂职锻炼，担任一定时间（至少一年）的法官，以便使他们有机会不断地提高自身的法律工作能力，并且加深对法律实践工作的了解。

总之，立足于课堂教学，树立课堂教学新观念、完善法学课堂教育机制建设，才能使法学课堂教学更符合法律人才素质培养和职业培养的需要。

参考文献

[1] 21世纪的中国法学教育[N]. 法制日报，2006-5-11.

[2] 丁相顺. 法学教育如何对法科生的未来负责？[N]. 检察日报，2007-7-12.

高校思想政治理论课引入新媒体的改革与探索

马克思主义学院　王小莹

【摘要】:随着现代科技的飞速发展,以互联网为代表的新媒体正在改变着人们的生活方式和价值观念,并在大学生中产生了广泛而深远的影响。思想政治理论课作为向大学生开展思想政治教育的主渠道,要从当前大学生思想发展变化的新特点出发,充分认识和把握新媒体带来的机遇与挑战,采取有效应对策略,以提高思想政治理论课的实效性。

【关键词】:新媒体　高校　思想政治理论课　改革

随着现代科技的飞速发展,以互联网为代表的新媒体作为全新的现代化传播载体与方式,以其极短的时间争取到报纸、广播、电视数十年甚至上百年才拥有的受众群体,同样也被越来越多的大学生接受和使用,它多角度、多层面地影响着学生的思想意识、政治观念、价值尺度和道德观念。高校思想政治理论课,作为对大学生开展思想政治教育的主渠道,适时、恰当地应用新媒体,既是全球化、数字化背景下运用现代科技进行教育的需要,也是提高思想政治理论课改革创新成效,增强大学生思想政治教育实效性的需要。充分认识和把握新媒体带来的机遇与挑战,采取有效应对策略,成为当前加强和改进高校思想政治理论课教学面临的重要课题。

一、新媒体时代大学生思想发展变化的新特点

新媒体改变了学生的思维方式和思想观念,给学生带来了获取信息的便捷,扩展了学生的交往空间。在数字化环境里,学生利用新媒体,利用网络与所有“网络人”交往,主体意识从单薄走向觉醒,他们的交往方式日益多样化、交往内容日益丰富。新媒介带来的“双刃”作用也带来负面影响,导致大学生思想扭曲、心理异常。新媒体时代大学生的思想发展变化主要呈现以下几个特点:

(一)崇尚追求自由个性

新媒体是一个具有海量信息的传播平台,大学生可以根据自己的兴趣爱好选择想要的信息,而不受时空的限制。同时,大学生不仅是信息的接受者,而且可以自由地参与信息的制作和传播,成为信息的输出者。在新媒体提供的虚拟空间里,

大学生获得了现实世界无法提供的自由表达言论和观点的机会。特别是随着手机上网、聊天的普及,新媒体显性地或潜移默化地影响着当代大学生自由个性的形成与发展。

(二)虚拟空间的沟通交往备受青睐

BBS、E－mail、QQ、博客、手机短信等新媒体为大学生的人际交往提供了更轻松、便捷的途径和手段。在新媒体提供的虚拟空间里,由于交流双方多以匿名的方式进行,减少了来自其他个体或社会因素的干扰,有利于保护个人隐私和言论自由,也有助于更好地交流思想传递情感,因此,互联网成为大学生表达思想观点和倾诉心声的理想选择,他们希望通过在线交流充分表达自己的想法和意愿,获得他人的尊重,同时期望与他人尤其是老师和学校管理者平等对话,解决他们遇到的问题。

(三)价值观念趋于多元化

新媒体介入后,校园信息化在某种程度上处于一种"时间、空间、资讯无屏障"状态,信息的发布和使用比以往更加自由,具有不确定性和难以控制性,一些违反社会公德的信息、落后腐朽的思想等趁机进行传播和渗透。对于涉世不深、世界观尚未成熟、追求自由的大学生而言,如此多元的价值导向、模糊的价值目标、自由的价值主体,很容易弱化他们的判断力和选择性,使其在不知不觉中或者信仰模糊、迷失自我,或者盲目跟从、不知所终,甚至出现价值观的偏差和扭曲,从而抵消了高校思想政治教育的部分效果。

(四)部分学生出现心理危机和人格障碍问题

新媒体超越了时空的界限,形成一个虚拟的空间。因此,对受众而言,就存在现实世界和虚拟世界两种生存空间。手机短信、博客、网络论坛、社区等都具有明显的虚拟性,大多数学生在使用新媒体时多以匿名的方式出现,摆脱了现实交往中人与人之间的各种约束,放纵自己的行为,忘却社会责任,呈现出道德弱化现象;还有部分学生沉溺于虚拟空间,容易造成紧张孤僻、厌倦生活等问题,进而产生逃避现实的心理倾向,引发心理危机和人际信任危机,导致人格障碍。

二、高校思想政治理论课引入新媒体的实践探索

胡锦涛同志曾指出,要在运用现代科技手段上下功夫,深入研究网上舆论引导的特点和规律,主动占领网上思想舆论阵地,把群众工作做得有声有色、丰富多彩。高校思想政治理论课面临的一个普遍困惑,就是学生对现有的教育教学内容和方法,在一定程度上已产生反感、甚至是抵触情绪。新媒体日益凸显的重要性及其巨大影响,决定了我们要深入研究加强和改进高校思想政治理论课的新思路,推动大学生思想政治教育向新媒体延伸。为此,我们在 2012 年获批我校教改立项后,对

新媒体在高校思想政治理论课教育教学中的应用做了实践探索，取得了初步的教改成果。

(一)拓宽思想政治理论课教学的新路径

新媒体包含很多类型，互联网只是新媒体的一部分，但它作为“第四媒体”影响深远广泛，已成为高校进行网络思想政治教育的重要平台。但当前，被称为“第五媒体”的手机新媒体等服务平台以手机为接收终端的媒体形式越来越凸显其优势，包括手机短信、手机上网、手机电视等，其便捷性、互动性、网络化等特点吸引了越来越多的学生使用，对学生的学习生活、思想认识等产生了重要影响。目前有些教师使用手机 QQ 群聊技术与学生交流，但手机功能远未充分开发应用。数字电视新媒体是建立在数字电视基础上的新媒体，包括数字电视、IPTV、移动电视与户外新媒体等。当前许多学校建立电视台，思想政治理论课教学要注重多种新媒体的综合运用，以充分发挥其应有的思想政治教育作用。在我校的思想政治理论课教学中，我们积极主动地利用了新媒体这一有效平台，运用多种新媒体来提高思想政治理论课教学手段的现代化水平。我们的主要做法有：

首先，运用网络媒体，拓展思想政治理论课教学空间。教研团队鼓励师生通过开设博客、班级主页等网络新平台，将课堂空间、课外空间与网络虚拟空间有机结合，多维度地实现多层次的教育引导。我们依托学院的网络平台，建立了“思想道德修养与法律基础”课教学博客、QQ 群等，进一步拓宽延展教学内容，试图实现师生网上专题交流和信息分享。此外，团队还建设完成了与“思想道德修养与法律基础”课相配套的“生活与法”和“海商法”两门选修课的网络课程雏形。这种系统多级的网络平台融思想性、知识性、趣味性、服务性于一体，形成了网上网下思想政治教育的合力，在沟通互动中，有限课堂便在无形中延伸至无限的课外，课程影响力在学生的参与中也在不断扩大。

其次，运用手机媒体，实现思想政治理论课移动教学。手机不仅能用来充当移动电话，还具有传送大容量的文字、图形、影视等多媒体信息的功能，手机可实现移动教学，拓宽教育信息的传播途径。移动教学是教育理念的更新，在思想政治理论课教育教学中，借助于新媒体技术，根据课程特征，经过精心设计，完全可以创新教育教学的新模式。我们通过手机媒体，根据思想政治理论课不同课程的特点，将其制作成 txt 或 jed 格式的电子书、制作成 mp3 格式的音频文件等，形成微型电子教案，提供给学生在手机上进行阅读。

最后，体验“严肃游戏”，开展思想政治理论课辅助教学。严肃游戏是一个通过娱乐游戏的外观与感觉达到对现实事件或过程真实模拟的新型体验类游戏。一般而言，这种游戏在给予使用者强烈可玩体验的同时，其训练或教育使用者的目的也融入其中。严肃游戏能使学习者经历那些不可能或难以实现的场景如战争等，让人们在游戏中获取知识和技能。我校在“思想道德修养与法律基础”课的教学中，运用北京理工大学开发的一款以培养情商为目的“情商加油站”严肃游戏，在2011级部分学生中进行了体验测试，取得了一些初步成果。“情商加油站”这款游戏主要包括创建形象、任务系统介绍、社交活动等模块。该游戏中的社交活动是重点，社交活动有非诚勿扰、漂流瓶、心情小屋等。这些活动既增加了玩家之间的情感交流又具有很强的游戏性。我们发现，与传统的教学方式相比，“情商加油站”有以下几点优势：一是运用了体验式教学。如以文字和课堂教育为主的传统恋爱教育虽然有一定的效果，但学生无法亲身体会到在恋爱过程中遇到的问题，而“情商加油站”不仅真实模拟恋爱过程中可能遇到的问题，更有专家给出建议，帮助学生解除疑惑。二是不受空间和时间的限制。传统的教学往往仅限于几节课的时间，而“情商加油站”通过网络这个媒介打破了空间和时间的限制，学生可以在课下根据自己的安排自由选择上线时间。三是数字化智能辅助教学。在“情商加油站”游戏中可以收集、统计学生玩家在交际、恋爱中的行为数据。通过这些数据的分析为思想政治理论课教学的进一步展开提供了明确的方向性。四是学生获取知识和咨询更便利、快捷。在“情商加油站”的图书馆中会存有很多知识性的书籍，学生只需点击链接即可阅读，大大拓展了书本上的知识。而需要心理辅导的同学也可以通过网上的心理咨询获得实时的反馈。可以说“情商加油站”切实考虑到学生的实际需求，能将思想政治理论课教学内容融入严肃游戏，以游戏的形式表达传递思想政治理论课教学内容，使学生在潜移默化中接受思想政治教育。

（二）找准思想政治理论课教学内容与新媒体的融合点

在传统大学生思想政治教育中，由于教育对象的思想状况和新媒体时代相比具有高度的同质性，因而在教育内容的设计上具有单一性的特征，而这已经不能适应新媒体时代大学生思想状况多样性的需要。此外，传统思想政治教育未能及时根据虚拟空间大学生新的心理问题设计出有针对性的教育内容，只是简单地用传统的思想政治教育内容来教育大学生。以上诸种表现都说明传统思想政治教育内容在新媒体时代缺乏针对性。而思想政治理论课教材与思想政治理论课教学新媒体在呈现形式、语言体系、信息选择上的不同，也决定了思想政治理论课教学内容由教材载体向新媒体载体转化时，新媒体在遵循思想政治理论课教材内容主线的同时，在表现形式、语言风格等方面会有相应的变化。作为教育者，应根据新媒体时代大学生新的思想状况调整教育内容，找准思想政治理论课教学内容与新媒体的融合点，实现两者的有效对接、有机融合。为此，我们在思想政治理论课的教学内容设计上，对现有的教学内容体系进行了重新梳理，以适合用新媒体方式来表达，从而以更为宽阔的视野为大学生提供知识和营养。第一，提供科学理论方面的内容，如中国特色社会主义理论、社会主义核心价值体系等；第二，提供专业学习之外的国家政策法规以及有关国际国内时政等内容；第三，提供大学生学习生活中遇到的常见问题（如心理问题、交友问题、择业问题等）的应对策略和方法等；第四，为大学生提供潜能开发的方法技巧；第五，提供继承和弘扬中华民族精神和民族优秀文化的有关内容以及大学生需要的和想要了解的更多内容。在多种文化相互激荡、相互影响、相互融合的新媒体时代，我们提供的知识越全面，大学生就越容易在我们提供的平台上获取知识和信息，久而久之，习惯成自然，就能把大学生吸引到我们主导的环境中，从而减少和抵御新媒体带来的负面影响。

（三）把握大学生应用新媒体的表达和接受方式

互联网、手机等新媒体不同于课本媒体和课堂媒体，它们有着特殊的表现形式和语言风格，要求文字简洁精炼、语言通俗活泼、图像清晰生动、信息及时更新，并以不同于教科书的体裁和风格实现“春风化雨、润物无声”的效果，使学生在潜移默化中接受社会主义核心价值体系教育。而简单地将教科书内容复制于网页，只能是教科书的电子翻版，不符合学生利用新媒体进行阅读的新媒体语言体系和阅读习惯，内容显示和形式表现缺乏感召力、吸引力和影响力，得不到学生的关注、点击与认同。了解和把握大学生应用新媒体的表达和接收方式，将教科书语言转化成网络语言、手机语言、数字电视语言等并通过声光影像的形式表现出来，这对从事思想政治理论课引入新媒体工作的教师提出了极高要求：既要熟悉学生语言习惯和接受特点，又要熟悉新媒体交互性、即时性、个性化等特征，更要有灵活的教育内容整合能力，以案例、图片、影像、游戏等形式表现教学内容。调整语言风格和表现形式不等于脱离马克思主义指导思想和思想政治理论课的教学内容，一味迎合部分学生休闲娱乐甚至消极低俗的思想需求，而是根据不同的新媒体特点设计出不同的语言风格和表现形式，更好地将思想政治理论课内容融入新媒体，为学生喜欢、认可并接受，有效实现思想政治理论课引入新媒体的目标。①

（四）善于运用媒体素材丰富教学内容

媒体素材主要来源于报纸杂志、广播电视、网络等渠道，内容广博。真正能在教学中有效使用、发挥作用的则需要仔细选择。为了在我校思想政治理论课教学中使用好媒体素材，我们遵循了以下原则：

1. 素材与授课内容紧密相关度原则。相关度即教学内容与媒体素材的高度融合、相辅相成、互为衬托。而其中的一个前提就是在选择媒体素材时一定要非常明确使用目的。关注素材选择与课程的密切相关度，就实践角度而言包含三个层面的意思。首先，需要对授课内容清晰熟络，以便确定在哪一部分教学内容中使用媒体素材。媒体素材不能随处使用，必须用得其时，用得恰到好处。在选择媒体素材

① 张毅翔，李林英. 思想政治理论课引入新媒体的实践与思考[J]. 北京教育：德育版，2010(12).

前，要对授课内容非常熟悉，尤其对重点、难点需把握得非常到位。其次，要科学设置教学环节，以便决定在哪个环节上使用媒体素材。最后，合理编辑处理媒体素材，以便将其有机整合在整体教学活动中。

2. 素材使用适度原则。媒体素材在高校思想政治理论课教学中的运用要把握好“度”。“度”是媒体素材在教学中需要处理好的一个重要问题。而要找准这个“度”，关键就是要务实，也就是要依据具体教学需要而使用媒体素材，力争做到少而精、实而准。

3. 优化素材使用效益原则。一方面，要关注课堂上使用媒体素材之后的立时效应。在教学环节中，每一个媒体素材使用后，都要注意在课堂上的使用效果。这个效果是对媒体素材的一种即时的现实反映。诸如在思想道德修养与法律基础的教学中，引入某个《今日说法》案例视频后，素材使用效果是能从学生的表现上非常直白地反映出来的。媒体素材使用如果达到了教学预期的实际效果，说明这个视频素材的使用是成功的；反之，则是失败的，至少表明在素材的选择上不是特别精准，媒体素材的呈现与表达效益较低，因此，在今后相同教学内容的教学中，就要考虑选取其他更有说服力和表现力的媒体素材。另一方面，要关注使用媒体素材后的课后持久效应。在每段教学内容结束后，可以用设置课后小讨论、做主题小论文等方式和渠道了解学生对于媒体素材的理解是否透彻深入，对媒体素材所要表达的主题是否能够进行准确的解读和分析。如果同学们对于某个媒体素材记忆持久，再次提及依然历历在目，也能正确运用这则素材去分析问题，这就说明媒体素材的使用是有实效的。

(五)引导大学生利用新媒体进行主体式自我教育

从2009年9月起，我校首先对四门思想政治理论课之一的思想道德修养与法律基础课实行“2+1”新教学方案，其中每周2课时用于理论教学，1课时用于实践教学。为了实现思想政治理论课实践教学与新媒体的有机结合，我们确立了“以学生为主体、以教师为指导、以科技为载体、以提升为目标”的教学理念，激励学生利用计算机、DV、手机等高科技手段自主设计PPT、拍摄DV，调动学生课内课外学习政治理论的兴趣和热情，有效拓展了思想政治理论课堂教学主渠道。由教师围绕每学期制定的实践教学实施方案确定的主题内容布置任务，学生自拟题目、自选体裁、自己拍摄，完成交流作品，教师和学生共同评选优秀作品并在课内外展示评比，激发广大学生兴趣及参与热情。部分优秀作品经过整理后入选课堂教学案例库，为以后思想政治理论课教学提供数字化资料。

参考文献

[1] 张毅翔，李林英. 思想政治理论课引入新媒体的实践与思考[J]. 北京教

育:德育版,2010(12).

[2] 李赫亚,李林英.思想政治理论课媒体素材运用的探讨[J].学校党建与思想教育,2011(7).

[3] 李林英,郭丽萍.新媒体环境下思想政治理论课教育教学新途径[J].思想教育研究,2011(7).

课堂实践项目的组织与设计

经济管理类开放型综合性实训教学设计创新

——基于企业资源规划(ERP)系统平台

工商管理学院　佘镜怀

【摘要】:本文针对目前经济管理类专业实训教学模式普遍存在的问题,基于企业资源规划(ERP)实训平台,设计经济管理类综合性实训教学。通过本综合性实训教学,培养经济管理类学生熟悉企业经营管理的基本特征及决策信息需求、掌握 ERP 软件的基本功能及业务流程管理并了解相关的企业经营管理方法。

【关键词】:综合性实训教学　企业资源规划(ERP)系统　经济管理类专业

一、设计背景

(一)实训教学模式存在的问题

当前,经济管理类专业实训教学各自为政,更以专业课程为中心,往往被设计为单机环境,使用同实训教程配套的演示软件,基本上专业实训课即为该软件的练习课。实训课程的设置被当作理论课程的补充和软件演示,尽管实训课程比重不断加大,但由于实训环境的限制和封闭式的教学设计,模拟实际业务环境仿真度不高,实训课程设计基本以“教”为主,以“学”为辅,学生只能掌握一些局限于本专业的实训软件基本操作方法,割裂了经管类各专业天然的联系。难以通过实训课体会经济管理的整体概念,理解经济管理类各专业之间的内在联系,无法通过实训课充分发挥他们的创造力和独立思考能力。这些问题削弱了学生和教师开展实训课程的积极性,也影响了实训教学的质量,不利于应用型、创新型人才培养。

(二)企业资源规划

企业资源规划(ERP)是以市场和客户需求为导向,优化企业内外资源配置,实现信息流、物流、资金流、价值流和业务流的有机集成和提高客户满意度为目标;以计划与控制为主线,以网络和信息技术为平台,集客户、市场、销售、采购、计划、生产、财务、质量、服务、信息集成和业务流程重组等功能为一体,面向供应链管理的现代企业管理思想和方法。通过 ERP 系统可以仿真企业生产过程中生产控制(计划、制造)、物流管理(分销、采购、库存管理)、财务管理(会计核算、财务管理、管理会计)、客户关系管理(销售机会管理、服务管理)、人力资源管理(招聘、培训、薪酬管理、绩效考核)和OA(办公自动化)等企业全方面管理的全过程,如图1所示。

因此,构建以ERP系统为核心、开放的,将经济管理学科不同专业实训课程整合起来的综合实训平台不仅具有可行性,更具有必要性。该平台实现对一个企业经营过程的完整模拟,使学生对信息流、资金流和物流有一个全面系统的了解,有利于培养学生对企业的整体认识和团队协作精神,学生在模拟企业经营的过程中,能够真实地了解经济管理的方法并体验真实企业的经营决策,借此培养学生综合运用知识的能力并提高实际决策和操作能力。

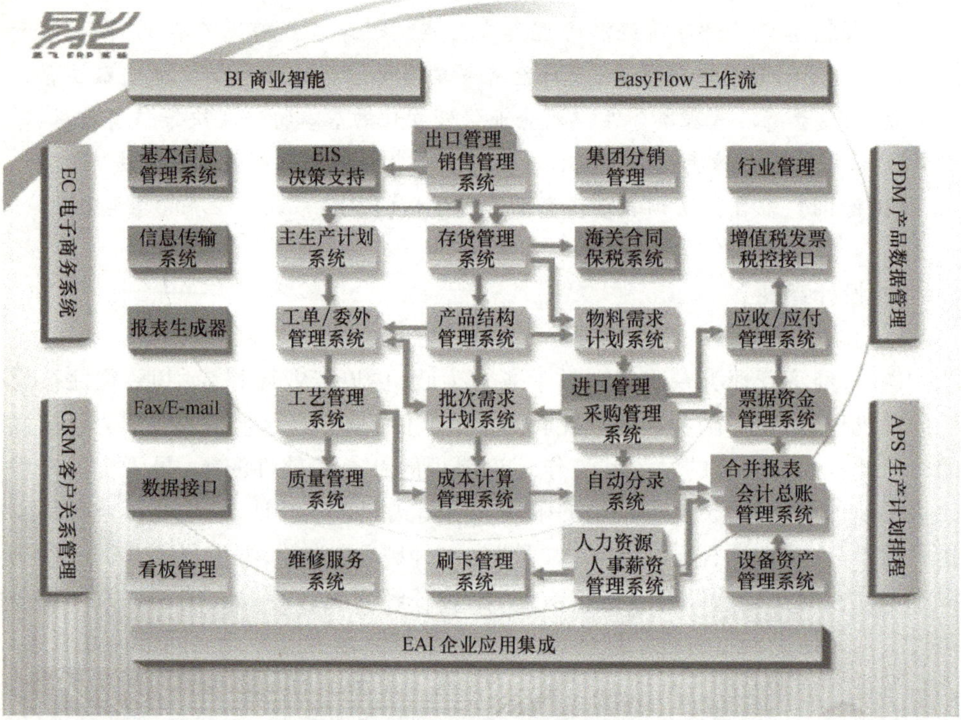

图1　ERP系统结构

(三)开放型综合性实训教学目标

为解决传统经济管理类实训教学普遍存在的问题,参考众多实践教学文献,借鉴其他院校的经验,在多年企业资源规划(ERP)实践教学的基础上,探索并设计基于企业资源规划(ERP)系统的经济管理类开放型综合性实训教学平台,面向经管类所有专业开设高效实训教学课程。拟达到以下教学目标:

1. 借助ERP软件系统操作,了解ERP软件的基本功能及企业各部门业务及企业全流程管理,掌握基本操作技巧。

2. 借助ERP沙盘模拟演练,了解各项决策信息需求和企业经营管理基本方法。

3. 借助企业仿真经营训练，了解企业经营环境，熟悉企业经营管理基本技巧。

二、设计可行性

(一)政策上

2010年，胡锦涛在庆祝清华大学百年校庆的讲话中强调了高等院校要为社会培养应用型人才。教育部《关于进一步深化本科教学改革全面提高教学质量的若干意见》指出要高度重视实践环节，提高学生实践能力，特别要加强专业实习和毕业实习等环节。

(二)技术上

目前，几乎所有的开设经济管理类专业的高等院校都已经搭建了相关实训室并配备了企业资源规划(ERP)实训操作系统，如SAP、ORECAL、用友和神州数码等公司开发的ERP系统。另外，为开展ERP实训软件系统配套的各种图书数不胜数，各种模块的实训设计也非常丰富。这些都为企业资源规划(ERP)作为综合性实训教学平台奠定了坚实的技术基础。

(三)实践上

企业资源规划(ERP)作为经济管理类专业必修的专业课程，已列入几乎所有高等院校的人才培养方案中并已经开展了多年的理论教学和实训教学。同时，经过多年的培训和教学，各院校也都具备了熟练师资。此外，我们长期在企业资源规划(ERP)领域的教学实践和探索也为本设计提供了可靠的保障。

三、设计原则

基于ERP系统构建开放型综合性教学平台的教学目标决定了其设计原则及其创新，主要体现在教学活动和实训平台的开放型和综合性，具体如下：

首先，教学活动从以“教”为中心转向以“学”为中心，学生成为教学活动的主体，学习活动成为教学活动的中心，教师的作用从以课堂讲授为主转向以教学设计与组织、指导、监控、考核学生的学习活动为主。

其次，教学活动从以教师管理为主转向以学生自我管理为主，教学质量考核从片面强调对知识学习成果的考核转向对知识学习与能力素质提高的综合考核。

最后，综合实训平台可以根据各专业的需要进行模块对接和深度扩充，如电子商务、物流管理、财务管理、人力资源管理等。在打破院系和专业隔阂，扩大学生受益面的同时，提升学生对企业运营管理的整体认识。

四、教学设计

构建基于企业资源规划(ERP)系统的开放型综合性实训教学平台,在前置理论准备基础上,顺序组织开展"ERP软件系统学习与操作——ERP沙盘模拟对抗演练——企业仿真经营训练"等系列实训教学活动,将学生置身于真实企业环境之中,并通过模拟企业的主要运营过程,使学生了解、认识企业所处的环境,熟悉企业的业务流程,亲身体验企业的团队建设、经营决策、经营管理、营销策略和企业间的竞争与协作关系,等等。

(一)基础条件设计

1. 前置理论准备。基于企业资源规划(ERP)系统的开放型综合性实训的要求,重新设计理论教学,压缩传统的企业资源规划(ERP)理论教学中有关ERP各功能模块的介绍(留待ERP软件系统各模块操作演练时结合软件功能逐一介绍和训练。实践证明:这样安排学生更容易理解各模块的作用和功能,教学效果明显好于理论课堂上单纯的讲解),这样不仅能节省大量理论教学时间,而且能够着重夯实ERP基本原理,特别是对各业务部门数据和时间的整合,须通过一定教学课时的实际作业训练,才能掌握核心原理,突出其对整体企业资源的规划和作用,为后继开展ERP各类开放型综合性实训打下坚实的理论基础。具体教学计划和课时设计见表1。

表1　实训前置理论准备

教学计划、内容	讲授	模拟练习	课时合计
企业业务部门的整合逻辑	1		1
企业各部门业务的数量整合	1	2	3
企业各部门业务的时间整合	1	1	2
企业各部门业务的自动规划	1	1	2
课时合计	4	4	8

2. 技术支持。为了构建基于ERP系统的开放型综合性实训平台,"综合性"须按照资源共享原则构建,在实验中心集中安装一系列高性能服务器,以满足多用户并发高速访问。其中,作为整个实训平台的硬件核心,须设置ERP专门服务器提供SUNLIKE ERP系统服务器端的程序运行和数据存储等服务;另设一台作为辅助服务器,根据需要安装其他实训教学软件服务器端程序或数据库系统;再设一台服务器用作实训平台网络服务器,为整个实训平台提供DHCP动态IP地址分配、PROXY代理、DNS域名服务及其他网络安全与网络管理服务。在此基础上通过网络支撑整个实训中心以及基础实训等教学,各个实训室不再安装独立的服务器,同时选用具有B/S架构的教学软件。中心各实训室全部与教学资源中心相连,机房

管理系统实现智能化管理。"开放型"可以将实训中心网站挂在校园网主页上，教师和学生可以在校园网开通的任何地方（如院系实训室、图书馆、多媒体教室、寝室甚至校外等场所）进行访问和学习。实训中心在专门网站上发布相关教学信息，以及供学生进行自主实训用的多个专业模拟软件，这些软件能覆盖经管类院校的绝大部分专业。中心网站所提供的模拟和仿真实训资源，可以为学生提供实训预约。学生可以按实训室提供的实训项目，根据自身的水平、兴趣和爱好，通过网络自由选择实训项目及安排实训时间，也可以通过网上进行师生交流、答疑等活动。

3. 师资配备。实训教学还需要有可靠的师资团队，尤其是开展开放型综合性的实训教学。因此，需要建设一支与其相适应的实训教学师资队伍。一是鼓励和创造条件让现任理论课教师去企事业单位挂职锻炼，在实际工作中培养、提高教师的实际工作能力；二是从企事业单位聘任理论扎实和业务能力强的优秀管理人员担任兼职实验教师；三是支持现有实验技术人员和实验管理人员进行在职学习和进修。目前，最有效的办法是打破各院系专业的实训师资配备，整合现有实训师资力量，积累实训教学经验，快速开展实训教学。

（二）教学内容设计

1. ERP 软件系统学习与操作。结合 ERP 软件系统的各个模块结构及功能，侧重讲解企业各部门业务及其流程；加强 ERP 软件系统的操作，熟悉企业全业务流程运营。

2. ERP 沙盘模拟演练。突出企业管理方法的模拟和训练。一方面引导学生进行专业知识与相关知识的整合和知识的意义建构，将零散的知识转变为相互贯通的系统的知识；另一方面，引导学生将学过的知识内化为自身的能力与素质，实现理论与实践的结合。如企业战略规划工具、组织结构工具、市场营销工具、生产计划工具、信息管理工具等。

3. 企业仿真训练。增加学生对 ERP 软件的感性认识，理解数字化环境下企业经营管理特征，掌握主业务流程的主要内容及其实现，理解物流、信息流、资金流三流集成的含义及其实现方法，强化 ERP 流程和信息的集成思想，体现 ERP 的整体解决方案，熟练企业经营管理技巧。

（三）教学活动设计

开放型综合性实训教学课时总共为 98 学时（包括前置理论准备 8 学时，ERP 沙盘模拟演练 18 学时、ERP 系统软件学习与操作 24 学时，企业仿真训练 48 学时），不包括学生课外自行组织模拟公司团队所需的时间。具体安排如下：

1. ERP 系统软件学习与操作。以神州数码的易飞 ERP 软件系统（或单机版免费 ERP 系统软件）为基础，具体教学目的是了解 ERP 系统软件各模块功能并较熟练掌握其基本操作。具体教学内容和课时设计见表 2。

表 2　企业资源规划(ERP)系统软件操作实训

	教学内容	实训学时
实训 1	管理维护数据	1
实训 2	基本信息设置与期初开账	1
实训 3	销售管理	2
实训 4	生产管理	2
实训 5	库存与存货管理	2
实训 6	采购管理	2
实训 7	应收/应付管理	2
实训 8	总账管理	2
实训 9	企业全流程经营	10
合计		24

2. ERP 沙盘模拟演练。以用友公司的 ERP 沙盘为基础,分六年运营期,总共 18 学时。主要教学目的是让学生熟悉企业经营管理方法及决策信息需求。具体教学计划和课时设计见表 3。

表 3　ERP 沙盘模拟演练实训

教学计划、内容	讲授	分析讨论	实训	课时
建立公司、管理技术	1	1		2
运行规则介绍	1	1		2
企业经营(第一年度)			2	2
企业经营(第二年度)			2	2
企业经营(第三年度)			2	2
企业经营(第四年度)			2	2
企业经营(第五年度)			2	2
企业经营(第六年度)			2	2
经营成果总结	2	2		2
课时合计	4	4	12	18

3. 企业仿真训练。在企业资源规划(ERP)软件系统操作和 ERP 沙盘模拟演练的基础上,在全校范围内,打破各院系专业,由学生组合各种组织机构,模拟市场经济环境中各种组织机构的运行,特别是竞争主体——工商企业在仿真现实环境中的运营。具体见图 2 和表 4。

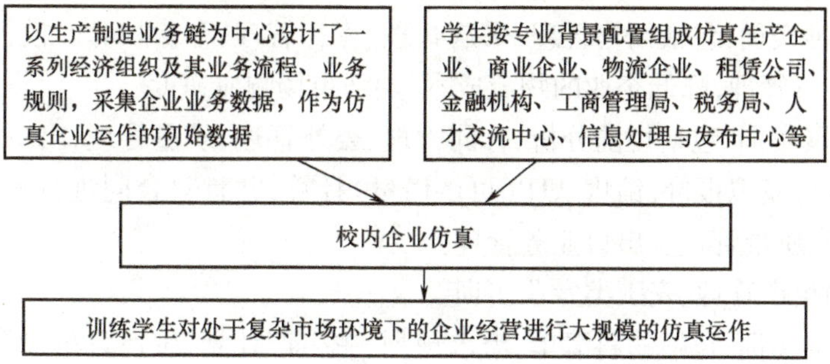

图 2　企业仿真

表 4　企业仿真训练

内容	组织	课时
市场环境仿真运行	物流企业、金融机构等商业机构	9
管理部门仿真运行	工商管理局、税务局、人才交流中心等	9
竞争主体仿真运行	生产企业	15
竞争主体仿真运行	商业企业	15
		48(合计)

(四)课程体系设计

综合上述四个模块的教学内容，我们认为可以据此开设两门或三门基于企业资源规划(ERP)的开放型综合性实训课程体系，见表5。

表 5　基于 ERP 系统的开发型综合实训课程体系设计

课程名称	1. 企业行为模拟：ERP沙盘	2. 企业资源规划(ERP)软件系统	3. 企业行为仿真
开课时间	大二第二学期	大三第一学期	大三第二或大四第一学期
备注	1 和 2 也可以统设为一门实训课		

开课对象所涉及的经管类专业和实训具体内容有：

1. 面向会计，财务管理类专业实训。

(1)标准实训：包括总账、报表；模拟企业日常财务工作和会计报表及会计电算化管理。

(2)拓展实训：包括现金流量表、应收应付、固定资产、WEB 财务等模块。这些模块从不同的角度，实现了从核算到报表分析的财务管理全过程。

2. 面向市场营销、物流、电商和贸易类专业实训。

(1)标准实训:包括销售管理、采购管理、库存管理、存货核算。模拟企业的购销存流程进行管理,降低企业的物流成本,加强市场响应速度。

(2)拓展实训:包括售前分析、合同管理、委外管理、质量管理、出口管理、WEB进销存。进行模拟报价,销售 ATP(可承诺量)计算,并且对合同进行管理,同时进行质量检验、质量管理及出口业务管理。

3. 面向生产管理、安工类专业实训。

(1)标准实训:包括物料清单、需求规划、主生产计划、生产订单。模拟对企业产品结构(物料清单)进行管理,对需求进行计算,模拟企业的精确的生产计划和采购计划,加快生产周转速度,降低生产成本,更好地适应市场的敏捷性需求。

(2)拓展实训:包括产能管理、车间管理、设备管理等模块。主要对销售订单、预测单、生产订单以及生产设备进行产能平衡,以提高生产产能,处理生产瓶颈;进行工序管理和产品工艺路线管理。

4. 面向人力资源管理类专业实训。

(1)标准实训:包括基础设置、人事管理、薪资管理、考勤管理。模拟企业组织管理、人员档案、薪资、招聘、考勤等多个人力资料的日常业务领域,提高全面掌控企业人力资源配备状况的能力;为企业经营战略的调整提供最新的人力资源信息辅助决策。

(2)拓展实训:包括人事合同管理、培训管理和绩效考核。

5. 面向信息管理类专业实训。

(1)标准实训:包括系统初始化、系统管理、权限管理、物料编码、数据备份和恢复等。

(2)拓展实训:包括 ERP 信息咨询、ERP 实施和 ERP 项目管理等。

五、教学的组织与实施

(一)教学组织

1. 学生的组织。在教学过程中,对应不同的实训教学活动,根据学生具体情况和教学内容,结合学校资源,可以灵活采用以下多种学生组织形式:

(1)按不同的专业组成不同的班级,方便进行学科综合性实训所必需的专业知识以外的其他相关知识。

(2)将不同专业的学生混合编组,每一个学习小组都是一个具有相对完整知识结构的学习群体,为自主式、协作式学习提供必要的组织保障,为模拟公司行为提供多重角色资源。

(3)模仿企业环境,将学习组织(2)的各小组成员按其专业背景与公司岗位设置进行 CEO、市场销售总监、财务总监、生产主管等角色分工,使每个学生既能全面把握企业的运作和工作流程,又能在链接相关专业知识的环境下深化专业知识与专业技能的学习,从而将专业知识学习与相关知识学习、专业技能培养与基本技能培养有机地结合起来。

(4)模仿市场环境,将学习组织(3)内的每个小组命名为不同的公司并组成模拟市场。使学生们了解企业的生存环境以及企业与企业、企业与市场的关系,在模拟公司运作与市场运行中增强自身的知识综合运用能力与业务实操能力。

(5)以学习组织(2)的学习小组为基本单位开展竞赛式学习,学习过程由各小组联合策划与自主实施,旨在激发学生的学习热情,调动学生的学习积极性,培养学生的协作式学习能力与增强学生的团队意识。

2. 教师的组织。理想的教师组织是参与本项目工作的教师应该来自不同的专业及采取项目工作室(即虚拟教研室)的形式。该教研室根据教学需要灵活地、动态地组织相关专业教师参与教学活动,教师之间既分工又协作,共同承担模拟体验式教学工作任务。在刚开始实施综合性实训教学阶段,最好是根据现有的资源情况,先选择负责企业资源规划(ERP)教学单位所在院系教师组成教研室,在此基础上,根据学校的情况,逐步将相关院系的有关经管专业的教学纳入综合性实训教学的教学工作中。以此类推,最终囊括经管类所有专业老师参与,见图 3。

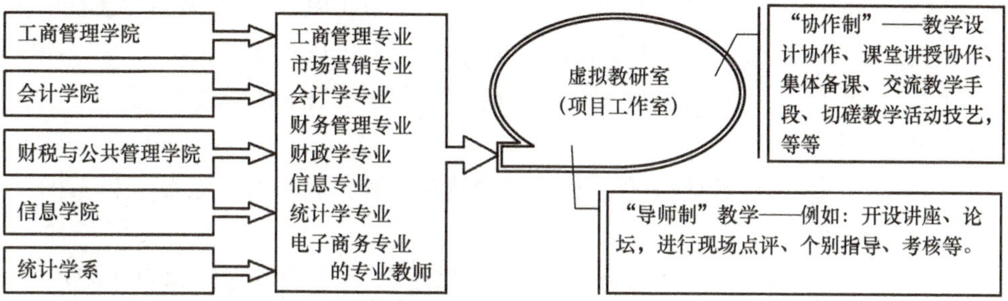

图 3　实训教学教师的组织

(二)实施方案

结合上述实训教学组织形式,根据具体实训内容设计不同的实施方案:

1. ERP 系统软件学习与操作。通过老师讲解、示范操作,根据实训大纲,每个学生以单机形式各自操练。

2. ERP 沙盘模拟演练。以分组形式组建 6 个公司,每公司 6—8 名学生,共同在一市场进行竞争。经过六年的经营管理,最终评比出优胜公司。

3. 企业仿真训练。以分组或个人单机的形式,根据账套数据情景,分部门或以超级用户的名义进行模拟操练。

六、教学评价

为了详细的测评开放型综合性实训教学成果，针对实训教学的主要目的，结合实践操作经验，可以根据各专业的特点自行设计，或根据课程设计分别考核，或采用以下考核方式进行综合教学评价，给出综合实训成绩，具体见表6。

表6　综合性实训教学评价

目的	考核方式	占比
ERP系统软件操作	业务模块、全业务流程操作	20%
ERP沙盘模拟演练	团队竞赛成绩及个人表现	30%
企业仿真训练	团队竞赛及个人表现	50%

总之，根据经管类各专业互联特点和应用型、创新型人才培养目标，基于企业资源规划（ERP）系统，通过创新设计开放型综合性实训教学平台，为经管类所有专业的学生和教师提供开放、综合性模拟企业实际运营的环境，克服传统经管类专业教学的不足，有利于提高实训教学质量，实现人才培养目标。

参考文献

[1] 曾小彬. 模拟体验式教学探索与实践——以ERP实训教学为突破口的经济管理人才培养方式之创新[J]. 实训室研究与探索，2006(3).

[2] 刘良惠. 企业行为模拟——沙盘推演与ERP应用[M]. 北京：经济管理出版社，2011.

[3] 李立志. 基于ERP平台和校园网构建经管类院校综合实验教学体系[J]. 商业会计，2010(3).

[4] 陈建锋. ERP综合实验平台建设的构想[J]. 现代企业文化，2008(29).

[5] 佘镜怀. 企业资源规划（ERP）模拟实训教程[M]. 北京：清华大学出版社，2012.

传媒专业英语教学改革与探索

文化与传播学院　贺心颖

【摘要】传媒专业英语是我校传播学本科专业积极应对信息传播全球化的挑战而设立的一门专业课。随着我校《传播学专业本科人才培养方案》的几度修订，该课程的教学在改革与探索中日臻完善。在增加学生对大众传媒认知的基础上，课程注重传媒实践，同时培养传播学理论素养。该课程的教学内容既关注历史与现实，又联系学术与传媒实践。教学方法则大胆借鉴了研讨、课堂演讲、工作坊等形式。该课程在概念界定、教学内容和教学方法存在巨大的创新空间，同时也亟待学术界和业界做出理论论述和实践验证。

【关键词】传播学　专业英语　教学改革与探索

一、研究背景

随着大众传媒的迅猛发展，人类已进入了信息传播全球化的时代。传播学专业也已列入高校本科生专业目录，成为国内多所大学的新办专业。目前，中国高校本科生传播学专业在制订人才培养方案时，大多平衡和兼顾了学术界与业界两方面，力图为社会培养两类毕业生：新闻传播从业人员和科研人员。因此，本科生必须学习理论和实践两种类型的课程。

自 2004 年我校开办传播学本科专业以来，课程设置一方面重视实际业务技能的传授，另一方面以社会科学为依托，加强社会科学理论素质的培养。传播学专业英语正是适应上述人才培养目标和课程设置要求而设立的兼顾理论与实践的本科生课程。

随着我校《传播学专业本科人才培养方案》的几度修订，传媒专业英语课程的教学模式在改革与探索中日臻完善。该课程在增加学生对大众传媒的认知的基础上，注重传媒实践，同时培养传播学理论素养。

二、概念界定

在研究传媒专业英语教学模式之前，有必要对其概念进行界定。传媒专业英语不完全等同于新闻专业英语，但与新闻专业英语在一定程度上存在着交叉。笔者认为，传媒专业英语应界定为以英语为唯一的语言载体，既涵盖英语传媒实践，即英语新闻的采访、写作、编辑、评论、翻译、摄影摄像等业务技能，又包括大众传播媒介历史与现实方面的专业术语、传播学经典著作赏析及前沿思潮研读的专业知识体系。

基于上述概念，传媒专业英语课程应该包括两大类内容：一是以英语新闻实践为主的内容，是通过对英美报刊和电视新闻的分析，让学生了解英语报刊、电视新闻工作者的工作方法和特点，掌握报刊和电视新闻文本的结构、语法、词汇等方面的特色，掌握政治、经济、科技、文化、体育、健康等英语新闻的术语。二是以传播学专业文献为核心的内容，包括通过阅读英文原版的专业论文和著作，在了解传播学专业知识的同时，提高英语水平，为学生独立阅读英文文献、撰写英文学术论文奠定良好基础。

三、探索与实践

根据多年来本科教学的积累，笔者对传媒专业英语在教学目的、内容和方法进行了大胆的探索与实践。我校传媒专业英语课程跨越本科三年级两个学期，分成Ⅰ(必修)和Ⅱ(选修)两个梯度。本课程的教学目的在于：满足全球化对英语教学在广度和深度上的要求，引导传播学专业的高年级本科生在专业学习中巩固和提高英语水平，在英语学习中继续深化专业学习。

(一)传媒专业英语Ⅰ的教学探索

传媒专业英语Ⅰ的教学目标是：经过一学期的学习，学生能够直接阅读和翻译传播学专业的英文原著，并完成专业领域的课堂演讲，提高媒介融合时代的传媒素养。该教学目标可通过如下教学内容和方法实现：

1. 传媒专业英语Ⅰ的教学内容。传媒专业英语Ⅰ的课程内容大致涵盖各类大众传播媒介和大众传播学的主要领域，点面结合，深浅有致，形成梯次。每个单元一般包括综述文章、个案研究和著名学者关于该主题的经典论述。教师根据难易程度，灵活选取精讲和泛读的文章。难度最低的文章通常作为课前泛读，难度最大的文章作为学生课后提高时研读。难度适中的文章往往是课堂上重点赏析、研讨和学习借鉴的内容。

第一学期，以新闻学和传播学教育为开篇，重点介绍大众传播学专业、国外研究生院申请办法、院校和专业招生材料检索等，为学生了解国外传播学专业教育现状，选择出国深造、拓宽视野打下基础。之后的导论部分界定“传播”的概念，重点讲解丹尼斯·麦奎尔的规范理论。随后，课程以大众传媒出现的先后为序，依次选取印刷媒介(书籍、杂志、报纸)、电子媒介(电影、广播、电视)、新媒体(互联网、手机)的相关文章。

2. 传媒专业英语Ⅰ教学方法。传媒专业英语课程是本科高年级重要的专业课程之一,对学生的综合能力要求较高。由于该课程的讲授跨越一个学年,教师在教学中体现的侧重点也不同:第一学期强调听力、口语、阅读和翻译训练。具体采取的是以下三种教学方法:

(1)研讨式教学(Seminar)。课前,学生阅读指定文章,查阅相关材料,大胆提出疑问。课上,通过学生口译与教师点评相结合、对文章重点和难点的师生互动分组研讨、相关纪录片的播放等方式,着重培养学生对文章的深刻理解、准确翻译、正确归纳作者观点的能力。在翻译和讨论时,鼓励学生大胆提出独到见解,敢于挑战学术权威。教师保持开放的、学习的心态,与学生平等、自由地研讨。课后,教师向学生推荐西方新闻传播学经典名著,鼓励他们继续深入研究。例如,在介绍印刷媒介时,播放了英国广播公司制作的纪录片《文艺复兴的秘密——古登堡印刷术》(*Renaissance Secrets*:*What did Gutenburg Invent*?)。在文章与视频的共同辅助下,学生了解并深刻记忆了"press"一词的演变:榨酒机(wine press)→印刷机(printing press)→印刷品、出版物;印刷厂→报刊→报界;新闻界;记者(the press)。研讨式教学不仅切实提高了学生阅读理解和翻译英文专业文献的能力,而且着重培养了学生探索新知和大胆创新的精神。

(2)课堂演讲(presentation)。无论学生日后是从事传媒实践,还是学术研究,他们都应成为某领域的"专家"。因此,第一学期教师建议学生从大众传播中选择某一感兴趣的领域,以课堂演讲形式介绍该领域并陈述自己的观点。演讲后的问答环节培养了学生的应变能力和表达能力。教师根据演讲内容,结合学生未来的传媒实践和研究的需要,补充实用性较强的传播学专业术语,播放相关视频,介绍相关传媒机构。例如,在讲解公共关系时,介绍、分析了奥巴马如何凭借网络媒体优势展开公关攻势,有机地将书本理论与网络媒体实务相结合,使学生了解到网络在开展竞选宣传、组织支持者、拉选票、募集资金、跟踪和制造舆论、劝服选民等竞选活动中产生的巨大影响力。此外,还向学生推荐知名的公关公司,如奥美(Ogilvy)、韦达(Hill & Knowlton)、爱德曼(Edelman)和博雅公关(Burson - Marsteller),拓宽其就业渠道。实践证明,课堂演讲切实、有效地帮助学生灵活掌握了传媒专业术语、专业知识和技能,提升专业英语的听说能力,为日后就业拓宽思路、夯实基础。

(二)传媒专业英语Ⅱ的教学探索

作为专业选修课,传媒专业英语Ⅱ试图采用分类教学的方法,对学生因材施教。课程注重培养两类人才:科研人员和新闻传播从业人员。传媒专业英语Ⅱ以工作坊形式出现。作为一种教学模式的"工作坊"(workshop)起源于德国魏玛共和国时期的包豪斯学院(Staat liche Bauhaus,1919—1937 年)。该学院以培养工程设计与建筑设计人才为宗旨。它的创建者、现代建筑设计的奠基人之一格拉皮乌斯

(Walter Gropius)以“技术与艺术并重”为教育理念,提出学习过程仿佛“工厂学徒制”,学生的身份是“学徒工”。在教学过程中,担任艺术形式课程的教师称“形式导师”,教授其理论课程,并引领其专业的发展;担任技术、手工艺制作课程的教师称“工作室师傅”,负责辅助指导其实践教学。由于教学实践需要特定场地,因此学生日常实践空间——工作坊逐渐成为实践教学的核心,以此形成的教学模式亦被称为“工作坊教学”。

工作坊的教育模式被引入到其他学科的教学科研活动后,逐渐形成一种比较固定的教学和讨论模式。2009 年,传媒专业英语Ⅱ开始正式引入这种“工作坊”教学模式。最初仅开设学术论文工作坊。2013 年,在此基础上,又增设了报刊新闻工作坊和电视新闻工作坊。学生可根据自己的兴趣,在上述三个工作坊中任选一至两个,以主讲人为核心,5 - 20 名成员组成的小团体在该主讲人的指导下围绕某个话题或案例进行活动和讨论,并完成学术和新闻业务实践。

学术论文工作坊的教学目标是:要让未来的科研人员在大学就读期间,从理论观念和研究方法方面得到熏陶,毕业后能够致力于对媒体内容、表现和受众方面的批判性分析,增加该领域的基础和应用知识,使他们具有批判性和规范性的分析视角。

报刊新闻和电视新闻工作坊的教学目标是:要使未来的从业人员在当代传媒中有效地获取和传递信息以及表达思想,理解社会责任感和职业道德,能够以战略性、创造性和批判性的方式思考和解决专业领域中的各种问题,应对专业领域中的变化。

1. 学术工作坊的教学内容及方法。参与学术工作坊的学生,将系统地学习和掌握学术信息资源的检索与利用、学术规范、文献综述写作、英文科研论文选题和写作。教师要求每名学生最终完成一篇 1 000 字的英文科研论文。学生可以独立写作一篇短小的论文,也可由几个同学组成课题组完成一篇较长的文章。论文撰写严格按照开题、撰写、修改、定稿的流程执行。

在日常授课中,通过分项练习,使学生掌握文献检索、论文摘要和大纲的写作要领。鼓励学生结合自己的兴趣,确定研究方向,可在原有课堂演讲的基础上开展深入研究,也可在所学专业课程中寻找选题。在学生广泛收集资料后,教师建议学生以“小切口、深挖掘”为原则确定论文选题,指导他们采用案例分析、深度访谈、比较研究、内容分析等研究方法,继而撰写详尽的论文提纲,避免空洞无物的宏大叙事。论文写作中,教师不断激发学生的潜能,培育原创精神,鼓励他们学以致用,解决实际问题。如 2006 级一名成都学生以家乡的报纸《华西都市报》为研究对象,撰写了 An Analysis of the Success of Huaxi City Newspaper(浅析《华西都市报》的成功原因)。文章分析了该报的 Positioning(市场定位)、Concept(办报宗旨)、Layout and Design(版面设计)和 Door - to - door Distribution(敲门发行)、Human Resource Management(人力资源管理)五个方面。

在思维和行文方面,学生需要借鉴课堂所学文章,体会东西方跨文化差异,运用正确的学术术语、地道的英文表达和严密的论述方式。教师主要通过一对一面授,并辅以电子邮件沟通的方式,提出论文修改指导意见。虽然教师的工作量增大了,但学生常常被教师严谨治学的精神所感染,并在科研实践中激发和培养出强烈的创造性和成就感。

2. 报刊新闻工作坊的教学内容及方法。首先,该课程培养学生阅读英语报刊的基本功。所选文章多来自近年英美大报和知名期刊,如《纽约时报》《华盛顿邮报》《时代》《经济学家》等。所选文章的体裁涉及消息、特写、评论和社论。通过学习,学生将了解主要英美报刊的历史、特点、政治立场和观点等,同时对英语报刊常见的版面结构和编排方法等有所认知。

报刊阅读部分的授课方式介于精读和泛读之间,鼓励学生自己去探索和获取知识。课上,教师会逐段或跳跃式选段对学生所需掌握的内容、新闻词语和背景知识进行启发式讲解。同时,教师将解读新闻语言,介绍读报知识。

其次,该课程讲授新闻采访与写作的基本方法。以消息写作为核心,授课内容涉及采访对象和地点的选择、新闻价值的判断、新闻标题制作、导语写作、引语使用和倒金字塔结构等。新闻写作部分的教学突出实践性,要求学生自愿分组,制作一份英文报纸或刊物。特别鼓励学生自主选题,完成新闻策划、采访、写作、编辑、版面设计和印刷的全过程。例如,在讲授采访技巧专题时,教师把学生分成两组:记者组和被访者组,进行角色扮演(role play)。被访者又被细分成“不配合型”(uncooperative sources)和“过度兴奋型”(overeager sources)。教室也被分成不同的区域,如餐厅、图书馆、公园、街道等。被采访者性格各异、精神状态不同、各忙各的事情。记者们轮番上阵,试图从被访者口中获取信息。记者们先后遭遇了拒绝、僵持、因受干扰而偏离主题,纷纷败下阵来,最终在教师的引导下,采访到了可信的、权威的信源,获得成功的满足感。

3. 电视新闻工作坊的教学内容及方法。课堂教学以 CNN,NBC,CBS 和 BBC 的新闻作品为主要视听材料。课后,学生收看英语节目,登录知名媒体的英文网站进行在线学习。熟悉主要新闻事件,了解其背景和最新进展。

电视新闻工作坊涉及英语和新闻视听说,其中英语是“外壳”,新闻视听说是“内核”。从“外壳”进入“内核”务必首先突破 “外壳”。因此,课堂教学应引入视听→跟读→播报的循序渐进的学习方法。

电视新闻工作坊传授的知识和技巧包括:练习跟读(shadowing)和复述(repeating)①,了解英语电视新闻结构,识记专有名词,听记数字,辨析和熟悉美式英语和英式英语的发音特点,提高辨识新词的能力,领悟新闻导入部分的核心作用,利用句型结构理解大意,学习并掌握英语速记法等。

课上精心引导,消除焦虑情绪。初次接触本课程的学生因听不懂,表现出不同程度的焦虑和紧张。因此,教师应耐心引导学生放松心情,介绍英语电视新闻结构和听力技巧,鼓励他们进行跟读练习,模仿纯正的发音;了解英美新闻播报时的弱读、连读等语音习惯,熟悉不同民族和种族人士的口音,做到泛听与精听相结合;通过模仿正确发音,逐渐培养学生对原汁原味英语的敏感和适应;针对新闻作品中涉及的专业话题向学生提问,启发学生从中借鉴其独特的采、写、编、评、摄等技巧。每课练习前介绍相关的新闻背景和新闻人物,帮助学生迅速增加新闻知识,消除在理解时的不确定性。

互动式教学,个性化辅导。以学生的新闻实践作为传播学专业英语的"模拟演练"。如每课开始时,学生播报英语新闻,以求掌握并应用英语新闻中的常见词汇。随后,教师会对每名学生的语音、语调、非语言交流等方面给予个性化的即兴点评和指导。

在此基础上,学生自愿分组,在教师指导下,策划并制作一条校园英语电视新闻,全程体验新闻选题、采访技巧、文稿撰写和编辑、演播室主持、主持人出镜、工作人员之间团队合作、后期制作等方面。此教学实践强调原创性和团队合作精神,学生可根据各自的兴趣和特长确定分工,如主持人、出镜记者、编辑、摄像师、后期制作技术人员。

教师不断关注学生的作业进展,按专题给予必要的指导和建议。例如,在讲授电视新闻标题制作和新闻导入写作时,教师鼓励学生分组讨论,代表发言,相互点评。教师最终对学生的作品依次给予个性化的指导,巧妙地把新闻价值、倒金字塔结构、平衡报道等内容融入练习。

通过学习,学生既可系统地掌握热点新闻及其新闻背景和发展趋势,也可熟悉英语新闻的词汇、语法和文体特色,并逐渐适应电视英语新闻的语音语调、语速和语气,最终理论联系实际,合作完成电视英语新闻作品,全面提升对英语新闻的理解力和掌控力。学生树立了自信心,发挥了最大潜能,最终能沉着应对社会现实对新闻工作者的挑战。

四、结论

综上所述,传播学专业英语课程的教学模式历经改革与探索,在概念界定、教

---

① 跟读和复述练习借鉴了英语口译的基本训练法,有助于提高英语听力中对"短时记忆"的留存能力。

学内容和方法确定上有一定难度，也有巨大的创新空间。因此，笔者对该课程教学内容和教学方法进行了创造性的设计。该课程的教学内容既关注历史与现实，又联系学术与传媒实践。教学方法则大胆借鉴了研讨、课堂演讲、工作坊等形式。就课程开设以来学生的反馈而言，传媒专业英语的两个梯度设计趋向合理化，取得了较好的教学效果，受到越来越多的学生的关注和喜爱。然而，如何实现传播学专业英语的教学目标亟须集思广益、共同商讨和科学论证。笔者谨以此文抛砖引玉，期待得到理论和实践方面的论述和验证。

参考文献

[1] 刘禹，王来福. 基于工作坊的高等教育实践教学体系的研究[J]. 东北财经大学学报，2009(1).

[2] 贺心颖. 传播学专业英语教学探索[J]. 新闻爱好者，2009(9).

融汇与拓展

——基于工作坊模式的新闻采写实践项目的组织与设计

文化与传播学院　王冲

【摘要】:新闻采访与写作是传媒人才的必备技能,也是传播学专业培养应用型创新人才的重要内容。但是在既有的教学体系中,一些客观原因导致教学效果并不十分理想。为此,本文通过总结"工作坊模式"下新闻采写实践项目组织与设计的理念和内容,提出相应的目标和解决办法,以期突破传统教学模式的局限。

【关键词】:融汇　拓展　工作坊模式　新闻采访与写作　组织与设计

"知行合一"是现代教育培养人才的重要目标,对于传媒人才来说,更是如此。在传播学专业的课程体系中,新闻采访与写作是教育部规定的主干课程之一。作为一门偏重实践的课程,如何将理论与实践紧密结合,如何调动学生的积极性,如何适应时代和社会需求,都是在组织和设计实践项目时必须考量的问题。

一、新闻采访与写作教学面临的困境与挑战

作为传媒人才的必备技能,新闻采访与写作是传播学专业培养应用型创新人才的重要内容。但是在既有的教学体系中,一些客观原因导致教学效果并不十分理想。

首先,新闻不同于一般的文体写作,它是一种基于扎实的采访工作之上的非虚构写作。而采访是一种社会性、实践性非常强的工作,除了一些需要在课堂上讲授的技能,更需要学生亲身实践,才能够领会采访的诀窍。

一个必须正视的事实是,很多业已成名的记者对于采访仍有着一定程度的畏难心理。曾经担任《中国新闻周刊》执行主编的杨瑞春就回忆,某次主持选题会时,讨论到"社交恐惧","一半以上的记者说他们事实上有社交恐惧"[1]。由此可见,采访不是在课堂上教出来的。已经在新闻领域中工作的记者尚且如此,更何况涉世尚浅,从来没有过采访经验的在校学生。因此,改变现行的教学模式就显得十分迫切。

至于新闻写作,除了掌握必要的规范,更多的是一种经验积累。但是既有的教学体系中,一方面课时有限,不可能给学生充分的时间进行演练;另一方面,考核方

式单一,局限于书面考察,无法体现出学生实际掌握的采访和写作技能。

此外,还有一个难题,就是课堂教学的封闭性,无法给学生提供一个开放的、与社会当下接轨、与媒体真实环境相仿的学习环境。

在这种背景下,有必要引进课外实践项目的方式,对现有的教学模式、教学方法进行补充,从而让在校学生有机会将课堂上所学的内容进行实践,在实践中总结、体悟新闻采访写作的真谛。

纵观国内外的新闻传播学教育院校,对这一点的认识基本达成共识。以世界第一所新闻学院——美国密苏里大学新闻学院为例,该院从建院之初就确立了"边学边做"(hands - on)的密苏里教育模式。学院创始人沃尔特·威廉姆斯始终抱有一个坚定的信念,即要在新闻教育上取得最好的效果,让学生更为透彻地理解新闻业,不仅要有课堂理论讲授、研讨的形式,还要有实际动手能力培养的环节与教学环境。

从笔者近年走访的国内院校来看,深圳大学传播学院在本科生课程体系内专门设置了一门名为"新闻工作坊"的专业必修课程,开设在第四、第五两个学期,着重让学生实践新闻生产的整个过程;汕头大学长江新闻与传播学院每年都安排学生数次境内外采访机会,由富有新闻工作经验的教师带队,深入新闻现场,采写第一手报道,并在国内主流媒体上发表。近年,该学院组织学生参与的采访活动就有:美国大选、南非世界杯、马来西亚大选、非洲之行、汶川地震、上海世博会、缅甸大选等。

受制于办学体制和办学条件,在现有的教学基础无法比肩兄弟院校的情况下,如何突破既有的新闻采访与写作教学模式,就需要另辟蹊径。

二、基于工作坊模式的新闻采写教学实践项目的理念与环节

目前的课程体系中,教学的课时基本是固定的,而且出于加强学生自主性学习的目的,课时总量也呈现逐年降低的趋势。因此,拓展课堂空间,融汇实践内容,就成为这次教学模式创新的基本思路。为此,本人在文化与传播学院的教学实践历史上,首次引进"工作坊"这种模式,借此打造学生的实践平台。

(一)项目组织与设计的理念

1. 仿真式教学——角色与流程的转变。在传统的课堂上,教师主要忙于传授知识,其身份始终局限于课堂的讲授者,而学生则是聆听者。在这种情境下,教者与学者都束缚于各自的身份,无法充分互动。其带来的后果是:教师习惯于包办一切,学生则单纯以考试为目的进行学习,师生之间是一种对立而非合作的状态。

同传统的灌输式课堂相比,工作坊模式确立的第一个理念就是,教师不再是单纯的讲授者,而是集任务布置者、活动组织者、指导者于一身,更接近于现实媒体环

境中编辑的角色;学生不再是单纯的聆听者,而是被当作未来的从业者对待。教师与学生通过合作,共同完成一项任务。工作坊成为新闻作品的生产车间,教师和学生则是这个车间里的合作者。

事实上,这种做法在海外一些著名大学已经开始实践,比如哥伦比亚大学、密苏里新闻学院、香港大学等,任课教师和学生的关系都是编辑与记者的关系,而不再是慈祥的长辈与无助的孩子之间的关系。这种角色和流程的转变,可以让学生尽快适应未来的工作角色,从而建立起主动学习的意识。

2. 开放式教学——内容与形式的拓展。所谓开放式教学,首先体现在内容的开放,不再单纯局限于狭窄的专业领域,而是更注重引导学生对社会、对交叉领域的思考和学习。

首先,对于传媒从业者而言,必须拥有广博的知识面,而不能只局限于狭窄的技术、技能学习。著名记者艾丰就曾经提出采访工作属于“以万变应万变”——必须向多变的采访对象索取广泛的题材和内容去满足广泛的、多变的传播对象的需要[2]。由此可见,单纯的课堂教学和专业技能训练并不能适应传媒工作所需。这就要求,在培养学生新闻采访写作技能的同时,还要拓展学生的视野,关注社会万象,引导并鼓励学生在各个知识领域都要有所涉猎。工作坊作为课堂教学的补充,不受课时限制,恰好可以用来填补这方面的空缺。通过“读书会”“纪录片赏析”“热点话题探讨”等环节,帮助学生拓展知识领域。

其次,开放式教学理念体现在教学人员的开放,业界精英将有机会进入校园,与专业教师结合,带给学生更新鲜、立体、开放的学习体验。纵观国内外新闻传播教育机构,这种理念由来已久,且日趋成为主流。以美国最早系统教授新闻学课程的宾夕法尼亚大学为例,其在1893年至1901年间,开设的课程除了有制作报纸的历史和艺术、诽谤法和商业管理、新闻采访与编辑、当前事务专题讲座,还有来访记者开设的讲座。[3]

国内的汕头大学长江新闻与传播学院成立六年来,主办各类学术交流活动超过100场(次),先后有100余位国内外知名学者、传媒人士等到访。中山大学传播与设计学院则从2011年开始启动“卓越记者驻校”项目,选拔5名记者进行为时一学期的全脱产访问与学习,驻校期间与师生分享工作经验、成就和心得。

对于传媒从业者而言,能够进入校园本身就是一种荣誉,可以激发其职业自豪感;对于在校师生而言,可以从传媒从业者那里获得最新鲜的前沿信息,掌握业界动态。由于业务繁忙,传媒从业者很少有精力在高校中承担起全部的教学工作,也疏于从理论层面总结自身的业务经验。而工作坊的灵活、机动,可以有效地解决这个问题。在工作坊的环境中,传媒从业者讲授经验,专业教师总结规律,提供理论支持,双方的合作,最大的受益者是学生。

3. 互动式教学——线上与线下的融汇。互动式教学理念首先体现在工作坊上的"对话式教学",项目组织者通过与学生不断地对话,帮助学生发掘采访、写作思路,从而不断靠近采访与写作的核心。这就要求组织者能不断地提出好问题,激发学生多维度、更深入的思考,同时也要求组织者能够认真倾听学生的见解,在提问、倾听、交谈中传达新闻采访写作的基本原理。

互动式教学还体现在项目组织者对社会化媒体(Social Media)的使用。所谓社会化媒体指的是基于web2.0技术条件下,人们用来分享信息、见解、经验和知识的工具和平台,包括博客、微博、社交网站。

根据中国互联网络信息中心(CNNIC)最新发布的《第31次中国互联网络发展状况统计报告》显示,截至2012年12月底,我国网民规模达5.64亿,互联网普及率42.1%,较2011年度提升3.8个百分点。其中学生是网民中规模最大的职业群体,占比为25.1%。从网民对各类网络应有的使用率来看,微博使用率达到了54.7%,社交网站使用率达到了48.8%。[4]从相关数据以及现实的观察可以看出,大学生群体互联网的使用情况非常普及。

因此,在工作坊开展期间,对社会化媒体平台的使用就成为互动的另一种体现。第一,它打破了时间的限制,可以在工作坊休课期间,及时传达动态,分享资料;第二,它打破了空间的隔膜,将工作坊由有形的课堂拓展到无形的网络空间;第三,它真正实现了教师与学生的平等。在网络空间,以大学生使用较多的"人人网"为例,教师与学生是"好友关系",而不再是教师与学生的关系。教师可以深入了解学生的学习和生活,学生也可以全方位地感知课下的教师状态。

通过这种线上与线下交叉的培养模式,可以改善学生与教师之间的关系。教师和学生更多的是合作者、对话者,乃至朋友,真正做到教与学的平等互动。

(二)项目组织与设计的环节

1. 招募。工作坊成立前期,通过招募的方式,吸引对新闻采访与写作感兴趣并具备基础条件的同学,进入工作坊学习。之所以选择招募,而不是强制性的全员参加,目的在于挖掘学生的主动性,将学习的主动权交到学生的手中。通过这种方式,集中资源,培养有潜质的学生。

根据当前学生的特点,招募环节不再采用传统的海报宣传,而是借助网络社交平台——人人网,宣传项目的内容和特点。

2. 成立工作坊。经过初步的选拔,建立起人数规模在一定范围之内的工作坊,之所以会控制人数规模是为了保障教师能够有充足的精力进行重点指导。

在工作坊环节,除了基础知识由本专业教师讲授,还将邀请业界记者带着他们的作品和经历走上讲台,与学生分享实战经验。

以2012年首度尝试的"特稿工作坊"为例,短短一个月时间,先后到访的业界知名记者包括:《南方人物周刊》的主笔、两次获得《南方周末》传媒致敬之年度文化报道的记者易立竞,讲授新闻采访的经验;《人物》杂志副主编,两次获得《南方周末》传媒致敬之年度特稿写作奖的记者林天宏,讲授特稿写作的经验;《中国青年报·冰点周刊》记者,同时也是我院2010届毕业生的林衍,给学生讲授自己的从业经历,以及“冰点”独有的特稿观。

这些业界记者带着最鲜活的经历和最前沿的业绩动态,极大地丰富了课堂教学,也为学生带来了立体可感的采写经验。

3. 通过竞赛的方式,检验项目成果。为了增加项目的效率,激发学生的学习动力,在工作坊的最后阶段,将以竞赛的方式呈现师生共同努力的结果。在这个环节中,学生首先要自主报选题,在经过教师的指导和认可的前提下,进行独立地采写实践。作品在规定的时间内完成后,将由学界和业界记者联合组成的评委进行评选。

4. 颁奖与总结。采访与写作是一项艰苦的工作,常常意味着“一个人的战争”,对于初学者来说更是如此。因此,在最后阶段的颁奖环节就显得十分必要。一方面,颁奖可以增加学生的自信心和自豪感,形成实践动力的正向循环;另一方面,颁奖也可以激发青年学生的好胜心,在最初的学习阶段就有一个明确的阶段性方向。

当然,颁奖并不意味着工作坊项目的结束,适时的总结才是项目的关键。对于获奖的作品,在表彰其成绩的同时,也要指明存在的不足;对于未能获奖的作品,在指出问题所在的同时,也要指出其优点。总之,要让学生明白,“千里之行,始于跬步”,这第一步的迈出,不管是否稚嫩,都已经是值得祝贺的。

三、项目实施的目标与初期成果

(一)目标

1. 由“要我学”转变为“我要学”。提高学生自主学习的能力,是当前教育的重要目标之一。但以往的课堂教学,最令教师头疼的也是学生缺乏自主学习能力。究其原因,往往是课堂教学缺少明确的目标,教师与学生都无法找到一致的着力点。

而在工作坊项目的实施过程中,学生往往是带着具体问题而来,工作坊也不是单纯地传授经验的课堂,而是解决问题的场所。比如,学生会提出这样的问题:采访对象不接受采访怎么办?这时项目的组织者就要迅速了解学生采访的过程,判断出问题的症结所在,提出解决的方案。

2. 由“纸上谈兵”转变为“实战演习”。长期以来,业界对于新闻传播人才培养模式的一个诟病就是“重理论,轻实践”,这种情况常常表现在,初入行的从业者,对于理论熟知,但一旦动手却错误百出。究其原因,是在以往的培养过程中,学生过度依赖教师和课本，疏于动手。

在工作坊项目的实施过程中，除了必要的基础知识介绍，更多的是围绕一个任务去展开，教师除了前期的指导，后期的工作基本都是由学生独立完成，避免学生过度依赖教师，从而培养其独立解决问题的能力。这种目标的设定与“学习金字塔”理论相吻合，单纯“听讲”，两周后学习的内容只能留下5%；通过“阅读”方式学习，能保留10%；小组讨论，可以记住50%的内容；而“做中学”或“实际演练”，可以达到75%，见图1。

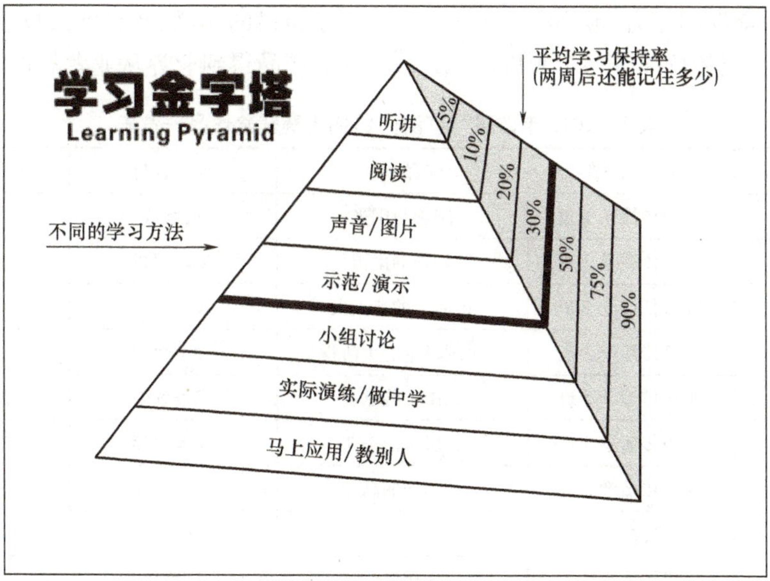

图1　学习金字塔

3. 由“象牙塔”走向“入海口”，帮助学生了解社会。目前的基础教育仍然是一种以高考为导向的应试教育，这种情况导致学生在进入大学前完全不关心社会，只奉书本和分数为圭臬。而在当今竞争日趋激烈的就业市场，又要求学生掌握必要的社会生存技能。为此，夹在这二者之间的大学，就不能够以“象牙塔”自居，而必须成为学生步入社会的“入海口”，让其能够感知社会的风向，在秉承教育基本原则的同时，鼓励学生将所学用于实际，而不是“闭门造车”。

工作坊项目实施的一个重要目标就是鼓励学生走进实际生活，了解同龄人之外的群体，掌握中国社会的现实问题。即便学生最终不从事传媒相关行业，其对社会现实的掌握，也有利于其在别的工作岗位上获得认可，同时也有利于其健全人格的养成。正如首届“金驼杯”特稿大赛参与者、2010级传播学1班路红同学所言：“我们不仅仅是一个旁观者讲述者，更是一个感悟者。我们能从一个个平凡的人身上发现故事,讲述故事,更能从他们身上感悟人生。这就是特稿带给我们的收获。”[5]

(二)初期成果

2012年4月至5月期间,借助文化与传播学院“金驼月”学生实践活动平台,首届“金驼杯”特稿大赛暨工作坊活动得以开展。经过初期的招募、选拔,最终有二十余名学生进入工作坊环节,学习特稿写作。

工作坊开展期间,作为项目的设计和组织者,本人除了亲自讲授特稿写作的基础知识,还邀请多名业界精英进入来我校开展讲座(见前述)。与此同时,工作坊还在社交网站“人人网”上开辟比赛主页,分享优秀的作品和比赛进程信息。

经过前期的努力,最终有二十名学生提交了自己的作品,题材涉及反腐、教育、医疗养老、弱势群体等多个领域(见表1)。部分作品得到业界从业者的肯定。

表1 2012年首届“金驼杯”特稿大赛获奖作品一览表

姓名	年级/班级	作品题目	涉及题材	所获奖项
王婉	10级传播学1班	阴影与阳光	反腐败	一等奖
余娜	11级传播学2班	特殊的出租	黑车司机	一等奖
段庸连	10级传播学1班	捡回来的老太太	农村养老	二等奖
朱莉	11级传播学3班	一个理科生的生活哲学	大学教师	二等奖
刘丹	11级传播学3班	香山上的歌声	流浪歌手	二等奖
路红	10级传播学3班	为房子而奋斗	北漂青年	三等奖
谢烨凤	11级传播学3班	他和她的高考	教育变迁	三等奖
余庭萱	11级传播学2班	病	医疗	三等奖
王梦	11级传播学2班	相信	流浪猫	三等奖
夏明明	11级传播学2班	遥远的星空	高考	三等奖
王聃	10级传播学3班	草根张凤华	新时代农民	优秀奖
马紫璇	10级传播学2班	与国家总理的约定	教育	优秀奖
胡远蓉	11级传播学3班	萃	失婚女性	优秀奖
韩帅	11级传播学3班	分母	体校少年	优秀奖
向青青	11级传播学3班	但为自由故	大学教育	优秀奖
沈菁	11级传播学2班	一个人的舞台	独生子女	优秀奖
牟虹璇	11级传播学1班	时差	留学生	优秀奖
毕铮	11级传播学2班	你丢进垃圾桶的,是什么?	保洁员	优秀奖
张默斐	11级传播学1班	正名	90后新兵	优秀奖
都子昱	11级传播学3班	星星的孩子	自闭症儿童	优秀奖

综上所述，通过初期的探索，工作坊模式下的新闻采访与写作实践项目取得了初步的成功，既得到了学生的好评，也得到了业界、学校和学院层面的认可。“融汇与拓展”也成为这一项目确定下的主题。

所谓融汇，既是理论与实践的融汇，也是学界与业界的融汇；所谓拓展，既是拓展学生的实践平台，也是拓展学生的视野和素养。在未来的教学实践环节中，更丰富的内容和更宽广的平台将借助工作坊这一模式得以实施。

参考文献

[1] 吴信训，张咏华，沈荟. 国际新闻传播名校教育镜鉴[M]. 上海：上海三联书店，2010.

[2] 钟新，周树华. 传媒镜鉴：国外权威解读新闻传播教育[M]. 北京：中国传媒大学出版社，2006.

[3] 艾丰. 新闻采访方法论[M]北京：人民日报出版社，1996.

[4] 陈昌凤. 中美新闻教育传承与流变[M]. 北京：中国广播电视出版社，2006.

改革课程内容　促进学生发展

——安工学院普通物理实验课程改革设想

安全与工程学院　李伟

【摘要】:针对当前工科普通物理实验教学中存在的问题,建议在实验教学中整合教学内容和教学模式,基于学生能力的发展过程,提出了安工学院普通物理实验课程的改革设想。设想将实验内容分为准备实验、演示实验、基础性实验和提高性实验,针对不同的实验内容提出与之相适应的教学模式,并把发展性评价引入实验教学。该设想的实施将有效地改善实验效果,促进工科学生综合能力的提高。

【关键词】:工科物理实验设计　教学内容和模式整合　发展性评价　Labview 应用

一、引言

21世纪知识经济的到来,使得社会对高素质创新人才的需求加强,这就要求高等教育在新的形势下进一步改革,从过去传统的、以传授知识为主的教学模式过渡为以培养学生创新素质为中心的教学模式上来。工科物理实验教学对学生创新精神、实践能力的培养起着重要的作用,在新的形势下,物理实验教学改革势在必行。物理学是一门实验科学,但在物理学教学中,对物理实验的认识还存在"重理论,轻实验"的倾向,把实验看作只是理论课的"附属"。实验课与理论课同等重要,实验不仅可以验证学生学习的物理学基本理论、基本概念和基本方法,还可以锻炼学生的实验、实践能力,为以后从事科研工作打下一定的实验基础,也可以培养学生团结协作的能力,另外,设计性实验也可以培养学生综合运用所学知识的能力,对创造性能力的培养有一定的帮助。

目前国内高等学校物理实验课程,主要是借鉴苏联的高等学校物理实验课程,教材在编排顺序、教学模式和选题上,都非常古板。主要问题体现在现有实验内容比较陈旧,不能反映现代科学技术知识的发展更新,而且实验方法、手段比较落后,实验所利用的是实际工作中早已淘汰不用的仪器和方法;有些实验单纯验证一些物理理论或公式,不利于学生能力的培养和提高;实验课的设置受理论体系的制约,不能按照实验技术自身的系统性与科学性进行教学,导致验证性实验过多,而综合性、设计性实验较少,使学生不能获得系统的实验技术理论和完整的实验技能的训练。笔者在认识到目前首都经济贸易大学安工学院普通物理实验课程也存在类似的问题,结合安工学院特色,同时借鉴国内外同行的先进经验①,我们在进行实验教学内容改革设计的时候,主要将教学内容和教学模式进行整合,考虑结合学生的发展重新组织设计实验教学内容,并提出与之相适应的教学方法。改革后的工科普通物理实验课程拟根据学生能力发展的过程分为基础型实验和研究型实验,其中基础型实验包括准备实验、演示实验、课程实验,针对不同的内容采取不同的教学方式和评价方法。

二、工科普通物理基础型实验改革思路

准备实验。主要包括必要的实验理论和基本的实验仪器的使用。实验理论的讲授以课堂教学为主,主要内容有测量和误差、有效数字及实验数据的处理方法、实验报告的撰写、物理实验设计的基本知识。同时考虑到部分学生在中学时由于实验条件限制,对部分实验仪器不熟悉,如示波器、分光计等,可以采取学生自主选择的方式,在老师指导下利用课外时间熟悉仪器的使用,消除学生对实验的畏惧感。

演示实验。演示实验是在教师指导下由学生或者教师所进行的课堂实验,它与课堂教学结合较紧密,着重对物理现象的观察、分析和研究,帮助学生从实验中深入地理解物理规律;主要以定性为主,让学生注重对物理现象的观察和物理问题的分析;注重科学性和趣味性的结合,充分调动学生的学习积极性和创新精神。例如,"茹科夫斯基凳实验",使学生对动量矩守恒定律有了更明确、更深入的理解;在"鱼洗"实验中,用手适当摩擦特制铜盆的环耳,盆上的鱼嘴就会喷出很高的水珠来,引导学生观察并分析产生这种现象的物理原因,并设法自己验证分析的正确性。在这部分教学中,主要采用观察、讨论为主的教学方法,同时教师要进行适当的启发性引导。

课程实验。通过学生对物理实验现象的观测和分析,学习运用理论指导实验,学习分析和解决在实验中所出现问题的方法,在理论和实际的结合中加深对物理概念和规律的理解,如杨氏模量的测量、模拟法测静电场、霍尔法测螺线管磁场等。目前工科普通物理实验课程教学中,对学生实验的评价和考核通常是通过实验报告和实验思考题等作业完成的。这种评价注重结果,而忽略了实验过程中学生所表现出来的实践能力、探索精神、学习态度等内容,导致学生只关注试验的结论,轻视或者忽视实验的过程,限制了学生灵活性和创造性能力的培养②。

20 世纪 80 年代,英国开放大学教育学院拉托尔(Latoner)和克利夫特(Crift)

---

① 周克省,赵新闻,胡照文,孔德明. 工科物理实验教学改革思路与实践[J]. 大学物理,2001,20(3):26.

② 罗国忠. 表现性评价在物教育中的应用[J]. 物理教学探讨,2004,22(8):4.

最早提出了“发展性评价”的思想。他们认为，评价在方向上要重视未来，在目的上要重视评价对象的发展。其主要观点是，以被评价者素质全面发展为评价目标，淡化评价的选拔和甄别功能；关注发展过程，关注被评价者为达到目标所采取的方法、途径，获得的经历和体验等，倡导动态的过程性评价；尊重被评价者的主体性，评价内容的综合性，评价方式的多样化，评价主体的多元化等①。

相较于考核完成实验报告、实验思考题等作业的传统做法，笔者拟基于学生的发展过程去考察评价学生，注重对实验过程中学生所表达出来的实践能力、探索精神、情感、态度与价值观等的考察，改变学生只关注实验结论，轻视实验过程的学习态度。基于发展过程进行评价主要是指以学生素质全面发展为评价目标，关注发展过程，关注学生为达到目标所采取的方法、途径，获得的经历和体验等，注重评价的动态性和评价者的多元化。具体操作的时候采取学生自评、同组评价与教师评价相结合的方法（如表1所示），从实验预习、实验过程和实验报告各环节对学生的实验表现进行评价。在实验预习环节采用自我评价；在实验过程环节采用教师、同组和自我评价；在实验报告环节采用自评和教师评价。采取多元化的评价，可以有效地改进由于学生学习态度不端正而造成的错误。

表1　基于发展过程的实验评价表

评价项目	评价标准	自我评价	同组评价	教师评价
实验预习/实验前完成评价	能表述实验目的和原理		/	/
	能描述实验方法		/	/
	能指出实验待测物理量并设计数据记录表		/	/
实验过程/实验结束后完成评价	能正确使用仪器操作并整理仪器			
	能处理实验中遇到的其他问题			
	能积极地与同组同学合作讨论			
	能初步判断数据的合理性并分析			
实验报告/交报告后完成评价	数据处理和结论表达正确		/	
	实验原理和步骤表达清晰		/	
	分析实验误差和讨论实验结果		/	

三、工科普通物理研究型实验改革思路

我们拟通过研究型实验建构一条实现从课程学习到实践能力，再到创新能力

① 黄晓生，程敏熙．发展性评价在大学物理实验教学中的应用[J]．2008，27(1)：46.

培养的连续模式。笔者拟主要借助于Labview程序开发环境，将非线性系统实验纳入工科大学物理实验中来。这部分实验以课外选修的方式进行，主要包含Labview编程与虚拟仪器的制作、利用软件实现非线性系统实验和进行设计性实验等内容。

非线性科学被誉为继相对论和量子力学之后自然科学的第三次革命，表明非线性科学的发展必将对科学和技术的发展产生重大和深远的影响。非线性科学研究的对象更接近我们的生活，不仅涵盖了自然科学的各领域，还涉及工业、农业、经济和社会领域。在工科普通物理实验教学中引入非线性系统实验既是贯彻高等教育非物理专业普通物理教学理念，也是培养复合型、应用型工科专业学生的要求。世界本质上是非线性的，线性问题只是很少数。很多工业、工程和管理类问题更是多尺度、多元的复杂系统。在普通物理实验中给学生介绍自然界普遍存在的非线性现象和规律，将有助于学生在各自的领域内开拓思路，勇于创新。

Labview是一种图形化的编程语言的开发环境，广泛地应用于各类研究实验室，利用它可以方便地建立自己的虚拟仪器。虚拟仪器是基于计算机的仪器，是计算机和仪器密切结合的一个重要方向，以通用的计算硬件及操作系统为依托，实现各种仪器功能，可用于测试测量、控制、仿真等领域。虚拟仪器技术最核心的思想就是利用计算机的软硬件资源，使本来需要硬件实现的技术软件化，以便最大限度地降低系统成本，增强系统的功能与灵活性。虚拟仪器技术在物理实验的应用上有其功能优势，它能完全替代传统仪器并扩展其功能。用计算机虚拟的电压表、电流表、示波器、信号发生器等仪器，都可实现其传统仪器的全部功能，并在此基础上扩展一部分功能。例如，虚拟出的示波器不仅具有传统示波器的功能，还能同时显示、记录、存储和打印多通道输入的波形，对存储的曲线可通过回放显示在屏幕上，以便能清楚地观察波形的变化。

研究型实验可以通过选修和参与教师科研项目的方式进行，时间安排上拟在选修阶段介绍完基本的Labview编程技术和简单的利用虚拟仪器实现基本物理实验的设计、数据采集、分析等过程。根据选修学生的兴趣和能力，让其在高年级阶段选择性地参与到教师的科研项目中去。目前笔者设计出可以让学生利用Labview虚拟实验平台参与教师科研的方向有两个。第一，基于Labview平台进行非线性振动仿真和测试。工程中非线性系统有很多，传统非线性研究中采用的Poincare截面图、Lyapunov指数、分数维计算等在常规仪器上比较难分析，Labview可以为振动的仿真分析和现场故障诊断提供良好的平台，其目前已经在传统振动测试中的时域波形、频谱分析、瀑布图、轨迹图中显示了较强的数值处理和图形显示功能。笔者拟计划让学生搜集相关参考文献的基础上，利用Labview强大的非线性仿真分析功能设计相应的分析面板，建立便携的非线性仿真测试系统，为工程实际中的非线性振动测试提供方便实用的平台。第二,基于 Labview 进行带约束的非线性机械优化设计。这类问题由于变量多,非线性程度高,在相当长的一段时期,通常简化为线性问题来处理。如果利用 Labview 平台,就可以借助于最优化函数模块编程对机械安全设计的产品风险评价系统进行优化设计,提出面向机械安全设计的产品风险评价模型和评价方法,开发出面向机械安全设计的产品风险评价系统,并开发 Labview 在机械优化设计中的实用性。

四、结束语

物理实验教学是基础教学的重要组成部分,是工科大学生接受系统实验方法和实验技能训练的开端。笔者所提出的实验改革设想能较好地符合课委会关于“加强基础、重视应用、开拓思维、培养能力、提高素质”的改革指导思想[①]。目前笔者针对所提出的普通物理实验教学改革正在逐渐尝试进行,改革的成效本身也需要发展性评价来衡量。我们将根据尝试中暴露出的新问题不断调整改革的思路和方法,以期物理实验教学能发挥出其在工科学生综合能力培养中的作用,促进学生综合素质的提高。

① 工科物理课程教学指导委员会. 重点高等学校工科物理实验教学改革指南[J]. 工科物理,1995,4:7.

有指导的实训教学基地培养学生统计实践能力的途径研究

统计学院　阮敬　陈涛

【摘要】:针对当前统计学类大学生实训基地建设和人才培养模式的特征和现状,以培养复合型人才为目标,探讨将课堂教学与实践教学相结合的有指导的实训教学基地培养大学生创新实践能力的教学模式,以培养学生对所学理论的感性认识,提高学生创新实践能力,并就如何构建大学生实训教学基地的评估体系等问题加以讨论。

【关键词】:实训基地　实践教学　创新能力　教学模式

一、引言

实训教学基地是高等院校开展实践教学,提升学生实践能力的必备场所[1]。培养大学生的实践创新能力也是实训基地教学过程中发挥教学作用的基本要求[2]。基于有指导的实训教学基地培养学生综合实践能力的手段和方法与现有实践培养模式的重要区别在于其强调在真实的工作环境中提供一定的条件供学生进行有指导的实际理论训练,这种指导不仅限于课堂上的理论教学,同时也注重来自实训教学基地依托单位的实践指导,从而使学生不用走入社会就能接触到真实的专业环境,提高学生的动手能力[3]。

实训基地是实现应用型人才培养目标的重要条件之一,也是应用型复合人才培养的重要特征,对实践教学乃至提高应用型人才能力具有非常重要的作用[4]-[6]。在2010年的国务院学科规划调整过程中,统计学已经成为一级学科。在此契机下,如何使得我国统计学类教学单位在十二五规划中率先迈出培养具备实际应用能力、与国际接轨的国际化统计复合人才培养的步伐,对于我国统计学类人才培养教学改革的总体规划和学科发展均具有重大的理论意义和实际价值。

因此,本文的研究着眼于现阶段统计类教学单位的办学实际和目标,以首都经济贸易大学统计学院教学改革为例,依据统计学院现有硬件条件和软件环境,克服"光说不练"的教学模式积弊,利用国内外和校内外相关资源,精心打造学生实践和实训的创新平台,与统计教育改革结合起来,不断构建和逐步完善一个有利于培养优秀拔尖应用型人才的制度环境,培养出与国际完全接轨的精英人才,从而提升我国统计学专业学生培养的国际知名度和影响力。

二、现阶段统计类实训教学培养模式的特征和现状

实训基地所提倡的实践教学早在2007年《教育部财政部关于实施高等学校本科教学质量与教学改革工程的意见》和《教育部关于进一步深化本科教学改革全面提高教学质量的若干意见》的文件中已明确指出了“切实提高和培养学生的学习能力、实践能力和创新精神,提高实践教学质量,加强校外实践教学基地建设”的指导思想,经过近几年的发展,本文针对目前我国高校的统计院系的初步调研情况,总结出具备如下特征。

(一)注重实践效果,轻视实践过程

统计类高素质人才的培养,不光要具备扎实的理论基础,更要强调学生掌握统计数据分析和建模的全流程。在现有的实践教学模式下,学生很难参与到教师已经构建好的实践环境的初期阶段和流程细节,往往一上手就是进行数据分析进而得出结论,学生对数据起源、项目组织方式和形式、项目管理沟通等诸多实际工作中的重要环节一无所知,很难达到实践教学的根本目的[7]。

(二)理论教学环节与实践内容衔接不够紧密,实训过程缺乏有效指导

现有诸多实训教学基地的建设过分强调实践条件、环境、项目等方面的建设,没有充分考虑与课堂教学的理论衔接问题[8];同时课堂理论教学过程中也鲜有与实训基地要解决的实际问题紧密联系的教学方式,违背了实践教学基地构建时的初衷,这种无理论指导的实践教学基地沦为培养技术工人的工厂而不是培养高级复合型应用人才的摇篮。

(三)实训教学基地合作对象的选取上形式较为单一,缺乏多元化

就统计类专业而言,目前大部分院校已有的实训教学基地往往选取金融业、调查业、咨询业、零售业等商业领域的企业进行合作办学和统计软件实践能力的培养[9][10]。但就国际上统计应用领域而言,可供合作的行业涉及IT、生物、化学、医疗、保险、制造、电信、电力、文学、博彩等诸多领域。因此,现有实践基地应在自身发展的同时也要开发合作客户,朝着多元化方向良好发展。

(四)师资力量较为单一,缺乏上升空间和与实际应用部门交流的途径

如何把实践教学的科研活动转化为实际成果供社会采纳和接受,把实践经验提升为学术理论走进课堂,实现课堂教学与实训基地的双向指导作用,这是目前统计类实训教学基地建设的一个难题[11]。解决这一问题的关键在于建立一套评估标准,打通理论与实践的界限,实现理论和实践的相互转化,培养具备灵活运用理论知识的教学团队,实现课堂教学与实践基地建设的共赢[12]。

三、建立有指导实训教学基地培养学生实践能力的途径

建立有指导的实训教学基地实现有效培养学生实践能力的目的,最主要的内

容便是要把课堂教学理论的指导性以及实训基地实践过程的指导性相结合，并融会贯通于整个实训过程，本文认为应当做到以下几点：

（一）贯穿指导理念，实现实训全过程的可指导性

在实际训练过程中融入课堂教学指导理论，在学生实习过程中全程通过教师和实训基地负责方的合理性指导，采取教师和学生共同进行实际工作的形式，纠正实训过程中有可能产生的偏差，杜绝传统实践基地中的无指导性放任自流，提高应用型人才的培养效率。

（二）拓展多元化的实训基地，实现校内外和国内外实训基地与人才培养模式的相互衔接

统计类实训基地必须要建立在掌握理论分析技术的基础上进行有指导的实际训练，这是建立有指导的实训实践基地的基本要求。在此过程中，应当提炼出实际工作过程中所用到的常用统计分析和数据挖掘方法，以统计软件类实训基地为依托，在此基础上拓展实训基地的合作客户，使得学生在掌握了基本技能的条件下，可以把现有实际操作能力发挥到不同的行业中[13]。

（三）在实训过程中凝练理论思路，提高实训效率，培养创新型实践人才

目前，在统计学课程的教学过程中，越来越需要将传统的教学方法与计算机统计软件的应用有机地结合，“强调思想、重视应用”的实践教学方法应运而生[14]，逐渐成为国外经济管理课程系统中统计学类课程教学的主流。因此，可以在不破坏现有本科生教学课程体系的前提下，把统计分析和数据挖掘方法的思想和各类软件操作实践的精髓嵌入相关的统计类理论课程当中，在教学过程中形成从数据到结论的实践思维过程，从而形成实训基地建设过程中的学生思维性指导，达到学以致用的目的。

（四）确保学生在理论和实践的指导下参与到实际项目的每一个细节

通过理论结合实践的指导性教学，在实训环节中培养学生从统计数据搜集、整理到统计分析、统计报告呈现、统计结果展示等全过程的项目组织与沟通交流能力，从而在理论指导的基础上提升学生的实际工作能力，减少走上工作岗位时的岗前培训时间，增强学生的就业竞争能力[15]。

（五）构建有效的实训基地评估体系和模式，根据社会需要实时调整实训目标

这是建立有指导实训教学模式的制度性保证。建立长远的、科学的实践教学基地建设与发展规划和一系列管理规章制度及实施办法，构建切合实际且具有操作性的实训教学基地评估体系及标准，学生实践成绩考核办法，实训教学基地工作人员岗位职责及年度考核办法，青年教师下实践基地锻炼的制度等，使各项实践教学活动有章可循，从而实现课堂指导和实训指导顺利开展。在制度建设的同时，还需调研社会需求并评估实训基地的教学效果，总结经验并找出差距，使基地建设朝

着可持续的道路发展,达到以评促改、以评促建的目的。

四、结论

实践教学是高校培养大学生的重要环节,加强实训基地的管理和建设,对于提高教学质量,培养学生对所学理论的感性认识,提高学生创新实践能力以及就业能力有着巨大作用。在实践教学建设的重要环节,积极开发大学生实训基地,把理论指导和实践指导相互融汇,并贯通于实训教学基地建设的始终,充分利用课堂教学和实训基地实际工作人员的经验,对学生从统计分析流程的全过程进行指导性的实际训练,为学生在完全真实的实训环境中把握方向,能够切实提高实训效率和效果。此外,建立良好的学校与实训基地依托单位人员的师生流通机制和评价体系,在制度的指导下利用实训基地的教学和实践条件培养学生的实践能力和创新精神,基地依托单位则可从实践学生中选拔优秀人才,并可借助学校的科研和师资力量优化基地单位的工作流程,进行人员技术再培训等;同时优秀教师可通过一定途径到基地依托单位锻炼,实现教学基地的校、企双方共赢,并在此基础上以有指导的实训教学基地为依托,整合校内实验室相关资源,以点到面充分发挥受训学生的技术优势,拓展就业方向和途径。

参考文献

[1] 谷钰,李辉,牛汝良,等.推动实习基地建设提高实践教学水平[J].实验室科学,2010(13):170-172.

[2] 杨水根.对校外实习基地建设的几点思考[J].湖南商学院学报,2006,13(1):108-109.

[3] K Venkateswarlu, Sk Johni Basha, Digumarti Bhashara Rao. Methods of Teaching Commerce [M]. New Delhi: Discovery Publishing House,2007:113.

[4] 汪注.高校实训基地产业化建设模式初探[J].江苏技术师范学院学报,2012,18(3):99-101.

[5] 张莉.加强校内实习基地建设培养学生的创新精神与实践能力[J].实验室研究与探索,2007,26(12):146-148.

[6] 任洁梅,程冬梅.加强实习基地建设培养学生实践能力[J].实验室科学,2008,(2):12-13.

[7] 柳杰民.从统计职业发展谈统计教育的创新[J].中国统计,2012(5):48-49.

[8] 文志英.加强高校本科教学实习基地的建设与管理——以武汉大学实践教学为例[J].科技创业月刊,2010(12):110-112.

[9] 李晓青.统计学课程实训教学改革与探索[J].郑州航空工业管理学院学报(社会科学版),2010,29(6):162-165.

[10] 阿里穆斯,崔箭,乌云娜.基于EXCEL的统计学教学模式改革初探[J].民族教育研究,2009(2):30-32.

[11] 王天营,刘爱民.关于高校财经类专业统计学教学改革的思考[J].统计与决策,2004(8):87-88.

[12] 牛红军,董继刚,刘桂艳,等.强化实验实践环节培养学生创新和实践能力[J].实验室研究与探索,2011,30(3):357-360.

[13] 李志勇,戴敏华.经管类专业校内生产性实训基地建设的探索[J].云南社会主义学院学报,2012(5):233-235.

[14] 马金凤,王快妮,杨玲香.概率论与数理统计实践教学方法研究[J].石河子大学学报(哲学社会科学版),2011,25(12):6-7.

[15] 何理瑞.在工程实训中提升学生职业素养探讨[J].实验室研究与探索,2012,31(11):214-216.

应对国际化挑战,创新国际法教学

——从竞赛课课程建设谈起

法学院 谢海霞

【摘要】:国际化对法学人才培养提出了许多新的挑战,各高校都在进行人才培养模式改革以适应国际化的要求。作为培养国际化人才的途径之一,通过组织学生参加国际性竞赛项目来推动国际化的进程已经取得了一定的效果。就国际法的教学与实践而言,国际性竞赛项目对国际法的教学理念、教学内容、教学方法等提出了更高的挑战,也需要在现有的课程体系、课程内容、教学方法上进行创新。

【关键词】:国际化 国际法 挑战 创新

一、国际化对法学人才培养的挑战

国际化对法学人才培养提出了新的要求,我国《国家中长期教育改革和规划纲要》中就指出,适应国家经济社会对外开放的要求,高校要培养大批具有国际视野、通晓国际规则、能够参与国际事务和国际竞争的国际化人才。《北京市教育中长期教育改革和规划纲要》中也提出,高校要加强教育、教学、科研和管理队伍的国际能力培养,提高国际化课程比例,培养具有国际视野、通晓国际规则、能够参与国际事务的国际化人才。法学专业的国际法人才是"具有全球意识和国际视野,熟悉国际惯例,对国际法、国际贸易、国际金融、知识产权等有较深的体会,具有跨文化交际能力,能直接参与国际竞争与国际合作,能在全球范围内就业的应用型人才"①。对国际化人才的需求,是全球化的需要。中国作为一个大国,在国际事务中发挥着越来越大的作用,不仅要懂得国际规则,并且还要参与规则的制定。在实践中,中国正在从国际规则的被动接受者和执行者向国际规则的制定者转变。例如,现行多边贸易体制是以规则为导向的法律体制,"世贸组织成员之间的比拼,最主要的并不是看贸易量的大小,而是对规则话语权的角力。在世贸组织框架下,规则话语

① 其他类似的说法见:陈雪萍,沈四宝. 国际化法学人才培养要过"两关"[J]. 中国大学教学,2010(3):22;江国青. 全球化背景下国际性法律人才的培养——以外交学院法学专业的教学为例[J]. 外交评论,2010(1):138;万猛. 跨国法律人才的培养——以北京外国语大学法学院的实践为样本[J]. 中国大学教学,2009(10):47-48.

权体现在两个方面：一是多边贸易规则的谈判，二是世贸组织争端解决机制”[①]。对国际规则的掌握与运用不仅表现在贸易领域，还表现在有关国家主权问题的其他实践中，例如，在最近的钓鱼岛问题上、在南中国海的权益保护方面等都急需一大批掌握国际规则的国际化法学人才来保护国家利益。

适应培养国际化法学人才的要求，各高校积极开展人才培养模式改革，突破传统的教育理念和教育模式，在人才培养理念、人才培养模式、师资队伍、课程建设、教学模式、国际交流与合作等多个方面进行研究和实践。培养国际化的人才，具有多种途径和形式，其中包括参加国际性竞赛项目。例如，中国人民大学法学院就提出，围绕建设成为世界一流法学院的目标，大力推动实施学生国际化战略，致力于为中国培养出具有国际视野、熟悉国际法律事务和专业知识、具有国际竞争力、能够在国际和地区舞台上有效维护国家利益的优秀国际型法律人才。实现这个目标的一个重要途径就包括积极参加海外实习和国际大赛，包括组织学生参加“杰赛普(Jessup)国际法模拟法庭比赛”等国际赛事，培养锻炼更多懂法律、懂外语、懂实务的复合型人才。其他学校也提出并进行了类似的实践，例如，备受世界各地法学界重视的“Philip C. Jessup 国际法模拟法庭比赛”历史悠久，每年都吸引 80 多个国家和地区[②]，超过 500 支队伍参加所在地区的选拔赛，在中国赛区，参加比赛的学校每年都在增加，并且水平提高很快。此外，国际人道法比赛、空间法大赛、国际商事仲裁等比赛也都吸引了许多学校参加。

二、国际竞赛类项目对教学内容与方法的革新

国际竞赛项目对国际法的教学内容、教学理念、教学方法都起到了积极的促进作用。以最具影响力的 Jessup 国际法模拟法庭比赛为例，由于 Jessup 国际法模拟法庭比赛的案例是由经验丰富的国际法学专家精心设计的，它的内容紧扣当前的国际法学热点问题，题材新颖，问题复杂，涉及国际法中的多个领域，并且此项赛事完全以英语进行，因此该项赛事与国际法教学相结合，不但可以促进学生更好地理解和运用法律基础理论，而且还可以增进双语教学的效用。

(一)提高了学生的自主学习能力

在 Jessup 国际法模拟法庭比赛中，每年比赛的案例材料均来源于当前国际法热点问题，例如，在 2013 年的比赛中，就涉及由于全球气候变暖而引发的气候变化导致 A 国(岛国)的消失引起的国际法问题，这涉及 A 国的国际法主体资格、国家

---

① 李成钢. 中国参与世贸组织争端解决实践概述. 世贸组织规则博弈——中国参与 WTO 争端解决的十年法律实践[M]. 北京：商务印书馆，2011：13.

② 2012 年共有来自于 87 个国家和地区的 605 支代表队参加国内比赛，有来自于 78 个国家的 137 个代表队参加在华盛顿举办的决赛。

资格、国家领土、国家主权、国际贷款协议、国家主权豁免、外交保护、对被拘禁人员的待遇等多个国际法问题。这些问题都需要学生结合具体的国际法规则以及当前的案例去深入挖掘,学生要学会深入分析案例,结合每个词讨论其涉及的国际法问题,这本身就是对学生国际法基础知识的检验。

在赛题的设计上,由于是MOOT形式,因此不需要原被告双方指证证据。在涉及具体每个问题时,由于赛题中充分考虑了原被告双方的诉求,并且题目中所讨论的内容都是给予原被告双方同等的机会,因此,学生必须学会抓住每一个辩点,充分表达自己。换言之,Jessup国际法模拟法庭比赛给参赛者和观众在内的学生提供了一个对当前国际法热点问题予以商讨和演讲的平台,使参赛者拥有国际性视野,同时对法学理论的学习也是一次全新的考验。

比赛前的准备需要阅读大量的专著、条约等材料,这对于每个参赛者的阅读能力都是一种挑战。在准备过程中学生们发现许多内容对于他们来说都是新的,在平日的学习里学生仅仅满足教材和老师课件,对于国际上的其他观点、新的理论、新的公约条约的关注都非常不够,导致自身的理论功底不强,刚开始的阅读工作也相当不顺利。通过参加比赛,学生们认识到自己的不足,包括自主学习能力的不足,教师也开始在日常教学中增加学生对于专著的阅读任务,适时收取读书笔记。在参赛过程中也了解到国外法学院学生的学习状态,不得不承认他们每周的阅读量几乎是国内学生半年的阅读量,结果当然也很明显,虽然不能一时达到那种水平,但在当下能够做到的是“开始”,让学生一边尝试一边感受,当学生和老师形成良性互动之时也便是可以提高要求之时。

(二)提高了学生应用理论解决实践问题的能力

Jessup国际法模拟法庭比赛的准备过程是学生对运用国际法理论解决实际问题的过程。在Jessup国际法模拟法庭比赛准备过程中,学生必须要阅读大量的案例,找出有用的内容来支撑自己的论点,这就要求学生不仅要学会检索资料,还要学会分析资料、取舍资料、并且学会运用现有的资料来证明己方的观点。对于大陆法系的学生来说,认识到这点并且实践是有难度的,在比赛中一些代表队已经表现出在准备案例方面有不足。例如,当法官问道关于基本人权的内容、出处时,学生就很茫然,这反映出学生虽然准备了,但是分析总结不够,会简单类比,但是没有完全掌握英美案例法的精髓。这就要求在国际法教学中,不能仅仅教授一些法条,更要引入案例教学。在教学方法上,不能仅仅是灌输,更重要的是教会学生分析问题、解决问题的能力,让学生学会自主学习。

此外,在比赛过程中,法官问到的问题非常广泛,对于具体的案例不仅会问案件产生的背景,涉及的条约,国际法基本理论,同时所援引案例判决中法官的反对观点的理由都是问题点,这就需要学生不仅对这些案件的事实和法律问题非常清楚,还需要学生了解这些案件产生的原因及其对以后判决的影响。这些内容仅仅在课堂教学中是不能完成的,而是需要学生自己对相关问题的分析和认识,学生只有自己对相关问题进行细致深入的分析研究才有独到的见解,这就需要培养学生独立思考的能力和习惯。可见,改变相关课程的教学方法、改变学生的学习方式是国际竞赛项目对国际法教学提出的新要求。

(三)国际竞赛是对双语教学效果的检验

Jessup国际法模拟法庭比赛以英语为工作语言,故对非以英语为母语的国家的法学学生而言,该赛事既是一项挑战,也具有提高学生运用专业英语解决实际问题能力的作用。在准备比赛的过程中,学生需要大量阅读英文原版文献,包括相关的条约、案例、论文、著作等,这就需要学生具有非常强的专业背景和良好的外语能力。此外,在准备比赛的过程中,起草书状是学生们普遍感到困难的事情,相对于中文写作而言,英文的法律写作与中文在格式要求、文章结构、文献引用的方式上都存在较大差异,这就需要专业的训练。因此,参加比赛也是对学校开展的双语教学项目的一个直接检验。

(四)国际竞赛促进学生全面发展

国际比赛也是对参赛者的表现力的一次很好的考验。在比赛中,选手不仅需要具备扎实的专业知识,同时选手还必须学会用英语流利地表达自己,让法官们接受自己的观点,这不仅是对学生英语表达能力的检验,更是对学生的一个全方位的检验。因为参赛选手要用英文进行口头答辩,在此过程中法官会不受限制地提问,而选手的时间却相当有限,这就需要选手英语表达非常流利和准确。其次,比赛对参赛者的临场感的要求也很高。作为法律人,顺利表达自己的观点并且无论多少人质疑都能够自圆其说是基本功底,而在法庭上,这种功底综合体现在语言表达的节奏感、仪态、礼貌甚至表情。从容淡定凸显专业性,才容易赢得别人的认同。反观日常教学,更多的是教师在表达,少有学生自我表达的时候。学生平日学习中偏向于理论知识,平时表达自己观点的机会较少,上课回答问题也并不能广泛地应用于所有学生,而如果真正每节课都采用类似Jessup比赛的形式又缺乏可操作性。针对这种情况,建议在教学中一方面引入苏格拉底式教学法,另一方面可以逐步加入一些实践或者实训课程,通过引入真实庭审现场的视频教学,让学生无论是从实体还是到程序,无论是从内容还是到形式,无论是从理论还是到场风,都能进行实践,以提高学生的实践意识和实践能力。

三、应对挑战,改革教学内容与方法

(一)树立学生为本的理念,采用多元化教学模式

课程改革是实现国际化的重要途径,适应国际化需求的课程至少包括两个方

面的内容:一是课程内容的国际化;二是授课方式的国际化。就法学教育而言,大陆法系和英美法系各具特色,英美法系重视案例教学,侧重多元化的背景,透过激烈的对抗式研讨,培养学生细致观察、独立思考、灵活应用的能力。而以法国、德国等为代表的大陆法系国家,则侧重理论讲解、体系构建,法学课程更符合逻辑性、系统性的要求。为顺应法律全球化的需要,适应培养国际化人才的需求,许多高校在法律教学内容上都融入了两大法律体系的课程,同时在教学模式上也开始相互渗透。例如:哈佛大学法学院增加了制定法的专题课程,以弥补案例教学的不足;德国的大学则增加了教学中的实训工作;法国虽然是成文法系国家,但在教学组织上,却大量采用了英美国家的法学教学中广泛采用的案例教学法、讲授方法和研讨方法(Seminar)相结合法,一方面教师不仅在讲授课中结合典型判例来强化学生对理论的理解,更通过辅导课来引导学生自己主动、独立地分析判例,体会法律规则的实际应用,另一方面各阶段的学生都要研习经典判例和法院有代表性的最新判决。这种多元化的教学模式,不仅让学生能更深入理解和掌握法律,也能让学生了解其他法系国家的法律人的思维方法,这样才能应对跨国法律问题的挑战。

(二)加强对学生专业能力的训练

从比赛情况可以看出法学院的学生科研能力、写作能力较弱,对学术规范性认识不足。Jessup 比赛包括两个部分,其中第一部分是书面 MEMO 的撰写,也就是说,参赛队员要分别以原告和被告的身份撰写起诉状和答辩状,要求字数达到17 000字(英文),并且要求符合学术规范。从实际参考比赛情况看,还存在以下几个问题需要在以后的教学中客服:

首先,学生缺乏写作训练,在论证上不够严密,论证也不够充分,例如,法官就直接指明学生的书状的某些内容论证不充分。这实际上反映的是学生读书不够广泛、深入,尤其是专业的著作、论文阅读积累不够,平时写作训练严重缺乏。从教学情况看,这实际上是填鸭式教学的不足,学生缺乏自主学习意识和能力,不能深入地研究问题。

其次,学生资料不够充实,不会运用法律进行分析。要写好一份书状,不仅要对案件事实十分熟悉,并且要对案件涉及的国际法问题,包括基本理论和前沿发展都要熟悉,也就是说,学生不仅平时要多读专业书籍,并且还要会检索资料,分析资料。这就要求学生必须具有查找资料的能力,具有去粗取精的能力。但是,从比赛准备过程看,从比赛中学生查找资料的情况看,即使已经给予了学生以指导和协助,但是由于平时的训练不够,当然也是教学中多数课题没有引导学生进行检索工作,导致学生在实际运用中缺乏经验,反映到写作中,就是在论证方面比较单薄。

最后,写作不够规范。在撰写书状时,必须要符合写作规范,包括标题、段落，更要加强对脚注、引用内容的注明。但是，学生在写作时，因为阅读积累不够，因此在撰写时不知道该引用什么、也不知道如何引用，这导致外国法官质疑中国学生的学术诚信问题。用英文写作，对于学生来说确实有难度，但是并不能因此就可以忽略学术规范问题，相反，只有符合学术规范，才能体现研究的科学性、符合法律的要求。符合学术规范，是对学生的要求，因此需要对学生进行教育和训练。

（三）进一步加强双语教学，开展国际化人才培养改革

全球化对国际化人才提出了非常高的要求，法学院的学生也面临着如何在全球化的背景下，应对全球挑战维护国家利益的问题。因此，既要给学生树立全球化的理念，更要培养学生适应全球化挑战的能力，其中包括对法律专业英语的掌握与运用。在比赛中，尽管法学院已经选拔了相对优秀的学生，尤其是外语水平高的学生，但是从比赛情况看，学生不能准确地理解法官的问题，也不能准确地用法律语言回答法官的问题。例如，当讨论 A 国国民在 R 国的法律地位时，涉及一个很关键的词——drifting，该词语的通常意义大家都懂，但是放在案件讨论中，就是一个非常关键性的、具有法律意味的词，如果不能准确把握的话，就在法律定性上产生疑义。此外，当法官随时打断代理人的发言，并提出问题时，语速并不快，词义并不难，学生也承认，他们知道每个词的意思，但是就是不能准确把握问题是什么。事后再讨论时，稍微一点拨，学生就豁然开朗，拨云见日。这看似简单的现象，其实反映出学生对专业书籍阅读少，没有形成用英语思维的习惯，同时，学生对专业英语掌握得也非常肤浅，学生就是上课，但是较少运用，不能做到理论与实践的结合。要解决该问题，不能仅仅依靠公共英语，也不能依靠赛前准备，而是要通过平时的教学，通过全英语教学和双语教学有意识地训练学生的法律英语思维。这其实也对法学院国际化人才培养提出了新的要求，从长远看，要培养适应国际化需要的人才，要从改革人才培养模式入手，最好能有专门的培养方案，加大双语教学与全英教学的力度，培养学生运用英语解决专业问题的能力。

从比赛情况看，对于大多数学生来说，他们虽然经过多年的外语学习，但是外语的运用能力较弱，教学中存在着一小部分学生对专业课的内容不理解，在用外语分析法律案例和撰写法律论文上存在着欠缺。针对这种情况，建议根据学生的特点，采取不同的培养方式，即体现差异性原则，给予不同的学生以不同的机会。首先，课程之间要有延续性。从课程的开设时间看，宜于从二年级开始，直至四年级，这样，一方面二年级学生在掌握了专业基础知识之后学习，更容易掌握所学的专业知识，也有利于吸收双语教学带来的教学理念和方法创新，同时，各个课程之间形成衔接，有利于巩固双语教学的成果，另一方面，对于不同英语水平的学生通过分班考试，可以设定不同的选课内容。

总之，通过参加国际法竞赛，无论是指导教师还是学生都对国际法教学有了新的认识。老师和学生都逐步认识到国际竞赛的重要性，建立和培养了一个合理的竞赛梯队，教会了学生如何学习，改进了教师的教学方法，为以后的教学改革奠定了良好基础。正所谓青出于蓝而胜于蓝，正是通过竞赛，以老带新，才能将学习的内容、学习的方法、学习的理念流传下去，建立一种真正的学习型组织。

教学方法改革创新

经管交叉背景下公共政策学案例教学创新思路研究

城市经济与公共学院　张杰

【摘要】:公共政策学是公共管理类本科专业平台课程,但在世界范围内还属于新兴学科。我国目前公共政策学的课堂教学方法基本还处于课堂上教材讲授、典型案例讲解的阶段,不能适应从"课堂学习"到"政策实践"的教学要求。本文基于目前我国公共政策学课堂教学方法的现状与问题,在案例教学理论分析的基础上,以经管学科交叉为背景,提出了"摸底—点题—仿真—实践"四步案例教学法。

【关键词】:公共政策学　课堂教学　四步案例教学法

公共政策学是教育部公共管理教学指导委员会要求开设的所有公共管理类本科专业的四大平台课程之一,首都经济贸易大学公共管理类本科专业在城市经济与公共管理学院开设,现有行政管理、土地资源管理、公共事业管理、城市管理四个专业,且公共政策课程均已在上述四个专业开设。

因城市经济与公共管理学院是我校唯一拥有经济学和管理学两大学科交叉优势的学院,教学研究覆盖区域经济和公共管理两大学科,因此本文拟在此学科交叉背景下,针对公共政策学的课堂教学思路进行探讨,以期为公共政策课程教学改革的进一步深化提供参考。

公共政策学在全世界范围内都还属于新兴学科,它起源于政治学、管理科学等学科。公共政策学作为一门学科首先诞生于美国,早在1947年,美国学者西蒙在其《管理行为》一书中就提出"管理即决策",1951年美国著名政治学家勒纳和拉斯维尔共同主编的《政策科学:视野与方法的近期发展》一书的面世,被人们认做是公共政策学诞生的标志[1]。

公共政策学本身属于边缘性、交叉性学科,具有很强的综合性,涉及社会科学和自然科学两大领域内的很多内容。公共政策教学则是在兼顾理论体系完整性的基础之上,有目的地从系统科学的角度介绍公共政策的基本知识和发展前景,探求公共政策的实质,以提供政策相关知识,从而为改善公共决策系统、提高公共政策质量打下基础。但由于公共政策学对于我国高校来说还属于一门新兴学科,公共政策教学的专业化人才存在缺口和高校教师在公共政策教学过程中偏重理论,在强化问题意识、关注政策现实方面欠缺,从而使这门课一定程度上成为无源之水[2],在课堂教学上存在诸多问题。

特别是,社会科学类课程需要把纸面研究和实践轨迹有机地结合起来,以便最大限度地贴近真实,案例教学就是理论联系实际的重要途径之一。作为一门应用性、实践性较强的学科,公共政策概论课程中的很多政策热点与问题均与实践紧密相关,其理论是基于实践基础之上而又广泛应用于实践。在一定程度上,选择合适的案例开展教学,有助于学生从"课堂学习"到"政策实践"的转变与体验。案例教学也是公共政策学发源地美国的 MPA、MPP 教育的基本工具和方法。

一、公共政策学课堂教学方法的现状与存在的问题

近几年来,我国各大综合性院校和财经类院校都相继开设了公共政策学这门专业课程,在不少的师范类院校和理工科院校也设有相近的专业。这表明,公共政策学专业在全国高校的覆盖面较广,高校学科设置的变化也紧跟国家教育政策变化的步伐。公共政策专业的灵魂就是把握国家政策的脉搏,更新和完善政策方案的设计,以便使社会更好地发展。但公共政策学在我国高校毕竟是一门年轻的学科,因而课堂教学方法在实际运行的过程中必定存在着一些亟待探讨和解决的问题。

(一)当前公共政策学课堂教学主要方法

近年来,各高校公共政策学任课教师针对公共政策学学科的复杂性、多样性特征,加强理论研究和探讨,不断探索新教法。以济南大学行政管理本科专业公共政策课程组为例,主要采用的教学方法有以下几种。[3]

1. 传统讲授法。公共政策学尽管实践性比较强,但是其理论的系统性也很明显。按照传统的讲授法,梳理其基本理论成为必要。在讲授中,首先介绍公共政策学的历史起源,对公共政策的概念、学科对象、性质、范围等进行了整理,讨论了公共政策的特征、类型、功能。其次,对公共政策所研究的理论体系进行介绍,包括政策主客体、环境、公共决策体制,其中重点是分析了政策的过程,包括政策的制订、执行、评估、终结等。最后,介绍公共政策分析方法的应用,讲述几种具体的公共政策分析方法。通过讲授让学生熟悉公共政策学的基本概念,初步了解公共政策的主要理论规范和一般研究方法。

2. 专题讲座法。国家每次召开重要会议出台的重要文件都属于公共政策的范畴。另外,在教学中发现,大学生对社会满腔热情、忧国忧民,非常关注时政,但是,由于知识和经历的限制,导致学生对某些问题一知半解,急需老师给予解答。为让学生及时了解和掌握国家重大方针、政策,把握时政动态,课程组根据国家重大和主要会议精神,专门制作专题讲座课件,让学生了解最新最前沿的政策。课程组先后制作了两会报告解读(2006 年、2007 年、2008 年、2009 年、2010 年、2011 年、2012

年)、十六届六中全会、十七大、十七届(三中、四中、五中、六中)全会报告解读、改革开放30周年纪念、改革开放以来的三次思想解放等专题讲座课件。专题讲座讲授时,穿插公共政策基本理论知识,用理论解释现时政策,用现时政策来检验理论。

3. 案例教学法。怎么样把理论和实践结合起来是专业教师必须解决的根本任务,在公共政策学课堂教学中更应如此。解决的途径就是采取案例教学。案例教学最大的益处就是理论与实践的有机结合。通过实践案例,用所学理论指导与分析实践,在实践分析中总结鲜活理论,提高实践模拟的能力,提升学科理论水平。案例教学也是公共政策学发源地美国的MPA、MPP教育的基本工具和方法,是传家宝。教师深知它的重要性,在备课时搜集了大量的案例,整理形成案例库,每堂课基本上可以穿插一个案例。一般在上一次课结尾让学生们了解素材,然后分组、分班级或指定几个人准备,重点讲解,其他人可以发表意见。下一次课讲解时,准备的同学都能充分搜集整理相关资料,阐述逻辑清晰,观点鲜明。其他同学积极踊跃参与,各抒己见,课堂气氛活跃,效果良好。

4. 互动教学法。在教学中充分遵循教师主导性地位与学生主体性地位相结合的原则,积极开展互动教学法,改变传统千篇一律的"教师讲解、学生记笔记"的课堂格局。为了创造能够采用互动教学的条件,一方面,在学期开始前,课程组就准备好课程讲义,在第一堂课时就发给学生,让学生从记笔记中解放出来,使学生参与教学的时间有了保障;另一方面,采用了一定的激励机制,就是对平时主动积极参与互动的学生都作个记录,在期末的平时成绩中酌情加分。通过这些措施,在教学中实现了互动。学生们对教师的讲解或学生回答问题等有不同意见,或者说有新的补充,都可以及时给予说明。这种方法丰富了课堂教学内容,也活跃了课堂气氛。

(二)公共政策学课堂教学存在的突出问题及创新思路

1. 公共政策学课堂教学中存在的突出问题。

综合来看,当前我国公共政策学教学中存在的突出问题有两个。

(1)理论滞后于实践。公共政策学教学中,理论和实践的脱节现象较为普遍。

一是教学中的教材理论有余,实践不足。尽管采用了专题讲授和案例教学,但是,理论为主、实践为辅的根本格局没有变。公共政策学的核心特征——实践应用性没有得到充分体现。

二是理论与现实差距巨大。讲解理论基本上是从科学性角度来阐述,所以标准化、系统化、理想化是常规思维,但是现实、实践又是零散、复杂、多样,甚至丑陋的。因此理论与实践之间的时间差距、现实差距、情况差距都很大。

(2)教学方法单一。公共政策研究领域比较普遍地存在着重规范分析、轻实证研究,重定性分析、轻定量研究的倾向,特别是缺乏对公共政策研究所必要的跨学科研究、比较研究和系统分析、统计分析和历史分析等方法的运用。这种研究方法使得我国公共政策学的教学大多仍然采用与普通社会科学类似的方式，偏重于灌输理论知识，把一门本来活生生的学科教得简单呆板。

2. 公共政策学课堂教学的创新思路。从上述问题中可以看出，近年来我国高校公共政策学课堂教学仍旧没有脱离照本宣科的窠臼，并没有从根本上进行课堂教学创新。课堂教学的主体是学生而不是教师，怎么发挥学生的主动性、积极性、创造性，从而在鲜活的政策现实中有所启发、有所收获，才是课堂教学的灵魂所在。其思路主要有两个方向：

(1)强化交叉学科知识渗透。公共政策学的研究对象和研究内容具有跨学科、边缘性、实践性的显著特征。课程内容关联政治学、经济学、社会学、管理学、公共管理学、法学、系统分析与运筹学等学科。因此，交叉、综合、多学科渗透就显得非常必要。很有必要在课堂教学中渗透进不同学科的知识背景和学科视角，使学生更好地掌握政策的基础理论，把握政策问题和对象，更能开阔视野，培养综合创新能力。

在这一方面，城市经济与公共管理学院具有天然优势。我国绝大部分政治、经济、军事、外交等公共政策的着力点都放在城市，且均以经济管理为主，通过经济管理手段推进国家进步和社会发展。因此，以经济学和管理学为基础的交叉学科教学具有学科优势。

(2)创新案例教学方法。案例教学也是公共政策学发源地美国的 MPA、MPP 教育的基本工具和方法，也是国外公共经济学授课的传家之宝，在公共政策学课堂教学中发挥着至关重要的作用，直接关系到授课质量。

从国内来看，目前公共政策学的案例教学，或者如前所述以专题讲座法形式出现，或者以典型案例形式进行，均存在着不够系统、脱离实践、单向讲解等弊端，不能够真正把公共政策学的原理应用于实践而又能高于实践——即通过学习理论知识来拿出解决现实政策问题的办法。

二、公共政策学案例教学理论分析

鉴于中国处于社会转型期，社会经济快速发展，社会问题急剧增加，复杂的社会状况为公共决策提供了丰富的社会实践，决定了其决策的科学化、民主化必须依据中国现实，实现公共政策的本土化。另外，中国共产党领导下的民主集中制的决策机制具有天然优势，执政党可以先提出政策理念，然后选择特定区域进行试点，形成成熟政策，最后形成法律法规。这一中国特色决策机制为公共政策学的本土化提供了可能，也为许多国家所赞赏、借鉴。因此，我国当前存在着大量可用于公共政策的案例以供分析，创新公共政策案例分析具有重要意义。

所谓公共政策案例(public policy case),是指将实际生活中的具体公共政策引入课堂教学或学习者思维之中的可操作的应用形态,是对某一公共政策情景(a policy situation)的直观化和具体化的描述[4]。

通过公共政策案例教学,学生可以对课堂所学的政策理论知识进行条分缕析的“再检验”,进而更为深入地认识政策制定过程的现实状况与问题。另外,也可以通过对问题进行多种解决方法的比较评估,自觉或不自觉地训练“分析有条不紊、探究坚持不懈、决策当机立断”的政策分析能力[5]。

(一)公共政策案例教学的理论分析[6]

1. 公共政策案例的界定。案例是一种将真实生活引入学习之中的方式,“模仿真实生活中的职业情境”,创作“剧情说明书”用来做详细的检查、分析和解释,可以帮助学习者像从业人员那样进行思考和行动。小劳伦斯·列恩认为:“教学案例是一个描述或基于真实事件和情景而创作的故事,它有明确的教学目的,学习者经过认真的研究和分析后会从中有所收获。”公共政策案例是基于鲜活的公共政策活动,将公共政策理论与实践有机结合起来的教学案例,目的是帮助学生掌握公共政策的基本理论、基本知识和基本方法,促进公共政策学教学和研究水平的提高。

2. 公共政策案例教学功能分析。公共政策案例教学具有以下几种功能。

(1)有利于实质性提高课程教学质量。《国家中长期教育改革和发展规划纲要》指出提高质量是高等教育发展的核心任务,是建设高等教育强国的基本要求。注重学思结合。倡导启发式、探究式、讨论式、参与式教学,帮助学生学会学习。激发学生的好奇心,培养学生的兴趣爱好,营造独立思考、自由探索、勇于创新的良好环境。公共政策案例教学将灌输式学习转变为启发式学习,改应试教育为素质教育,能够将理论知识通过具体形象的案例使学生吸收,在潜移默化中树立公共政策理念,比传统枯燥的灌输式教学效果好得多。

(2)适应公共政策学科特点,有利于提高学生学习效率。公共政策学是一门综合性很强的学科,它融汇了自然科学、社会科学和技术科学等学科知识,又具有自身特点和规律的科学。学生对政策术语和范畴等理论知识的理解较困难。通过对公共政策案例的分析,能够加深对政策术语、范畴及其他理论知识的理解,并能消化所学知识,能够以简易而又抽象的形式储存于大脑的记忆之中,提高学习效率。

(3)有利于培养学生公共政策实践技能和应用能力。公共政策学是一门实践性、应用性很强的学科。它来源于实践,又服务于实践。通过创设政策情景对公共政策进行模拟分析,能够增长学生政策制定、政策执行、政策评估等多方面的公共政策操作性技能,同时也能增进学生的政策信息收集与加工技能、政策管理技能等。通过严格的“经验性练习”,使学生具备发现问题、分析问题和解决问题的初步能力，为成为一名合格的公共管理者和职业分析师奠定基础。

(4)有利于转变学生思维模式，养成主动学习的习惯。案例教学能够培养学生的自学能力和自主性思维，使学生在思维方式上更主动，它以个案分析为载体，通过富有针对性的理论阐述来影响学生的思维，最终为学生从感性为主的思维模式提升为以理性为主的思维素养创造了条件。案例教学是教师与学生双方参与的互动式教学形式。它突破了传统的被动式教学途径，能使学习者针对模拟情景主动参与进来，形成双向交流的启发式教学模式。它能够促进学生积极思考，激发其对于公共政策学的兴趣和求知欲，使其与实际部门工作者分享经验，把所学知识和理论"内化"为发现问题的认知思维、分析问题的推理思维和解决问题的判断思维。

(二)公共政策课程案例设计原则

基于上述总结分析，公共政策课程案例教学设计原则如下[7]。

1. 以现实案例为基础，辅以早期案例分析。在案例的选择上采取"新""旧"兼顾的原则，有些案例虽然不是最新的，但却有极高的分析价值。不论是相对较早的经典案例还是时效性较强的新案例，在案例的描述部分都力图给学习者以更多的细节与信息。

2. 程序性准备与实质性准备同步。程序性准备是指在课堂用于分派任务、划分小组、安排角色等过程中的技巧和方法等，力图促使学生在案例分析的学习中，可以进一步掌握与案例相关的知识点。案例分析的程序性过程一般包括如下步骤：阅读案例、个人分析——小组讨论、达成共识——课堂发言、全班交流——教师总结、消化提升[8]。

实质性准备指的是如何针对案例设计有争辩性的问题，使之能够最大限度地开发学生的潜能和热情[9]。争议性是案例讨论的基础，没有争议的案例教学注定是失败的，正如约翰·巴赫(John Boehrer)所说的："如果你的学生出了教室仍然谈论课堂上的案例，就可以认为你这堂课是成功的。"

3. 以中国特色公共政策为本，兼容并蓄国内外政策案例。由于"中国公共政策知识的积累是从移植西方特别是美国的公共政策的现成理论和分析模式开始的"[10]，其学术水平还基本停留在介绍西方的政策理论、评价理论阶段，没有深入到政策科学的实质，这导致公共政策的研究与教学存在诸多薄弱环节。[11]

然而另一方面，中国社会"压缩饼干式"的快速发展使得与公共管理、公共政策、公共事务相关的理论与实践在时空压缩的特殊语境中发生的，其变革之快、变化之巨、领域之广堪称空前，仅靠仿制和照抄照搬脱离实践的"洋"案例，不可能彻底解决中国现实的公共政策问题。因此，就公共政策的案例教学而言，主要思路仍需立足于关注本土化问题，重点是中国政策实践中的各种鲜活的案例并不断强化本土化思路，与此同时，对国外的政策实践予以适当关注，并对之进行精心甄别和客观分析。

三、经管交叉背景下公共政策学案例教学创新思路

据前所述,笔者结合自己的公共政策学教学实践,总结提出"摸底—点题—仿真—实践"的案例教学思路,经过课堂教学验证,效果良好。现叙述如下。

(一)创新原则:以交叉学科为基础,做好顶层设计

城市经济与公共管理学院实行大类招生,学生入校后按照公共管理大类进行培养,第三学期实行专业分流,第四学期开始专业学习。公共政策学既是大类平台课,也是专业必修课,在授课时要充分考虑学生的学习层次和知识结构。

当前我国发生的诸多公共政策事件,涉及政治、经济、文化、军事、外交等方面,根据我国"稳增长、促发展"的指导思想,军事外交均为国家发展服务,总的来看近期出台的公共政策均可以归纳为经济管理领域。所以,以经济、管理两大交叉学科的背景知识为切入点,既要具有一定的经济学知识,也要具备相应的管理学原理,还要会基础的数据分析方法,从而做好课堂组织和教学环节的顶层设计,充分突出理论知识和社会现实的无缝对接,就显得非常重要。

(二)创新流程:构建"摸底—点题—仿真—实践"四步案例教学法

基于上述考虑,在教学实践中逐步摸索出了"摸底—点题—仿真—实践"四步教学法,凸显政策实践中的理论脉络,注重理论讲解中的实践能力,力图通过"实时新闻、现场分析、政策把关、实践验证"的教学思路来切实提高学生对于公共政策学理论的把握能力和现实问题的解决能力。

1. 摸底学生情况,准备实施案例教学。公共政策具有强烈的个人理解倾向。不同的学生,对于同一政策理解的角度都大相径庭。为此,在公共政策学第一节课,应摸底学生情况。下表是课程摸底问题清单。

2013 年公共政策学课程学生情况摸底

班级　　学号　　姓名

一、请写出近一周内在我国发生的、您认为属于公共政策范畴的三件事情。

二、请写出您的工作(包括实习)经历(含内容、时间、地点、收获)。

三、您认为怎么理解公共政策的含义?理由?

四、请简单描述现在您理解的公共政策的酝酿、制定、执行、反馈等流程。

五、您认为公共政策学这门课重要吗?有用吗?理由?

六、您认为公共政策学这门课应该怎么讲?怎么考?理由?

七、关于这门课,请简要写出您认为应该告诉老师的想法。

通过摸底,可以了解学生对于这门课程的熟悉情况、希望得到的知识和能力以及与学生交流的方式和应该注意的问题等。从摸底情况来看,绝大部分学生不接受照本宣科式的讲解方法,而希望代之以新鲜的案例分析。这就为顺利实施案例教学打下了坚实基础。

鉴于公共政策学的社会属性,为启发学生锻炼公共政策课程必需的思辨能力、协调能力和团队精神,在摸底之后即对全班进行分组,要求学生们自由组队。如2012级行政管理班自由组合为"萝卜开会""未来组""请门安东回答"和"群英荟萃"四组,每组7人左右,增强了团队归属感,也融洽了班级气氛。

2. 点题政策案例,进行理论分析讲解。课堂教学和社会现实结合,是吸引学生兴趣的第一步。在进行公共政策学授课时,应在总结上次授课和课后学生预习的基础上,简单讲授当天要讲述的内容,并随即通过笔记本电脑上网,打开当天的新闻网页,浏览实时新闻,并要求学生各自选取热点问题进行小组讨论,并准备发言。

例如,2013年3月26日"公共政策导论"课程,2010级城市管理专业学生分别选取了中国当前三公经费消费、彭丽媛出访身穿中国造、农夫山泉丹江口水源地垃圾遍布、养老金并轨、国际海洋法庭强行仲裁南海争端等政治、文化、经济、社会、国际方面的公共政策问题,由教师给出问题,小组讨论后解答,其他小组质疑或评点,教师最后点评,结合西方和我国的公共政策发展进程讲解了公共政策学的发展阶段、发展特征等内容。

下一步,随着课程深入,教师应逐步将题目选择集中在单一焦点上,以便于学生深入对比分析理论知识和现实案例。

3. 仿真现实场景,模拟政策实施情况。在学生逐步熟悉公共政策学的基本理论框架知识的情况下,可以进行课堂仿真模拟教学,通过当前我国现实政策问题的模拟和解决,充分发挥学生的创造力和主动性,模拟现场情况,进行实时点评。

例如,2013年4月1日,2010级城市管理专业学生模拟"胜利村分地"的政策解决场景。全班同学分为胜利村五个组,由村长和书记主持分地。模拟了初次分地、村民闹事、重新投票等流程。虽然过程相对简单,但对于土地分配这一当前我国经济发展中的焦点问题进行了深入思考,分地过程中体现出公共政策的公共性、权威性、价值性、动态性等特征,加深了理解。通过教师点评,学生即对"三农"这一现实重大问题有了更加深入的了解,也明白了简单分地过程的公共政策学含义。

现实场景模拟极大地调动了课堂气氛,有利于锻炼学生的开拓性和解决临时问题的能力,对于政策实施的情况和流程也具有很大的帮助作用。

4. 实践现实政策,还原理论指导作用。理论学习和场景模拟,毕竟还属于课堂教学环节,同学们对于真正的公共政策制定、执行、评估、终结、分析等环节的了解还不是特别透彻;而且,虽然是实时新闻,但因为正在发生而同学们还身在课堂,所以难免有隔岸观火的感觉。

为实现课堂教学和现实情况的无缝对接,应给同学们以公共政策实践的机会来深入了解。这一机会可以从以下三个方面着手。

其一,到公共政策制定相关部门参访。如通过联系,城市经济与公共管理学院的学生可以利用地利之变:行政管理专业学生可以到中央编制办公室综合司综合处参访行政管理体制和机构改革以及机构编制管理的政策和法规的拟定等工作流程;土地资源管理专业学生可以到国土资源部法律中心参访12336国土资源违法举报电话网上信息平台,实时收听国家部委对于有关土地政策的解释、处理等情况等。

其二,请国家机关有关领导讲座。可以根据专业需要,对口邀请相应的公共政策管理部门有关领导来校讲座。如经联系,城市管理专业可以邀请北京市市政市容管理委员会领导来校做城市管理方面的介绍,邀请北京市规划委员会领导来校讲解城市规划、城市功能疏解等方面的内容。

其三,通过课题研究复证公共政策产生流程。可以由任课教师根据个人参与公共政策制定的经验,筛选出适合进行复证的研究课题,交由同学们进行研究复证,一步步再现政策出台的研究背景、研究流程、政策框架和政策实施结果。例如,笔者曾把国土资源部委托软科学课题“土地政策促进产业结构调整研究”、北京市西城区委托课题“金融街国际化政策研究”等研究课题交给学生当场讲解复证,让学生体会政策研究的一般流程,也锻炼了项目研究能力。

参考文献

[1] 王筱静. 2011年MPA系列讲座——公共政策学的引进及其中国化[J]. 北京科技大学学报(社会科学版),2011(2).

[2] 邹琪. 对我国高校公共政策学课堂教学方法的探讨[J]. 经济研究导刊,2012(17).

[3] 宁有才. 公共政策学课程教学总结与改革思考[J]. 中国电力教育,2012(34).

[4] 陈潭. 公共政策案例分析[M]. 北京:社会科学文献出版社,2009:3-4.

[5] 李小军. 案例教学存在的问题及对策[J]. 辽宁行政学院学报,2010(7).

[6] 陈昌洪. 公共政策学案例教学探讨[J]. 现代商贸工业,2012(16).

[7] 孙广厦. 公共政策概论课程案例教学改革的思路初探[J]. 学园,2012(5).

[8] 宁骚. 公共管理学的案例教学与案例写作[J]. 新视野,2006(1).

[9] 江凌,吴江.对高校公共管理类课程开展案例教学的思考[J].西南农业大学学报(社会科学版),2007(6).

[10] 胡宁生.中国社会转型中战略变迁的公共政策学解释——西方公共政策非线性过程理论的中国应用[J].江海学刊,2006(1).

[11] 娄成武,魏淑艳.公共政策学[M].沈阳:东北大学出版社,2003:25.

案例教学法在实验室环境下的应用

——以外贸函电课程为例

经济学院　于晓云

【摘要】:中国作为世界第一货物出口大国,迅速的贸易发展使得包括外贸函电写作在内的对外经贸技能对广大外贸工作者而言显得非常重要。外贸函电的教学也随之快速发展,案例教学法这一主要运用于工商管理、法学、医学、国际商务等学科领域的教学方法也被应用到外贸函电的教学当中,本文论述了如何将案例教学法有效运用到外贸函电这一教学领域之中。

【关键词】:外贸函电　案例教学　实验室环境

外贸函电课程是国际经济与贸易、贸易经济、经济学专业的专业选修课之一。作为国际商务往来通用的一种联系方式和专业语言,外贸函电是开展对外贸易和国际经济合作等业务活动的重要工具。学生通过系统地学习对外书面交流的格式、专业词汇、行文方法与文体特点,能够掌握对外贸易书面沟通的基本知识,并且提高在外贸业务活动中熟练运用英语进行业务联系和草拟有关合同的能力。因此,确切地掌握并熟练地运用外贸函电的基本知识,是从事对外经贸业务人员必须具备的一个重要条件。

在国际经济局势日趋多极化的时代,只有具备较强实践能力的人才才能适应时代发展的要求,才能解决经济生活中可能遇到的问题。外贸函电课程作为一门实践性、应用性很强的课程,仅仅凭借课堂讲授,远不能达到教学目标的要求。

案例教学法是哈佛商学院 MBA 最重要的教学方法。我国于 20 世纪 80 年代开始引入案例教学法,但一直主要用于部分实践性、应用性较强的工商管理、法学、国际商务等学科领域,在外贸函电教学中,案例研究与实践并未得到更多的开发,对此教学方法的实践和研究尚处于起步阶段。因此本文拟对在外贸函电课程中基于实验室环境应用案例教学法作一些探讨。

一、目前外贸函电教学的现状

随着经济全球化进程的不断加快,外贸函电作为一门将外贸实务与英语相结合的综合课程变得越来越重要,但传统的翻译教学法已经很难使学生学以致用。

当前在外贸函电教学中存在以下一些问题。

(一)教材内容单一滞后

大部分的教材内容陈旧,写作实例重复。教师缺乏一手的实际的外贸信函的案例,除了教材,教师应从多方面拓展教学资料,比如通过一些外贸实务的网站、论坛,或者外贸公司搜集最新的真实的资料,这样才能够培养学生思考和解决具体案例的实践应对能力。

(二)教学方法缺乏针对性

事实上,当前外贸函电教学中存在着两种主要倾向:一种是精通外贸专业的教师大讲外贸知识,把外贸函电课程当作国际贸易实务课讲解;二是长于语言的教师又沿袭(英语)精读课的套路,对教材信函逐词逐句地释义分析,在某种程度上这种教学方法真实地反映了我国外贸函电教学的现状。这种传统的英语精读教学方法,过分地强调语言形式,而忽略了专业知识的传授。对作业的讲评也不外乎修改拼写与语法上的错误,却很少考虑学生在领会外贸业务方面的情况。外贸函电与大学英语相比自身具备的特殊性,加之学生无外贸实践经验,导致学生在课堂上缺乏学习主动性,极大地影响了他们学习外贸函电课程的热情。为改变外贸函电这种教学现状、提升教学效果,我们可以改进教学方法。

(三)教师如何确定教学重点

外贸函电是门综合课程,学生既要有着扎实的英语写作功底,又要熟悉商务英语的相关表达方法,因此学生掌握知识的难度较大,需要课后做大量的功课。老师也很难在写作技巧和外贸知识中间找到一个平衡点。所以只有结合此门课程的教学目标和学生们的外贸知识水平来确定教学重点,因材施教,才能收到满意的教学效果。

二、外贸函电实验室案例教学法的内涵

教学方法是一个广义的概念,它是指实现教学目标的总的手段,包括具体的教学步骤、教学活动和教学技巧,包括有关教与学的一般性原则。它不是对理论的系统阐述,而是对一个真实情景的描述,这个情景中包含一定的思考题,并要求学生思考、分析、消化吸收,主要包含学生之间的讨论和辩论。学生的能力,包括分析技巧、进行辩论和批判性思维的能力、群体与人际协调技巧和沟通能力等能够从中得到锻炼。外贸函电课程最大的特点是“英语语言技能与外贸专业知识的密切结合”,这一特殊性决定了教师在教学过程中既要注重对学生英语语言能力的培养,同时还应重视强化学生的外贸专业技能。

作为哈佛商学院 MBA 最重要的教学方法,案例教学法的主要特点是“教师根据教学目标和内容的需要,选择典型案例,引导学生通过阅读、思考、分析、讨论和

交流等活动来解决问题,可以让学生在掌握系统知识的基础上,进一步增强分析与解决实际问题的能力”。

外贸函电实验室案例教学法是在选择、汇总、改编加工外贸专业常见的并有一定典型性案例的基础上,利用相关教学软件,借助于模拟实验,在网络上建立接近真实的对外贸易环境,让学生模拟进出口业务流程的不同当事人,通过对案例背景及条件的分析,进行业务磋商、履约、索赔等(即模拟解决实际问题),以达到提高他们英文书面交流能力的目的。

三、外贸函电课程实验室案例教学的可行性研究

我们知道,语言教学的最终目标不是语言知识的获得,而是交际能力的获得。明确语言知识与交际能力的关系,强调语言知识与语言使用知识的传授对外贸函电教学有着十分重要的意义。外贸工作人员所处的环境千变万化,所交往的人层次各异,因而对语言使用的要求很高,也对外贸业务的实际运用能力要求很高。

在外贸函电课程中引入实验室案例教学法正是为了适应对外贸易发展复杂环境的需要。贸易摩擦的日益增多与外贸实践的不断变化对我们的教学提出了与时俱进的要求,我们的教学内容与方式必须适应新形势发展的需要,必须加强与现实的联系。

外贸函电的课程体系是和国际贸易实务紧密相关的,其实践性、应用性及商务技能的专业性都使案例教学法大有用武之地。针对国际贸易专业高年级学生的实际情况,教师可以选用那些形象、直观、实施简便、感染力强、适用范围广、与实际紧密结合的案例。采用案例教学法,可以引导和激发学生把语言学习和外贸业务结合起来,帮助学生了解一些专业术语所代表和蕴含的意义,充分理解外贸术语和进出口业务流程,培养他们对外贸业务的兴趣。

外贸函电实验室案例教学法可以在按照教学大纲要求的基础上,遵循交易程序,从建立业务关系、询盘、发盘、还盘、接受到合同的签订(其中的交易条款包括支付条款、包装条款、运输条款、保险条款等),运用多媒体教学手段营造一种商务环境,实现外贸模拟实习。因学时限制,可从中选择几个章节,选择若干个典型案例为背景,借助于交际教学法将学生分组分别扮演不同的角色,相互之间借助于书面方式进行交流,以完成某个环节的运作。具体做法是结合教材,借助实验室专业软件系统选取适当的与外贸业务相关的案例。

(一)案例与案例选择

目前在商务英语的案例教学中,选择案例成为教师的一项重要任务。可以从建立案例库开始,设计案例类型,收集、加工、整理案例。根据案例与教学环节的联系,可分为课堂引导案例、课堂讨论案例、课外思考案例;根据案例与讲授知识的联

系可分为描述性案例、问题型案例和混合型案例;根据师生在教学中扮演角色的地位不同,可以分为插入型案例、讨论型案例、模拟型案例。

要在课堂上成功地使用案例教学法,教师课前对案例的选择非常重要。在案例选择上应注意以下问题:①针对性。案例要根据教学目的有针对性地收集。②时效性。课堂教学应不断更换选择补充新鲜的案例,确保案例的时效性。③难易度。对案例难易程度的掌握,有助于教师把握好教学进度,适应学生接受能力。④优秀案例的延展性。一个好案例可能融合几节课的重点,或加强一节课的主要线索,使案例发挥最大的价值。⑤多媒体教学辅助案例。采用多媒体教学,学生在教学过程中主要是通过视、听来接受教师所传递的信息,从而保证信息传输的有效性。

(二)实验内容

下面我们将以“建立业务关系”环节为例进行介绍。

1. 明确实验目的。该节的实验目的主要是让学生在给定的条件下,发布商业信息,寻找国外客户,掌握对外贸易中如何利用商务信函建立业务关系,使贸易得以顺利进行。

2. 落实实验内容。第一,两位同学为一组(自己寻找业务伙伴或由老师确定),分别扮演进口商和出口商,然后两人交换角色。老师公布每个学生的用户名及密码。第二,选择目标市场。学生可通过软件中提供的各种信息源(主要是二手资料),从中寻找适当的目标市场。第三,选择目标产品。在选择目标市场的基础上,通过软件中提供的有关产品的信息,了解目标产品的基本特点,如产品性能、当前市场价格、销售趋势等,进行成本核算,分析该产品的利润空间是否符合既定目标。第四,选择交易对象。借助于商会、银行、贸易代表团的互访、媒介广告、出口商品交易会、互联网等渠道,选择合适的交易对象,为信函联系做准备。第五,以信函方式建立业务关系。应注意建立业务关系环节书信应包含的要素:告知对方有关对方信息的来源,如商会、银行等;有关写信人的简单的自我介绍,如公司性质、行业、产品系列、声誉等;写此信的目的,如笼统地希望建立业务关系的愿望、希望对方进行询盘、希望对方发送商品目录、价目单或样品等;有关本公司资信情况的证明人;希望对方能对此信函做出积极反应的期待。其中,如何吸引对方的兴趣(写信人的自我介绍部分与写信目的的表述)及对对方积极反应的期待应是本环节实验的重点。

这种教学方法一方面可以加深学生对进出口业务及其流程的充分理解,提高学生的书面交际能力。另一方面,这种教学模式也容易激发学生的学习积极性,增加课堂的趣味性。因而活跃了课堂气氛,提高了学生的学习兴趣,增强了学生学好这门课程的信心。

（三）典型案例

在案例教学过程中，我们可以借助相关教学软件，在网络上建立接近真实的国际贸易模拟环境，让他们从中选择一个在电脑上模拟，训练学生全面、系统、迅速地熟悉并掌握国际贸易业务运作的流程及基本技巧。如：

1. One exporter of China put an advertisement in the "China Daily" in search of foreign buyers, stating they are able to supply a wide range of Machinery and Equipment.

2. Mills Air Conditioning Co. Ltd. put an advertisement in "Business Times" promoting their air conditioners.

3. An American importer was recommended by the Bank of China, New York Branch that a Chinese exporter could provide Chinese textiles and cotton piece goods.

4. China National Light Industrial Products Import & Export Corp. learned Company B through the Chamber of Commerce of London.

（四）实验主要设备

案例教学法在实验室环境下的应用离不开实验设备和软件环境。实验设备可借助于首都经济贸易大学经管中心日益完善的经济运行与国际贸易实验室，软件可利用上海外贸大学开发的TMD（Teaching Me Trade）软件和最近正在安装的由南北软件公司开发的南北国际贸易实训仿真平台。这个外贸实训仿真平台，涉及外贸实务、财务管理和资金运作、统计、企业经营管理等多学科知识体系，学生通过实训和模拟，可以对相关知识体系进行实践、验证和学习，在成为"外贸通"的同时，也可以成为"财务通""管理通"。

四、案例教学法在实验室环境下的应用对外贸函电课程课堂教学的影响

与传统的语法翻译教学法、句型替换教学法相比，案例教学法在实验室环境下的应用改变了外贸函电教学长期以来惯用的老师讲、学生听的"填鸭式"教学方式。它要求授课教师需根据教学目标和内容的需要，选择典型案例，引导学生通过阅读、思考、分析、讨论和交流等活动来解决问题，在学生掌握系统知识的基础上，进一步增强分析与解决实际问题的能力。

与纯粹的案例教学法相比，实验室案例教学法能提升学生掌握实际操作与决策的能力。哈佛商学院所提倡的案例教学法是借助于案例进行教学，案例分析是分析过去发生的事情，一般情况下，学生案例分析学得好，分析能力会较强，但通常缺乏实际操作能力的培养。外贸函电实验室案例教学法实际上是借助于计算机和国际贸易教学软件，以模拟实战方式传授知识，帮助学生在深入理解的基础上学习，注重于培养学生如何将知识转化为应用的综合能力。总体上看，案例教学是让

学生学会如何分析问题，而实验室案例教学是让学生掌握实际操作与决策能力。通过实验室模拟教学，将学生置身其中，亲自参与，独立地完成某些业务环节，可以使学生对外贸业务产生更加直观的印象，并使学生更加重视实践能力的培养。从效果上看，实验室案例教学要强于纯粹的案例教学。

此外，教学实践也表明，案例教学法可以使学生对外贸术语有更深入的理解。例如，使用案例辅助讲解 FOB，CIF，CFR 等不同价格条款特点时，由于案例分析的帮助，学生学习起来兴趣盎然，全然不觉枯燥，反而能体会到商务活动的灵活和变换无穷，感觉到思路和思维方式均得到拓展。教师在运用上述方法组织教学时，一定要把握住其内容的知识性与实用性，尽可能地激发学生主动参与、探索、思考和实践的积极性，有效地提高其商务实践交际能力。

五、外贸函电课程实施实验室案例教学应注意的问题

在外贸函电课程教学中实施实验室案例教学在经济学院是一种较新的尝试，在案例材料的选择、互动性、对学生能力的培养、对师资的要求、评价体系的构建等方面，案例教学法都有显著特征。因此在具体实施过程中应注意如下问题。

第一，在教学方法上，应更多地采用启发式教学、讨论式教学、仿真教学与传统教学方法相结合的模式，逐步从以教师为主体的知识灌输型，转变为以学生为中心开展研究性、体验性和实践性学习，提高学生的实际操作应用能力、自学能力、思维能力、文字及口头表达能力。同时对授课教师也提出了更高的要求，教师不但需要具备扎实的英语语言基本功，丰富的知识面，广博精深的商务知识，还要对新的教学方法大胆尝试，提高理论与实践修养。

第二，在教学计划上，应加大实践性教学环节的比重，让学生成为课堂活动的主体。可以让学生在创设的情景中扮演不同的角色，模拟买方与卖方、买方与银行、托运人与船运公司等进行贸易实践活动。学生通过具体的贸易操作，可以综合而灵活地运用所学知识，独立完成贸易活动，发挥其主动性、创造性，激发其学习兴趣，改变以往学生以旁观者的身份接受、汲取知识的状况，增强课堂教学的活跃度与学生的参与性。

第三，在考评方式上，应实施考评改革，呈现出多样性的评价体系。对案例提供讨论的场景，学生会提出不同的见解，它不存在标准答案。在解决问题的过程中，学生可能通过自己的分析，言之成理，并解决问题。最后大家可以讨论哪种方法为最优方法，而最优方法也是不确定的。因此，答案的多元化与最优化开拓学生思路，与传统的以标准答案为导向的学习有巨大区别。

因此考核过程应突出过程考核与综合能力考核，建立专业技能和专业能力评价体系。考试内容既有理论知识，又有操作技能。考核形式可机动多样，采取课堂考试与现场考试相结合的方式，交叉采取笔试、口试、实践操作、调查等形式，注重过程考核与能力测评。

外贸函电作为一门重要的语言技能课，业务环节和案例教学相结合的实验室案例教学法的实施，可以刻意营造一种仿真情境，让学生通过反复的训练和实践，在“情景”中增长才干和积累经验，快速地了解外贸函电的特点并对其有一些感性认识，提高他们解决、处理实际问题的综合能力，在今后接触实际工作的时候也会变得得心应手。这也是学习外贸函电课程的最终目标。

参考文献

[1] 吴进业，花清亮. 中国当代外语教学法[M]. 开封：河南大学出版社，2004.

[2] 康增奎. 国际经济与贸易专业实践教材. 首都经济贸易大学经济与管理实验中心，2007.

[3] 谭秋月. 案例教学法与外贸函电教学研究[J]. 教学研究，2006(11).

[4] 吕树宽. 外贸函电课程教学改革探索[J]. 辽宁教育行政学院学报，2006(12).

[5] 宋淑敏. 试论外贸英语教学现状与对策[J]. 继续教育研究，2006(23).

[6] 王玮韦. 外贸函电实训教学模式研究[J]. 长江大学学报(社会科学版)，2011(10).

[7] 王秋英. 外贸函电教学存在的问题与改革措施[J]. 教学科研，2011(1).

参与式教学法在广告专业的探索和应用

文传学院　杜文娟

【摘要】:参与式教学法以学生为中心,让学生尽早进入角色,参与到课堂教学活动中,促使学生成为学习的主人。引导学生自主学习、合作学习、在实践中学习,提高学生独立思考和解决实际问题的能力。

【关键词】:参与式教学法　广告专业　考试改革

目前高校人才培养的主要方式是课堂教学,良好的教学效果是任何一所高校生存和发展的基础。教学方法的改革和创新是提高教学效果的重要途径。教改一直是高校建设中的基础问题,它不仅关系到高校人才培养模式的整体建设,而且也是高校提高教学水平的有力保障。

笔者在"品牌设计与战略"课程上,探索运用参与式教学方法,引导学生以"品牌经理"的角色进入教学过程,让学生参与到课堂教学中来,调动其主体意识和潜能;使学生更好地掌握分析问题和解决问题的方法;使理论教学同社会实践紧密结合。强调动手能力的培养,强调培养团队意识,让学生学会表达、学会沟通、学会合作。笔者的目的是探索提高广告专业教学效果的教学模式,适应广告业的发展趋势。

一、广告专业的特点适宜采用参与式教学法

广告学是一门综合性很强的学科,它和许多学科都具有很强的关联性,如社会学、传播学、市场学、营销学、心理学、符号学、文化学、统计学、美术学、设计学、色彩学等。从不同的角度看,广告学与它们体现出明显的交叉性和兼容性,许多学科的原理和方法都被科学地利用和借鉴到广告学中。学科的开放性和兼容性要求学生必须具有较强的实践能力,这样才有可能在将来的实际工作中通过实践环节真正将多门学科的知识融会贯通并成功运用。

广告专业是一个多元化的学科,具有极强的创新性和实践性特色。每一项具体的广告技能的培训都离不开实践,单纯依靠简单的课堂学习、传统考试是不能够满足社会对广告人才的需求的。广告职业能力包括很多方面,每一项技能都要求有很高的实践性,广告教育和广告考试必须根据具体情况有针对性地实施。不同

课程对学生实践能力的考查重点也是各有侧重的。

“品牌设计与战略”课程是广告专业的一门专业课程，本课程涉及设计、传播、营销、管理等多领域的教学和研究成果，对学生实践能力的培养和考查要求较高。本课程的教学和实践活动，引导学生以市场为导向，根据消费者的需要和动机，按照品牌成长的一般规律，掌握塑造品牌形象的广告策划与创意、品牌设计、品牌传播与营销、品牌管理和保护的理论与方法，使学生具有较高的设计能力、分析和解决实际问题的能力以及团队合作的能力。

“品牌设计与战略”教学正在探索使用参与式教学法。上课伊始便引导学生模拟职业角色参与到课堂教学活动中来。尽早进入职业角色，有利于学生树立责任意识，增强学习的主动性。带着问题学习可以激发兴趣，提高独立思考和解决实际问题的能力。促使学生成为教学主体，引导学生自主学习、合作学习、研究性学习。同时，也促进了教师教学水平的提高。参与式教学法能够激发学生的创造热情，促进学生的个性发展。同时，提倡手脑结合，使学生能研究、能创造，符合广告学专业培养富有想象力、创新能力，适应社会需要的应用型人才的要求。

参与式教学法符合人类学习过程的心理学规律，能激发兴趣，便于理解和记忆，更有利于培养出有独立思考能力、有创新精神、有解决实际问题能力的人才。参与式教学方法以学生为中心，鼓励学生积极参与教学过程，增强了教师与学生之间、学生与学生之间的交流，使学生能深刻地领会和掌握课程内容，并能将这种知识运用到实践中。

参与式教学法让学生带着问题思考、求解，可以就案例或者热点问题发表见解，但必须构建自己的研究方案。学生所构建的品牌设计、策划与创意、品牌传播与推广方案可以与实习单位的业务相结合，还可以与各种广告类大奖赛相结合。学生只有亲身参加到创作活动中，才能实现理论与实践相结合，实现教学与竞赛相结合，真正得到锻炼，提高动脑和动手能力。除了课堂教学外，还可以采用小组教学、课堂讨论、网络教学等多种教学手段。实践表明，参与式教学法能够激发学生的主动性、积极性和创造性，满足学生的求知欲、创作欲和表现欲，更符合广告专业的要求。

二、参与式教学法在“品牌设计与战略”教学中的应用

“品牌设计与战略”教学中使用参与式教学法有两种情况：

（一）完全式参与教学法

“品牌设计与战略”教学实施参与式教学法的主要环节是：第一，开放式的教学内容和教学计划；第二，建立学习和工作小组；第三，阶段性的实践（作业）和考核；第四，品牌策划案形式的考试；第五，学生、专家和教师共同评价；第六，教师最

后点评、解疑、评价与总结。

“品牌设计与战略”教学过程由讲课和分组活动相结合。开课伊始，成立若干合作小组，每组4~5人，以模拟品牌经理或广告公司的形式进行。每次讲课30分钟后，进行15~20分钟的分组活动。分组活动可以采取不同的形式，根据授课内容和要求，以生动活泼的方式进行“品牌设计与战略”教学内容的实战练习，对练习结果进行互相评论，并由教师或专家进行点评，使学生更加深刻地掌握讲课所学的内容，并能将所学知识应用到实践中去。参与式教学法以学生和教学内容为中心，鼓励学生在分组活动中积极参与，最终制定出品牌战略与策略的实施方案。

分组活动开始时，合作小组介绍品牌战略与策略思想。教师亦经常提出问题让学生回答。分组活动形式灵活多样，可以采用编写品牌实例、绘画、广告小品表演、品牌策略辩论赛，以及按教师要求制定品牌计划或实施方案。

（二）传统的教学方法中加入参与式教学法

在“品牌设计与战略”教学中，在传统的教学过程中融入参与式教学法，可以使学生的学习积极性得到提高，品牌战略与策略的实战能力得到提高和解决实际问题的能力得到加强。

“品牌设计与战略”教学采用设问式的讲课方式，在讲课中鼓励学生对品牌战略与策略教学内容提出问题，由其他学生作出回答或由教师作出回答。

“品牌设计与战略”教学还采用一些无标准答案的习题。教师在“品牌设计与战略”教学中要注意加入一些在解题方法和解题结论没有标准答案的习题，使学生独立思考，寻找新的解题方法，探讨新的解题答案。

就“品牌设计与战略”课程的每一节或在每一阶段的教学中，既可应用完全的参与式教学法，又可在传统的教学法中加入参与式教学法。在前半学期的教学中，可在传统的教学法中加入参与式教学法，让学生掌握基本知识，使学生有一个逐步适应的过程；而在后半学期中，则可以让学生更多地参与进来，以达到提高学生实践能力的目的。

三、激发创造性的开放式考试方式

广告专业的培养目标之一是激发学生的创新意识和能力。创新是广告人才的最大特征，同时也是广告活动的灵魂。传统的考试方式主要是固定的问题、固定的答案。学生的创新性很容易在这种考试中被淹没。我们必须寻找到一种激发和培育学生独立思考，创新思考的教学和考试模式。学生在这种条件下，不用死记硬背书本上的知识，按照自己的理解发挥自己的优势，把自己思维的结晶展现给同学和老师，而不是照搬已经制定好的标准答案，成为考试的机器。

广告专业的考试应该为学生发挥创新思维、展示创新才能提供操作的平台,因此,考试模式本身就应该体现创新特性,将真正能够体现学生创新才能的考试模式引入学校,为学生提供主动参与的机会。以广告品牌设计与战略课程为例,考试应该要求学生将书本上的"定位理论、品牌个性理论、品牌传播理论"应用于每一件具体的品牌之上,为学生提供一个见习品牌经理的机会,为学生提供一个打造品牌的机会。在考试中,允许学生独立思考,大胆思维,任何具有原创性的意见和建议都应该鼓励,老师应该尊重学生的思维结果,并根据自己的专业技能给予指导,使其更加具有操作性和实用性。鼓励学生在创新中求知、在实践中发现问题并解决问题。这些目的和要求都是传统考试方式实现不了的,因此我们必须在保留传统考试优势的同时改革固有的课程考核形式。

广告专业的考试方式应该能够给学生展示各项才能的机会,不同的学生拥有的广告技能也可能不尽相同,开放、灵活的考试风格会给每一个学生提供展示才华的机会,从而加强其社会竞争力,真正实现素质教育。

(一)倡导创造重视过程的考试方式

课程考核是高校教学过程中的重要环节,是提高教学水平、保证教学质量、促进学风和教风建设的重要手段。考试不仅可以检测学生对所学知识的掌握程度,评价检测学生的学习效果,了解学生对所学知识和技能的理解程度和应用能力,巩固学生的学习效果;而且也是监测教师教学效果,评估教师教学成果的一种方式。科学的考试方式可以为学校管理提供有效信息,从而加强高校的整体管理,也可以帮助教师总结教学经验,改进教学方式。科学的方式考试也是一种激励手段,能够激励教学双方的积极性,提高教学效果。

传统考试内容几乎是授课内容的翻版,主要以一张试卷评价学生学业成绩。显然这种考试制度是难以适应现代人材培养的需要的。目前高校考试形式比较单一,普遍采用的考核方式多是闭卷考试、开卷考试、提交论文等形式,极少采用半开卷、口试、技能操作等适合于实践应用能力考核的考试方式。而且最终的期末考试成绩是至关重要的。这就容易导致学生产生重理论轻实践、重书本轻技能、重答案轻创新、重结果轻过程的认识误区。闭卷考试以记忆、背诵为主要的考试技能;开卷考试则以收集答案、书写速度为主要考试技能,"闭卷就背,开卷就抄"的现象比较普遍。提交论文的考核方式仍然是强调文字能力,忽视动手能力,而且在网络资讯发达今天,论文的原创性令人担忧,论文作业中的复制抄袭现象极为严重。目前,很多高校都高度重视考前的考场准备和考试中的监考监控,但考试后的分析、讲评工作常常被忽略。考试结束后,教师急于阅卷,学生翘首以待考试成绩,忽视了对试题和成绩的分析,导致教师和学生不能及时发现各自在教学和学习过程中存在的问题。

本课程所采用的开放式考试是与授课内容和方式相衔接的学业评价方式。相对闭卷考试而言,开放式考试的特征是:时间宽松,形式灵活;团队合作,共同完成。一般是学期中布置,学期末完成。它侧重于研究与创造,理论与实际结合的能力要求,这部分成绩至少占总评成绩的60%。

开放式考试立足于学生素质的整体发展,主要目的不是知识点的考核,而是强调能力和才华的表现。其表现形式有别于那种凭记忆,主要是机械记忆和理解的考试方式,而更强调主动、积极的思维和想象,发现和创造的成分大大增加,让学生有成就感。其特点是:以学生自主活动、实践和探究为主;考试内容不局限于课本教材中的内容,活动的时空有更多的自由。学生加入团队共同完成,拒绝单干,锻炼了学生沟通、团结、协作的能力,增强了竞争意识。学生相互之间的讨论、说服甚至争辩,激发了智慧火花。

在考试过程中,学生是具有鲜明个性的、充满创造力的个体,是教师的合作伙伴,是学习和考试活动的主动参与者。开放式考试是在强调教学和考试要激发学生的内驱动力,使学生自己愿意学习,这是对学生主体意识和创新意识的尊重。

"品牌设计与战略"实施新的评价制度,不是通过一次的卷面成绩评价学生,而是多方面接受学生的信息,做出客观的评价,因而能较准确而全面地反映学生的学习水平。更重要的是着眼于发现和发展学生的潜能,提倡将教学的立足点从"为传授而教""为考试而教"转变为"为应用而教""为创造而教",为学生的创新思维活动与实践活动提供了空间,所以能够成为一种激发师生形成创新意识的新机制。另外,开放式考试允许学生在一定的范围内自由选取考试的内容,因此,在培养学生主体意识方面具有明显的优越性。

课堂教学的改革与考试改革结合,使"品牌设计与战略"课堂教学变得丰富多彩,学生的思维变得活跃。学生将课本的知识伸延到课本之外,将课堂上的问题与社会现实问题相联系。由于鼓励学生走出学校,接触社会,参加社会实践活动,这使学生对某些问题的认识源于教材而又高于教材,为学生突破自己原有的知识框架,形成创新性思维提供了机会。

(二)"品牌设计与战略"课程开放式考试的基本框架

1. 开放式考试的内容。

(1)各小组根据自创 LOGO——设计一套完整的品牌策划方案。

形式:小组合作(4~5人)。

(2)品牌策划内容。品牌标识(原创)及说明、广告标语及说明、对内对外 VI 设计、市场分析、品牌定位、品牌个性描述、消费者特性描述、品牌决策、基于品牌定位的广告传播与沟通方案、品牌管理制度。

2. 开放式考试的要求。

(1)布置一周后交选题报告和工作计划。

(2)本学期最后一周演示汇报。

(3)交工作总结报告。

3. 开放式考试的评价。开放式考试的评价改变了过去只由任课教师一人说了算的单一评价方式。开放式考试的评价由主讲教师、本系教师和学生共同打分,学生也有了发言的权利和机会。每当此时,学生评委都很兴奋。学生不仅要学、要参与教也要参与考评,真正成为学习的主人。这也是参与式教学法明显区别于传统教学法的特点和成效。

"品牌设计与战略"课程实施开放式的考试方法,涌现许多优秀的学生作品。这些优秀的作品感动了学生自己,也感动了老师。学生无论从形式还是从内容上,都竭尽全力力求完美,充分使用各种电脑制作技术,并充满创新灵感,展示了专业知识和技能,也展示了青春和热情。充分而生动地体现了教与学的互动关系,学生成为学习的主人,成为自己的主人。

综上所述,高校广告专业的教学和考试方法需要进行改革和调整,进而突出广告人才培养模式的特殊性与应用性。"品牌设计与战略"课程所采用的参与式教学方法和开放式考试形式,充分体现广告专业的实践性和创新性。参与式教学法符合人类学习过程的心理学规律,能激发兴趣,便于理解和记忆,更有利于培养出有独立思考能力、有创新精神、有解决实际问题能力的广告人才。开放式考试是在强调教学和考试要激发学生的内驱动力,使学生自己愿意学习,这是对学生主体意识和创新意识的尊重。在考试过程中,学生是具有鲜明个性的、充满创造力的个体,是教师的合作伙伴,是学习和考试活动的主动参与者。这些教学考试方法的实施有利于学校广告人才培养模式的创新,有利于我们为国家输送优秀的广告人才。我们将在教学中继续探索和实践这些教学方法,不断提高"品牌设计与战略"课程的教学效果。

参考文献

[1] 尤凯.关于考试作用与考试改革的探讨[J].高等理科教育,2003(2).

[2] 王艳红.当今大学生创新实践能力的培养[J].中国科教创新导刊,2007(450).

[3] 刘文奎.高校考试管理如何适应大众教育的实践[J].辽宁工学院学报,2006(2).

[4] 钟德文.考试管理系统开发的几个关键问题[J].襄樊职业技术学院党报,2005(2).

[5] 吴为善.沟通无极限[M].上海:上海辞书出版社,2002.

[6] 郭庆光.传播学教程[M].北京:中国人民大学出版社,1999.

基于应用型人才培养的CBI(内容依托式外语教学)模式研究

外语系　李彬彬

【摘要】:随着我国经济的快速发展,社会对人才的需求也呈现出多元化的特征,为了更好地适应社会需求,应用型人才培养也由此应运而生。本文从应用型人才的内涵入手,以首都经济贸易大学为个案研究对象,研究和探讨了基于应用型人才培养的CBI(内容依托式外语教学)模式的可操作方案,以此来提高我校学生的英语语言能力,使之能在未来的工作岗位上有效地运用所学到的知识。

【关键词】:应用型人才　CBI(内容依托式外语教学)

一、应用型人才的定义与内涵

当前,对人才可以从不同的角度加以分类,从生产或工作活动的目的来分析,现代社会的人才可分为学术型(理论型)、工程型、技术型和技能型四类。应用型人才就是把成熟的技术和理论应用到实际的生产、生活中的技能型人才,是能将专业知识和技能应用于所从事的专业社会实践的一种专门的人才类型,是熟练掌握社会生产或社会活动一线的基础知识和基本技能,主要从事一线生产的技术或专业人才,其具体内涵是随着高等教育历史的发展而不断发展的。[1]在当代社会,随着经济的发展和社会的进步,社会各行各业的技术含量大大增加,对各类学有所长的人才的需求也随之大大增加,人才市场的看涨,为应用型人才带来光明的前景。

首都经济贸易大学将本科生人才培养定位于国际化的复合型、应用型人才。人才培养的基础是课程,英语课程在我校国际化应用型人才培养中具有重要的作用。通过大学英语教学不仅强化学生的语言技能,更能使之成为帮助学生日后进行专业化交流的工具。所以如何在英语课堂上引入CBI的教学理念,通过专题的模式,而不是单纯学习语言来提高我校学生的英语语言能力,使之能在未来的工作岗位上有效地运用所学到的知识,具有重要意义。

二、研究意义及应用价值

随着英语教育低龄化和英语教学快速发展,当前纯语言性的大学英语教学已不能适应社会和人才培养的需求,国内外都在探索通过英语教学实现有效工具性的模式。CBI(Content - Based Instruction 内容依托式外语教学)是在这种背景下于

20世纪80年代兴起的一种外语教学途径。它是指将语言教学建基于某个学科或某种主题内容的教学之上，把语言学习与学科知识学习结合起来，在提高学生学科知识和认知能力的同时，促进其语言水平的提高。内容依托式外语教学在国外已有许多成功的范例，国内也有学者尝试在英语专业实施语言与内容相结合的教学形式，但囿于大学英语教学传统观念、考试模式和教师利益的影响，内容依托式的大学英语教学模式理论研究和改革实践还处于探索阶段，本研究对理论模式探索起到了理论建构上的补充。

三、理论基础

CBI（内容依托式外语教学）教学理念产生于20世纪60年代在加拿大蒙特利尔开展的“沉浸式”教学实验（Immersion Programme）。该实验的成功验证了这种理论的可行性。我国外语教学界于20世纪90年代中期开始引进此理念，近年来有较多人开始关注和研究这种教学理念，发表了不少研究成果（王士先，1994；曹贤文，2005；袁平华，2006）等。CBI的主要理论依据有两个：一是二语习得研究中的有意义的内容学习理论（Krashen，1982）的语言输入假说（the Input Hypothesis）是这一理论的代表；二是认知心理学中的知识建构理论，Piaget的新旧知识联系说是这一理论的核心。CBI只是一种教学理念而不是教学方法，也没有单一的模式（Stryker&Leaver，1997）。[2] 自20世纪下半叶至今，CBI经历了个不断演变和发展的过程。在其发展过程中逐步形成了诸多教学模式，最具代表性的有五种：沉浸模式（Immersion Model）、保护模式（Sheltered Subject Instruction，简称SSI）、辅助模式（Adjunct Language Instruction，简称ALI）、主题模式（Theme—Based Instruction，简称TBI）和专题模式（Language for Special Purposes）（Met，M. 1999）。[3] 每种教学模式都有特定的运行规则和使用范围。本文将以专题模式为例，阐述CBI教学理念在我校英语教学中的具体应用，以实现探索内容依托式外语教学与应用型人才培养的相关性的目的。

应用型人才指的是具有娴熟英语语言应用能力的高素质人才。后现代课程理论认为课程是在满足社会种种需求的过程中生成的，课程规划应遵循多尔（W. Doll）原理，从而“实现课程的丰富性、回归性、关联性和严密性”（钟启泉 2008）。[4] 后现代课程论以认知主义和建构主义为基础，强调课程的适应性、变化性和不确定性。基于该理论基础，通过科学地构建切实可行的内容依托的课程体系，改变传统的授课内容，摆脱对所学英语基础知识的传授和单纯语言技能培养的束缚，使学生能够在对内容依托的英语课程学习中培养创造性思维与演绎、理解和具体运用的能力。

笔者曾经从事过专业英语教学，对英语和相关专业知识相融合的大学英语教学模式有过一定的研究，认为这是大学英语教学改革的方向。笔者在这方面取得了一些成果，这些成果为此项研究奠定了基础，该研究在笔者实践经验和科学调查的基础上，深化了这些方面问题的研究。

四、研究内容

通过梳理国内外关于内容依托式外语教学的理论研究和目前大学英语纯语言教学中存在的问题，探索内容依托式大学英语教学的宗旨、内容、实现途径、平台建设和保障措施，构建内容依托式大学英语教学模式。

（一）解决的问题

1. 大学英语纯语言教学与内容依托式教学对应用型人才培养影响分析。

2. 如何科学地构建目标明确、体系合理、结构优化的内容依托课程体系，以解决现有的大学英语课程不能满足学生期望的问题，以及大学英语教学与专业课程之间联系不紧密的问题。

3. 如何在内容依托课程体系框架下，在有限的课时内使学生取得知识、能力、素质的全面有效提高，成为合格的应用型人才。

（二）主要特色

1. 研究视角新颖。此项研究摆脱了传统的语言因素本体研究，从语言依附的内容维度出发，探索语言与内容相融合的语言教学模式。

2. 研究内容的前瞻性与研究结果的效用。此项研究基于大学英语未来的发展导向，进行大学英语教学体系化模式构建。研究从宗旨、内容、实现途径、平台建设和保障措施构建大学英语教学的一体化完整模式，具有很强的示范效用。

（三）研究思路及采用的方法

该项目的研究目的在于探索依托课程内容进行外语教学与应用型人才培养的相关性，所以采用了定量研究和定性研究相结合的方法，采用自然调查（Naturalistic Inquiry）与实验研究（Experimental Study）相结合的方式。对参加依托式外语教学的学生群体（实验组）和常规教学的学生群体（对照组）进行对比实验分析。

在研究中，教师的教学水平和学生在实验开始前的语言水平要求基本一致，在实验开始和结束后对学生进行了语言测试，确定他们语言水平的变化。在教学实验结束时对依托式外语教学的效果进行了自然调查。自然调查主要采用开放式问卷调查、座谈会与访谈。针对我校的具体情况，选择了我校大一和大二年级非英语专业本科生500名作为研究对象，通过问卷及访谈的方式，了解了他们对大学英语教学的总体期望值和对依托课程内容进行外语教学的课程认识；通过与一线教师进行的座谈，与他们探讨了应用型人才培养的设想与相应的课程体系改革，教师们提出了切实可行的建议；通过与不同层次的学生进行个别访谈，获得了有效的反馈。同时，将所得到的数据进行整理与分析，对非英语专业大学英语课建设与创新型人才培养模式提出了可行性建议，并将在实践中进行验证。

（四）实施方法举例

CBI 只是一种教学理念而不是教学方法，也没有单一的模式。此项研究主要采取了专题模式，阐述 CBI 教学理念在大学英语教学中的具体应用以及与应用型人才培养的相关性。

专题模式（Language for Special Purposes）指的是授课内容与某一行业或专业密切相关。教学材料来自实际工作岗位或有关学科领域。教师不是单纯地传授专业知识或语言知识，而是结合每个单元的专题确定学习任务，根据任务要求设计贴近实际的教学活动，从而吸引和组织学生积极参与教学活动。学生在理解内容和完成任务的过程中进行对话性互动，进行语言习得。这种教学方法让学生在教学活动中参与和完成其专业领域真实或相对真实的任务，进而培养学生运用英语的能力。这不仅对学生更具挑战性，也对英语教师提出了更高的要求。教师不仅要精通英语语言知识，更要在专业知识方面有较高的造诣，即需要的是英语语言素质和专业素质均较高的复合型教师。

【实例】：

针对许多同学毕业之后将从事人力资源管理工作的特点，从学生的实际需求入手，模拟面试场景。学习人力资源管理的同学可以模拟面试官，其他同学则扮成面试者，所有的学生均可参与其中，普遍受益。具体操作步骤为：第一步，将班级同学分成若干小组，分工合作。课下广泛查找相关资料，了解面试运作过程，结合专业人力资源管理所学到的知识，设定模拟面试场景。在小组活动中，小组成员之间可以相互交流、彼此争论、共同解决在学习中遇到的问题，在互教互学中，小组成员才会互相接纳、互相认同，才会真正发自内心地形成所谓“共同的目标”，小组成员在专业知识方面才能够得到共同提高。同时，在相互讨论、交流中形成良好的人际关系，使合作更融洽、学得更开心。第二步，教师要将关键词汇、常用句型总结出来，以讲义的方式打印出来，分发到各个小组当中。比方一些常见问题：1. Q；Can you sell yourself in two minutes? / Tell me something about yourself.（你能用两分钟推销一下自己吗？/ 简单地做个自我介绍。）A：This question gives you a great opportunity to sell yourself. With my qualifications and experience，I feel I am hardworking，responsible and diligent in any project I undertake. Your organization could benefit from my analytical and interpersonal skills.（依我的资格和经验，我觉得我对所从事的每一个项目都很努力、负责、勤勉。我的分析能力和与人相处的技巧，对贵单位必有价值。）2. Q：Why do you want to work for this organization?（你为什么要来我们单位工作？）A：Its reputation，the opportunities it offers，and the working conditions.

Stress that you want to work for this organization, not just any organization.（因为它的声誉，所提供的机会和工作环境。要强调你只想到这个单位工作。）3. Q：Why should we employ you?（为什么我们要聘用你?）A：My academic preparation, job skills, and enthusiasm about working for the organization.（我的学术方面的准备，专业技能以及为贵单位工作的热情。）4. Q：If we hire you, how long will you stay with us?（如果我们聘用你，你打算在我们单位工作多长时间?）A：As long as my position here allows me to learn and to advance at a pace consistent with my abilities .（职务随能力增长而相应提高。）5. Q：What are your greatest strengths?（你最大的优点是什么?）A：I'm willing to make decisions.（能当机立断。）/ I work well with others.（我和他人容易共事。）/ Helpfulness and caring.（乐于助人和关心他人。）/Adaptability and sense of humor.（适应能力和幽默感。）/ Cheerfulness and friendliness.（乐观和友爱。）6. Q：What are your weaknesses?（你有什么缺点?）A：I tend to drive myself too hard.（我有时对自己要求过于严格。）/ I expect others to perform beyond their capacities.（我对别人的能力期望过高。）/ I like to see a job done quickly.（我喜欢速战速决。）7. Q：What are your salary expectations?（你对薪水的期望值是多少?）A：If the interviewer asks this after showing real interest in you, speak up.（如果你觉得面试官有意向聘用你，你可以把你的想法说出来。）8. Q：Do you have any questions about the organization or the job?（对于我们单位或是这项工作，你还有什么想知道的吗?）A：You must have questions. First, don't rush into your answer. Look as if you are thinking about whether you have any questions and then ask an appropriate one from the list you've thought about beforehand.（这时，你必须提出问题。首先，不要急于提问，要显出你在思考是否有问题要问的样子，然后从你事先想的问题中选出一个合适的提问。）第三步，要求学生将专业知识与英语相关词汇句型相结合，将面试过程在课下模拟预演出来，适当加入有关被面试者专业方面的问题。第四步，将成果以全英文的形式在课堂上展示出来，在演示过程中，教师要认真记录，将模拟面试场景中学生出现的语言及专业知识方面的问题加以概括总结，以正面表扬和激励为原则，合理评价，指出不足。第五步，课下，教师与学生进行交流沟通，让学生畅所欲言，畅谈这一过程中的体会，关键是在这一过程中是否有所收获，无论是专业知识还是英语语言方面都应有所提高。

五、结语

将 CBI 教学理念应用于英语教学实践，把教学的重点从语言教学本身转变到通过学习学科知识来获得目标语言能力，是一项大胆的尝试，也是一项有益的探索，它对于改变传统的大学英语教学起着很好的借鉴作用，也为应用型人才的培养提供了有效的途径。

参考文献

[1] 薛立军,尹庆民. 应用型人才的探索与实践[M]. 北京:知识产权出版社,2009.

[2] Stryker S B, B L Leaver. Content - based instruction: from theory to practice [A]. Content based Instruction in Foreign Language Education: Models and Methods [M]. Washington, D. C. : Georgetown University Press, 1997.

[3] Met M. Content - based Instruction: Defining Terms, Making Decisions [J]. NFLC Reports. Washington, D. C. : the National Foreign Language Center, 1999.

[4] 钟启泉,汪霞,王文静. 课程与教学论[M]. 上海:华东师范大学出版社,2008.

大学德育回归生活教育模式的创新性研究

马克思主义学院　王颖

【摘要】:德育回归学生生活,旨在引导学生作为生活的主人,不断从实际生活中获得感性的认识,从感性认识到理性认识,再从理性认识回来解决实际生活问题。本研究从分析传统大学德育忽视学生主体情感体验的单向灌输和一味地用道德规范去约束、防范学生言行脱节的现象出发,提出要高度重视学生主体性的发展,通过积极引导学生生活实践,有效促进学生的道德体验,使学生在体验的过程中学会理解、学会判断、学会选择、学会行动、自觉发展其自我道德约束力。

【关键词】:德育　生活教育　创新性

《中共中央关于进一步加强和改进学校德育工作的若干意见》指出德育改革是当前学校教育改革的重中之重。近年来,高校一直非常重视大学生的思想道德教育,但也出现:道德教育把道德和日常生活分离,德育目标被无限提升,脱离主体心理发展规律和道德生活需求;在道德价值观认识上过于强化其满足社会政治、经济等需要的工具理性价值,而忽视它的满足主体自我完善的价值;在德育过程中无视道德学习主体性,重说教。这种忽视学习者的情感和生活要求,脱离现实人生的教育造成的后果表现为:学生知行脱节,道德认识不能转化为行为;学生在遭遇复杂道德生活时难以适应,无能为力;学生具有"多重人格",表现为"当面一套,背后一套"。探究其"知行脱节""道德两面人"的根本原因之一,在于我们总是把道德品质与学生的生活经验脱离开来。道德存在于人的整体、整个生活之中,不会有脱离生活的道德。为此,我们要加强德育工作的探究,应从抽象化、空洞化的说教王国里走出来,以回归学生生活为切入口,进一步改进德育工作的方式方法,关注、指导和引导学生的现实生活,开辟一条通向学生生活的渠道,使他们在与生活的内在联系中获得整体发展,特别是有利于他们的道德修养与社会性发展。

一、德育回归生活是教育发展的必然趋势

学校教育既受到一定社会生产力、经济政治、文化科技的制约又促进其发展,既受到学生身心特点及其发展规律的制约又促进其发展,这是学校教育的基本原理。教育如何适应并促进现代社会进步、科学技术创新和经济发展,联合国教科文

组织从20世纪70年代起发表了一系列呼吁教育回归生活世界的报告和文件，如《学会生存》《教育——财富蕴藏其中》和《学无止境——未来的挑战》等，确立了教育在社会生活中的地位，提出了回归生活教育，从工具理性向生活世界的回归是教育发展必然趋势，主张当代教育应以人的生活为根本立足点，以人与世界关系的改善为根本指向，建构整合人文与功利的向生活世界回归的教育理论体系。

德育是教育的核心，学校教育应该回归生活世界，德育不仅必须而且要率先回归生活世界，关心学生的生存与发展状态，关注学生的态度、情感、价值与需要，关怀人的现实与理想，从而彻底改变德育的工具理性价值，面向学生的生活世界，实现德育的内在价值与外在价值的统一。

二、德育脱离生活是当前大学德育的误区

德育是在师生的生活世界中进行的，德育活动和师生在德育中的生活都属于生活世界，生活世界是德育的根基，是促进学生品质生成的处所。德育不仅要面对学生的客观世界和社会世界，还要面对学生的主观世界，德育要在学生的整个生活世界中，对人格进行建构。显然，德育脱离生活必然会导致其陷入误区，严重影响德育的针对性和有效性。

（一）功利性德育目标，脱离了学生主观世界特点和发展

大学德育活动中的形式主义较为严重，往往把上级的一些带有评估性质的任务作为学校德育工作的目标，只对上负责，不对下负责，在设计和组织活动时，单独考虑德育任务的要求，较少考虑学生的品德基础和品德需要，为学生喜闻乐见和富于实效的德育实践活动较少。于是，本应该极具生命活力的德育活动变为对规范与守则的盲目遵从与机械的行为操练，要求学生“应该怎么样”“你们必须怎么样”，只是让学生追赶德育的终点，不让他们感悟教育的真谛，在强烈、明显的德育目的下，学生成了一群被不时驱赶的“羊”。

（二）教条式的德育内容，脱离了学生生活世界的根基

我们所处的时代是一个变革的时代，社会变化日新月异，社会变革必然推动道德生活的变化，提出新的道德问题，这就要求德育教学内容不能一成不变，而必须回应时代和现实的挑战，不断更新充实，始终贴近实际生活。目前的问题是德育内容稳定有余，更新不足，不能充分反映变化了的道德生活，某些教育内容过于教条化和政治化，脱离了学生的现实生活。而且，我们习惯于用既定的品行标准去衡量不断发展中的学生，当学生的品德言行不符合既定的品德标准时，不是用新的实践去重新检讨既定的品德标准，而是用既定的品德标准否定学生的品德发展状态，想方设法约束防范学生，这导致对德育对象估计失真，老师和学生的关系失调、对立，严重影响了德育实践的效果。

（三）说教式德育方式方法，泯灭了学生作为道德生活的主体性

德育应该着眼于人的精神生活的构建，着眼于人的道德生活需要。但长期以来，学校德育往往注重于德育目的的灌输，在内容和方式方法上都不考虑学生的可接受性，不去了解受教育者的看法和感受。把德育理解为纯观念形式的教育，结果说教成分多，而可操作性内容少。这样就起不到德育目标应有的激励引导作用，使德育实践事倍而功半，德育过程的本质特点如活动性、情意性也体现得不明显。

三、德育回归生活教育模式的理念

人是社会的人，社会是人的社会。人就是在社会环境中认识、适应、利用、改造着社会，逐渐实现人的社会化的，并且在社会化过程中通过对自然、对社会的再认识、再改造而认识了自我和完善了自我。陶行知指出，“生活即教育”主要包括三方面的内容：一是立足生活的教育，二是通过生活进行教育，三是为了生活向上实施教育。

教育学生在社会生活中立身处世，学会做人，这是教育的根本目的，更是德育的终极目标。首先，从道德与生活的关系看，道德缘自人的生活。因为人既是一种个体存在，又更是一种社会存在。人作为社会存在的生活，不能没有道德。道德是构成生活的根本要素，人离开道德，就无法生活；同时，生活又是道德的“基础事实”，如果脱离了生活，道德也就只是僵死的条文和抽象的原则了。可见，我们的德育也该是立足生活的德育，与生活脱离的道德是空泛的，没有根基的，失去价值意义的。其次，再看“通过生活进行教育”，就是说通过改造、设计生活来进行好的教育，这是就“生活教育”的途径而言的。德育的途径也不该是简单的说教，而是让德育浸润在积极向上的生活中，让学生过一种向前向上的生活，本身就是德育的最好途径。最后，德育的目的不是为了框定人，约束人，而是为了促成学生个性化与社会化的协同发展，为学生作为“人”的终生幸福、更好地向前向上生活奠定坚实的基础。

因此，德育的真正主体应该是全体学生。德育要把学生当作活生生的生命体来看待，只有充分发挥学生主体性作用，并让这种作用体现在实现目标要求过程中，培养起学生强烈的参与意识，增强敢于进行道德体验的勇气，培养他们为远大理想而奋斗的毅力和高度的自制能力，才会使学生在成功体验中不断前进，才能使学校的德育实效真正得到提高。

德育的最佳方式应该是学生的自我教育。只有通过学生的自我教育，使教育成为学生的自我需求，才能使我们社会的道德要求真正内化为学生的内在道德素质。每一位德育工作者要充分相信学生在道德认识、道德判断、道德行为上具有一定的水准。我们应在充分挖掘和发挥学生道德潜能的基础上，培养起学生人格智

能和综合能力，让学生在广泛参与道德实践活动中学会自我定位，自我调控，自我创造，自我发展，自我完善，逐步成为集社会价值和个人价值于一体的完整的人。

四、德育回归生活教育的途径

（一）德育内容向真实生活的回归

“真”是德育生命力之所在。我们的德育要摒弃过去只讲社会中的真、善、美，不讲假、丑、恶的“纯而又纯”的理想型教育，要实事求是地告诉学生，现在是一个多种经济成分并存、各种思想文化交互激荡的时期，既有真、善、美，又有假、丑、恶。让学生在多元、开放、变化的生活世界中，用自己的头脑去思考、辨别，培养自我道德判断能力、道德选择能力、道德控制能力。诸如，我们可以结合学生的研究性学习、社团活动、学生论坛等，引导学生回归现实的真实的生活世界，从学生特点、学校实际和本地区现状出发，以“自主发展”“人口与资源”“社会变化与进步”“科学技术”“历史变迁”“环境保护”“文学艺术”等作为紧密联系生活世界的专题，分解成子研究课题，供学生选择，实行开放式选题，鼓励学生结合学习实际和社会实践，自行生成问题，确立新的研究课题。通过自主选题，合作研究，亲身体验，学会自主学习，学会自主选择，学会自主管理，从而为学生将来走上社会持续发展打下基础。

（二）德育过程向人本主义的回归

德育回归生活就德育主体而言，就是强调主体参与，让学生意识到自己是德性发展的主体，启发、引导学生开发自我的潜能和智慧，增强学生的主体意识。因此，在日常的德育渗透中，一方面教育者应给学生自主权，引导学生发现问题，主动、独立地表现自己，创造情景，让学生体验主体角色；另一方面，要让学生亲身体验，学会自主地进行思想信息的沟通，相互交流学习体会，相互进行思想火花的碰撞，展示自己，认识别人，并使自己的思想感情得到升华。所以，我们要尽可能地从学生生活世界的遭遇与挫折中，从学生内心世界的价值冲突与矛盾中，找寻宝贵的教育契机，开掘出学生道德人格生成与确立的源头活水，从学生思想实际和生活实际出发，深入浅出、寓教于乐、循序渐进，多用鲜活通俗的语言，多用生动典型的事例，多用喜闻乐见的形式，多用疏导的方法和学生进行交流。此外，在强调学生主体参与、体验内化时，还必须尊重学生的差异，包括年龄差异、性别差异、尤其是个性差异。从不同年级、不同性别、不同专业学生的个性特点出发，尊重学生的需要、兴趣、创造和自由，通过教育和自我教育的统一过程，培养学生良好的个性品质，促进其个性自主和谐发展。

（三）德育培养向体验性的回归

现代的教育研究表明：只有回到生活，在生活中运用，教育才能获得生命力。道德教育必须从道德知识传输的老路上走出来，构建道德体验模式。在构建道德体验模式时，最主要的是有效组织道德实践活动，有效创设富有感染力的、真实的道德情境，促发学生对道德的切身体验，让学生在体验中得到积极的启示和暗示，在感悟中发展品德素养。因此，我们应特别重视开发德育活动课程，深入挖掘校内外的显性或者是隐性的德育资源，拓宽学生德育实践的渠道。诸如可以开辟内容丰富的校外主题教育基地，每年有计划地组织学生社会实践和社会考察活动，让学生接触、了解社会，多方面地进行学习，提高社会实践能力，接受社会生活生动的教育，获得直接的生活经验和社会经验，从而增强社会适应能力和服务社会的责任感，在人格上获得更全面的发展。在学校课程教学、综合实践活动等方面落实回归生活世界的同时，还要通过家长学校、社区活动、义工志愿服务活动等多种途径，培养学生健康的生活行为方式和习惯，与人和睦相处的技能和积极的生活态度，生活情感和生活价值观，形成教育的合力。

总之，德育要从“高、大、空”转向“近、小、实”，贴近生活、联系实际、启发引导、知情统一。大学德育回归生活教育模式的目标是构建起以社会现实生活为基础，以学生的学校生活、社区生活、家庭生活为途径，以学生情感体验为中介，以学生日常生活为内容的“生活德育”模式，引导学生学习生活知识和生活技能，体验生命的意义，在生活中学习，在学习中生活，成为热爱生活、关爱他人、奉献社会、言行一致、有责任感和创新意识的新时代大学生。

参考文献

[1] 瞿葆奎，郑金洲. 中国教育研究新进展2008[M]. 上海：华东师范大学出版社，2008.

[2] 陶行知：生活即教育[M]. 北京：东方出版社，1996.

[3] 郭元祥. 生活与教育——回归生活世界的基础教育论纲[M]. 武汉：华中师范大学出版社，2002.

[4] 高德胜. 知性德育及其超越[M]. 北京：教育科学出版社，2003.

“毛泽东思想和中国特色社会主义理论概论”课程专题式教学模式的创新与运用

马克思主义学院　谷军

【摘要】:专题式教学是高校思想政治理论课为改善教学效果而探索的一种新的教学模式。它不仅在教学内容上改变了按照教材的章、节、段进行授课的传统授课方式,从教学大纲的重点与学生的思想实际和当前的社会热点中去提炼和确立教学专题、重新编排教学内容、构建新的教学体系。而且,打破了过去由一位教师“通讲”的教学惯例,改为由学有专长的或确有研究的不同教师实施专题教学,既有利于发挥教师的优势和特长,使学生受到不同背景的教师的熏陶和教育,也有利于压缩理论教学课时,增加学生的实践教学和思考。本文就是在此思路上探讨“毛泽东思想和中国特色社会主义理论体系概论”课程专题式教学模式的创新。

【关键词】:概论　专题式教学　教学模式

“毛泽东思想和中国特色社会主义理论体系概论”课(以下简称“概论”)的主要任务是为了帮助大学生把握马克思主义中国化进程中形成的中国化马克思主义的两大理论成果及其一脉相承又与时俱进的统一整体,从而形成中国化马克思主义的系统性。让大学生深刻认识坚持马克思主义指导地位对实现中华民族伟大复兴的重要性,增强马克思主义理论学习的自觉性。但长期以来,高校“概论”课的教学效果不佳的问题长期困扰着高校“概论”课教师。导致这一问题的原因是多方面的,如部分教学内容陈旧、与高中教学内容有重复、教学形式过于死板、学生存在逆反心理、课程知识跨度大教师难以承受等。因此,进一步深化“概论”课程的改革和创新,探索有效教学模式和教学方法就成为当务之急。专题式教学模式就是在这一背景下应运而生的。

一、实行专题教学的必要性

(一)实施专题教学是实现由教材体系向教学体系转化的需要

就目前“概论”课的教材而言,它是集本学科全国的理论功底深、学术水平高的“马克思主义理论研究和建设工程”专家精心编写、逐级审议的教材,具有很强的科学性、权威性、严肃性和针对性,是马克思主义理论研究和建设工程的标志性成果之一。该教材使用几年来,得到广大教师和学生的充分肯定。但在教学中,我们觉得教材内容体系还是没有完全摆脱旧的教学体系的局限。中宣部和教育部的“05 方案”与“98 方案”相比,“05 方案”课程之间虽然内容的重复性减少了,但重复现象并未完全改变,而且它们与中学政治课内容之间还存在着交叉重复现象,没有体现出知识深度的层层递进。教材应当体现理论体系和思想的完整性,有些重复高中政治课教学内容,这是难免的。但“概论”课教师在实际教学过程中如果不注意处理好大学与中学在教学内容上的衔接关系,还是重复着高中或者媒体已在广泛宣传的基本政治和经济理论,会使学生产生厌倦情绪。而且大学生大多已具备了一定的自学能力和思考能力,单纯的政治常识性宣传对他们作用不大。而与此同时,学生真正想要知道的,而且一直困扰他们的思想问题,老师在课堂上如果没有为他们作出回答,或者由于专业的局限没有办法作出明确的回答,“概论”课的教学就难以取得预期的效果。因此,“概论”课不能重复学生已经熟知的内容,要在把握马克思主义中国化理论精神实质的基础上,淡化知识功能,强化教化功能,探索专题化教学的新教学体系,引导学生在“是什么”的基础上往“为什么”层面发展。采用专题式教学方式,选择某个方面的问题,深入探讨,深化教学内容,就可以克服长期以来由于教材内容肤浅所带来的课堂教学“一般化”问题,从而真正达到传道、授业、解惑的目的。从实效性来看,我们认为与其给学生讲授许多理论知识,还不如解决学生思想上的“深层次问题”。

(二)实施专题教学是解决目前“概论”课教学过程中诸多矛盾的需要

目前“概论”课教学中存在诸多矛盾,这主要表现为:教学内容多与课时少的矛盾,教学大纲相对稳定与理论实践不断发展的矛盾,理论的学术性与学生的针对性的矛盾等,这些矛盾需要广大教师在教学中通过不断探索新的教学模式加以解决。由于“概论”课涉及政治、经济、文化、军事和外交等诸多方面,如果在课堂教学中教师依照教材内容体系结构,逐章逐节讲述,每个问题都讲,那么在有限的课时内,每个问题都是讲不透的,学生学习起来往往也抓不住重点。而教师的授课并不是一个将教材内容加以简单传递的过程,而是一个教学内容的再创造过程。有效的教学是坚决摒弃照本宣科的教学,它要求教师既要立足于教材、又要超越教材。当然超越教材不是抛弃教材另搞一套,而是要对教材进行挖掘拓展、创造性理解和个别化表达。专题式教学就可以给教师提供充分的教学自主权。专题式教学既立足教材又高于教材,教师可以充分利用诸多教学手段,结合自己的研究成果和最新的理论动态以及实践新的教学理念,紧扣教学目标,以教观点、教方法为己任,进行“少而精”的教学,灵活地安排教学内容,可以有效克服课时不够等矛盾。同时,在专题教学下,由于教师精通马克思主义理论,深刻把握“概论”课的教学内容,能把教学内容讲深讲透。而且教师能用深入研究所获得的成果去支撑高水平的教学,用自己深刻理解和真正把握的科学理论去讲解,就能说服学生、打动学生,就能真正实现科学理论“进课堂、进头脑”的目的,进而克服以上我们所提及的诸多矛盾。

(三)实行专题教学是教师专业能力发展的需要

现在的教材教学内容非常丰富,涉及领域很多。要求每一位教师都全面驾驭整个课程体系的教学内容,教师会感到力不从心。虽然学校大多采用集体备课制度以增强教师的授课能力,但具体到上课时,教师还是觉得很难把自己所不熟知的内容讲精、讲透。实行专题化教学模式就有利于教师发挥他的专业所长,集中精力准备他所负责的那一部分内容,同时带动教师以教学促进科研、以科研带动教学的良性发展,把教师打造成专家型的教师,这也有利于提高教学质量,增强其实效性和授课深度。专题式教学方式的优点在于:首先,对教师而言,教师具有过硬的理论功底、渊博的学科知识和与时俱进的精神,能很轻松地驾驭他所负责的那一部分教学内容,做到事半功倍,有利于发展教师的教学、科研能力。其次,对学生而言,专题式授课方式使他们走出了教材,开阔了视野,增长了知识。同时,各种辅助性的教学活动还为学生提供了展现个人才华和锻炼自己的机会,这有助于调动学生的学习积极性。

(四)实行专题教学是培育大学生实践能力和创新能力的需要

强化学生的问题意识是“05 课改方案”的基本要求,是培养学生创新精神的起点。教育部根据新形势下高校思想政治理论课教育的特点和新的要求,提出的课程设置导向是把原来细分的学科综合起来,以学科综合的优势,更好地解决大学生所面对的带有综合性的问题。显然,新课程设置是以增强教学的针对性,而不是以理论体系的完整性为出发点。因此,应该把着力点放在以问题为出发点的专题教学上,使教学由呈现问题向发现和创造问题发展,以提高教育教学质量,全面推进素质教育的实施。我们教师在观念上要实现的转变是强化问题意识,淡化体系意识。“概论”课给予学生的不应只是一些概念、原则、结论,而应是一种理论体系,是观察当代世界、当代中国的基本立场、观点和方法,从而达到提高学生分析、解决社会问题能力的目的。

二、“概论”课专题教学模式的设计与实施

(一)“概论”课专题教学模式的设计及专题的选择

“概论”课专题教学模式的具体操作可以分为五个步骤:

第一、确立和设置专题。由“概论”课教学部根据学校的教学安排,摸清教学班学生的思想动态、知识结构以及他们关注的热点、焦点、疑点、难点等问题,了解学生对教学课程的要求和建议,在此基础上,根据教学大纲和教学目的的要求,通

过整理、归类、筛选、提炼等工作，确立和设置专题。确立和设置专题是专题教学的关键，确立的专题必须涵盖课程的基本内容，还要注意各专题间的内在逻辑性和联系，同时，还要体现时代性、针对性、现实性和实效性。

第二、安排和选定专题教师。安排和选定专题教师很重要。要认真挑选教师，要结合专题的内容和相关教师的专业特点、学识专长、讲课风格以及大学生的知识结构来选定教师。尽量发挥每个教师的特长，让学生获得最大收益。

第三、制订专题教学计划。制订专题教学计划要根据专题教学内容、教学班的专业特点，拟订各专题的教学目标、教学重点难点、教学课时、教学班级、教学课件的制作以及实践教学的准备，要因人施教、因地制宜，充分发挥专题式教学的长处和特色。

第四、专题式课堂教学的实施。首先是教师导入新课，向学生交代本专题教学需要探讨和解决的重大理论和实际问题，并提供与专题教学相关的现实材料及知识背景。其次是交互式教学的展开，在此环节中，教师不仅要围绕专题教学内容讲授理论知识，使学生掌握“概论”课某专题的主要理论观点，而且还要围绕该专题探讨和解决重大的实际问题，组织学生自由讨论，相互辨析。教师可以综合运用各种教学手段、方式，开展小型多样的讨论会、辩论会、演讲会，或观看课件、录像，或外出考察、参加社会实践。最后是根据上述各项教学实践活动的思考和积累，全面具体地解答导入新课时提出的各种问题。

第五、对专题教学的反馈。此环节要求学生在课后不记名地填写关于该课程各个专题式教学质量的调查问卷。调查问卷是学生对各专题课堂教学的内容、教学手段方式的评价以及学习的收获。反馈环节的目的是为了了解学生对该专题课堂教学方式方法的反映，为完善阶段调整专题设置和教学方式方法做准备。

（二）专题教学内容设计应遵循的基本原则

教育部组编《毛泽东思想和中国特色社会主义理论概论》教材共15章，两大部分。确定教学专题，既不能漫无边际，也不能随意取舍，必须遵循一些基本原则：首先，要强化思想政治教育功能。在当今世界范围内社会主义和资本主义在意识形态领域的斗争和较量是长期和复杂的。敌对势力加紧对我国实施“西化”“分化”的政治图谋。同时，我国意识形态领域的“杂音”，“噪声”也时有出现，难免会给大学生健康成长带来一定负面影响。“概论”课采用专题教学模式，必须把强化对大学生的思想教育功能放在首位，更好地承担起对大学生进行系统的马克思主义教育任务。其次，以教学大纲的基本要求为基础，强化基本理论和基本知识的学习。在构建“概论”课教学专题时，要以理论为基础，史论结合。在有限的课时内，不仅帮助学生了解马克思主义中国化的理论成果是什么，更重要的是帮助他们懂得为什么只有中国化的马克思主义才能为中国革命、建设和改革指明正确的方向。

最后,以现实问题为立足点,强化学生学习的自觉性。“概论”课只有以现实问题为立足点,才能具有永恒生命力。新教材尽管体现了现实性的特点,但毕竟与一日千里的现实问题相比,教材还是存在一定的滞后性。采用专题教学就是为了克服教材在这方面的不足与缺陷。因此,我们在构想教学专题时,一定要坚持以现实问题为立足点。只有这样,才能不断强化学生学习的自觉性。

(三)“概论”课专题式教学的专题设计

“概论”课学分多,内容丰富广泛。从纵向看,包括毛泽东思想和中国特色社会主义理论体系这两大理论成果,而且每一个理论成果都有十分丰富的内容。从横向看,包括政治、经济、文化、军事、外交和社会等各方面理论,内容庞大而且涉及面广。这些理论成果的产生和发展对于我国的社会生活实践,对大学生应该有相当大的吸引力。但是课堂教学课时有限,面面俱到是不可能的。所以,必须设计若干专题,进行专题式教学的改革。

根据教学大纲和目标以及学生高中所学和兴趣,我们精心设计了 12 个专题。它们是:

第一专题:马克思主义中国化理论的产生和发展

第二专题:为什么只有社会主义才能救中国,只有社会主义才能发展中国?

第三专题:社会主义的本质究竟是什么?(什么是社会主义,怎样建设社会主义)

第四专题:如何看待初级阶段的基本国情?

第五专题:中国特色社会主义的基本制度。(基本经济制度和基本分配制度)

第六专题:社会主义为什么可以和市场经济兼容?(中国的市场经济体制如何创新)

第七专题:中国特色的社会主义经济发展道路。(为什么要坚持又好又快的发展)

第八专题:中国特色的社会主义政治。(为什么不能搞西方三权分立制度)

第九专题:中国特色的社会主义文化。

第十专题:中国特色的对外开放与发展民族经济。

第十一专题:一国两制与祖国统一。

第十二专题:中国特色到底“特”在哪里?

以上专题的设计,在内容上力争求精、求新、求实。“求精”就是紧紧围绕教学大纲的要求,着重阐述毛泽东思想和中国特色社会主义理论最精华、最核心的内容;“求新”就是与时俱进地选择新的教学内容和相关的新热点,把最新的前沿知识和实践的热点介绍给学生;“求实”就是注重教学的针对性、现实性,既结合中国社会实际,也考虑学生成长的需要。

三、"概论"课采取专题教学模式应解决的几个问题

实施专题教学模式,须正确处理好教学中的几个问题,注意各个教学环节之间的协调运作,使之真正成为提高"概论"课教学针对性、时代性、实效性的有效形式。

(一)专题教学内容的非系统性问题

解决专题教学内容非系统性的问题是有效实施专题教学的关键。新开设的"概论"课强调把马克思主义中国化的两大理论成果及十八大以来的最新成果作为一个统一整体把握,突出强调课程体系的逻辑性和中国化马克思主义的系统性。通过整体分析两大理论成果和最新成果,说明我们党怎样把马克思主义基本原理同中国的具体实际结合起来,实现党的指导思想的与时俱进,从而推动革命、建设和改革事业的发展。专题教学模式打破课本章节内容结构,根据学生思想实际和社会现实设立专题,由不同教师承担教学。这样做看起来似乎增强了教学针对性,但由于削弱了课程体系的逻辑性和系统性,学生无法系统全面、完整地了解本课程的理论框架与理论体系全貌,最终必然降低理论教学的实效性。解决这一矛盾的最有效方式是集体备课。通过集体备课使教师不仅从横向把握所承担专题的基本理论和丰富内容,而且注重从纵向建立专题间的逻辑联系。既精于专题讲课,又不局限于它,被它束缚住手脚。同时,在专题教学过程中,必须要求学生在课外通读整个教材或与专题教学基本同步的阅读自学。必要时,教师要抽时间指导学生重点阅读课堂上没有直接涉及但又要求学生必须深入理解和掌握同基本知识、基本理论有关的章节,或者,有计划地向学生简明扼要地介绍教材内各章节的基本内容及其逻辑关系,并指出各章节要掌握的基本理论知识、理论观点,指导学生基本掌握学习教材的必要方法,提高他们的自学能力。

(二)教师自身素质参差不齐的问题

加强师资队伍建设是提高教学质量成功实施专题教学模式的核心。新开设的"概论"课不仅有理论性,而且政治性强;不仅有知识性,而且政策性强。专题教学模式,由于针对性、时代感要求较高,这就向教师提出了更高的要求。要求教师懂马列、信马列,有理想信念,把思想政治理论课教育教学作为一项事业,作为一项光荣艰巨的任务,刻苦钻研问题、孜孜追求真理;要求教师有相当的理论功底和宽厚的知识结构,不断更新知识,提高自身的政治素养和知识水平;要求教师有使命感和责任感,真正地去爱学生,为学生的未来负责,为国家和民族的未来负责;要求教师要有职业感,千方百计地把学生教好,帮助学生成长成材。而目前承担"概论"课的教师,无论是在专业水平、理论素养还是政治素质方面仍存在一定的差距。因此,加强师资队伍建设,提高教师综合素质尤为迫切。为此,在内部机制上,学校要创造条件鼓励、支持教师参加各种在职或脱产学习,使教师的学历结构、知识结构不断得到优化;在外部机制上,学校要定期聘请组织"概论"课教学的专家从课

程的教材结构构建、教学内容编排、教学方法运用、教学重点难点把握、教师能力素质培养等方面,对"概论"课专题教师进行全面培训。此外,在专题课堂教学中,由于教师与学生的关系变得疏远,教师还要用自己崇高的人格魅力、知识魅力保持在学生中的威信,从而保证教师主导作用和学生主体地位的充分发挥。

(三)学生管理无序性问题

加强教学管理制度建设是成功实施专题教学模式的重要保证。专题教学模式,由于由多人轮流执教,从而给教学管理带来难度。首先,学生可能无法和教师保持稳定的联系。"概论"课作为一门思想政治理论课,光有精彩的课堂教学是不够的,还要搞好第二课堂和实践教学,教师要与学生保持联系,建立感情,教学效果才能充分体现。若教师像走马灯似的,你方唱罢我登场,就不会有好的效果。其次,专题教学增加了日常教学管理的难度,考核、考勤、考试,不能严格到位。要解决这些问题,各专题教师之间必须互相配合,互通信息,各班班干部、班主任参与管理。教务部门和马克思主义学院要及时改革和更新"概论"课教学的评估考核制度,构建以调动学生学习"概论"课的积极性和主动性为标准的、以提高学生的能力素质为中心的测评指标体系。在评估对象上,也要以专题为单位来进行,看哪个专题更能联系学生实际与社会实际,更能使学生的能力素质得到提高。

总之,专题式教学是"概论"课改革中一个较为有效的教学创新模式。我们在实施过程中,要注重整体性和部门之间的协调性,更要从教学实际出发,扎扎实实地将每一个专题做好,并克服改革中存在的困难,真正提高"概论"课的教学实效性。

参考文献

[1] 史晴. 关于"概论"课实施专题教学模式的思考[J]. 教书育人,2007,(11).

[2] 罗勇歧."概论"课专题教学:以中国特色社会主义理论体系为重点[J]. 广西教育学院院报,2008,(6):19-22.

[3] 陈占安. 积极推进高校思想政治理论课教学管理的改革[J]. 思想理论教育,2007,(10):33-39.

[4] 于庆峰. 毛泽东思想和中国特色社会主义理论体系概论课专题式教学模式探析[J]. 佳木斯大学社会科学学报,2010(2).

[5] 郑志强. 高校思想政治理论课专题教学初探[J]. 中国冶金教育,2010(5).

思想政治理论课的教法设计优化与创新研究

——以“纲要”课为个案

马克思主义学院　成林萍

【摘要】教法设计优化与创新是提高“中国近现代史纲要”课教学实效性的前提和重要环节。要真正发挥“纲要”课的思想政治教育功能，在教法设计优化方面应把握几个关键点：紧扣教学目标，强调问题研究；坚持历史原则，强调论从史出；剖析典型案例，增强教学实效。

【关键词】中国近现代史纲要　教法设计与优化　教学实效

“中国近现代史纲要”（以下简称“纲要”）课作为大学生必修的思想政治理论课，课程的主要任务是对学生进行马克思主义理论教育，从而提高大学生的思想政治素质，为中国特色社会主义事业培养合格的建设者和接班人。怎样提高“纲要”课的教学实效性，增强针对性和吸引力，实现这门课程的预期目标，教法设计优化与创新是关键环节和重要手段，有助于实现教学效果的最大化。

一、教法设计优化与创新的必要性

“纲要”课作为高校思想政治理论课的重要组成部分，承担着对学生进行系统的马克思主义理论教育的任务，是对大学生进行思想政治教育的主渠道。笔者通过调查了解到，在校大学生中学阶段已经系统地学过中国近现代历史的课程（初中的教材分上、下两册一共是17万字；高中的教材也分上、下两册共计45万字），对中国近现代史的发展线索和重要史实已基本了解。如果“纲要”课教师仍然按照传统的教法讲述学生已经熟知的历史知识，就会使大学生感到“纲要”课只不过是中学历史课的一种简单重复，学生成为被动接受中国近现代史知识的“容器”，从而缺乏兴趣、产生厌烦心理。学生缺乏学习“纲要”的主动性和积极性，扮演了配合教师完成教案的角色。这样一来，教学质量和效果难以得到保证和提高，学生也不可能把课程知识转化为理论认可，实现知识体系向信仰体系的转化。

“90”后大学生的最大特点是“自我选择性极强，很少对某种价值观盲目认同，趋同意识很淡，喜欢自主展示思想，通过争论和碰撞形成观点，摸索新的思路。”[1]科学有效的教法必须坚持“育人为本”的教育理念，重视学生学习探究过程中获得的体验和感悟，因此，切实可行、行之有效的教法设计与优化运作方案，对教学过程的合理安排，调动学生学习的积极性和主动性，提高教学质量和效果具有重要意义。

中宣部、教育部联合下发的《关于进一步加强和改进高等学校思想政治理论课的意见》中明确指出："要切实改进高等学校思想政治理论课教育教学的方式和方法，要提倡启发式、参与式、研究式教学，多用通俗易懂的语言、生动鲜活的事例、新颖活泼的形式，启发学生思考，增强教学效果。"通过教学设计的优化与创新提升思想政治理论课的教学实效性，增强思想政治理论课的现实感和吸引力，解决学生以往"旷课率高""抬头率低""参与度差"等影响教学实效性的问题，为进一步提升思政课课程的系统性、整体性研究，充分发挥其教育教学重要作用提供必要支撑。

二、教法设计优化与创新的基本原则

（一）坚持正确的政治方向和价值导向

作为高校思想政治教育的载体，"纲要"课有其鲜明的教学目的，具有独特的政治意义。第一，培养高校学生的爱国主义观念，增强民族凝聚力；第二，培养学生健全的人格，形成高尚的思想道德；第三，掌握历史发展规律，坚定社会主义信念。[2]其担负的主要任务就是，通过开展中国近现代史的教育，帮助学生了解国史、国情，深刻领会历史和人民是怎样选择了马克思主义、选择了中国共产党、选择了社会主义道路。

例如：在讲授"近代以来资本—帝国主义的侵略究竟给中国带来了什么"这一问题时，教师就要利用可靠的史料、具体的数据从主观动机和客观效果、正义与非正义、生产力和生产关系等角度进行辨证的阐述和深入的剖析，用鲜明的史实帮助大学生正确理解马克思关于殖民主义具有"双重使命"的论断，进而得出资本—帝国主义的侵略严重阻碍了近代中国社会的发展和进步的结论。所以从这个意义上讲，"纲要"课不只是单纯的讲授历史线索和历史知识，更要帮助学生透过气势恢宏的历史表象背后发现历史发展的内在规律——即中国近现代历史发展中呈现的"四个选择"的历史必然性。让学生树立正确的世界观、人生观和价值观，提高他们的民族自信和民族自豪感，激发爱国热情、增强社会责任感，引导大学生牢固树立走中国特色社会主义道路的坚定信念。这一特点是教法设计与优化时首先要考虑的。

（二）以教学重点难点问题为中心深入研究、重点攻关

任课教师要从知识性、思想性和学术性有机统一的角度，在教学设计中对相关重点难点问题进行深入研究、重点攻关，提高自身的学术水平，增强教学实效性。把教材转化为不同的专题进行教学的方式已被很多学校和老师采用。"纲要"课

教师在兼顾到整门课理论体系的同时，选择专题进行精讲，从内涵和外延两个方面进行拓展，把重点内容讲深、讲透、讲活，便于学生加深理解，能够灵活运用。比如针对学生普遍感兴趣的曾国藩、孙中山、陈独秀、毛泽东、蒋介石等历史人物进行重点剖析，就可以达到见微知著、以小见大的效果。

目前，制约“纲要”课教学效果的客观性因素有很多，归纳为一点就是：“如何通过追溯既往的历史，在有限的课堂教学中最大限度地满足学生的主体需求，使其获得最有政治教育价值的知识、经验与理论，实现教学目标与教学效果的统一。”[3]而构建“问题研究”性教学模式，以教学重点、难点和疑点及大学生思想热点问题为线索，重视学生在探究过程中获得的体验和感悟，不失为提高思想政治理论课教学效果的一种思路。

（三）调动学生学习积极性，提高创新思维能力

思想政治理论课开设以来，各高校教师从实际出发，总结出许多卓有成效的教学方法和模式，取得了一定的教学效果。但与教学目标的要求相比，思想政治理论课的教学实效性还略显不足，这与传统的“灌输式”“说教式”“知识性”的教学模式有着很大的关系。这种教法使教学内容与学生思想实际联系不紧密，缺乏创新性与针对性，使学生处于被动状态，更无法达到促进学生个性发展、提升学生创新精神和创新能力的目的。

要改变这种状况，教法的设计与优化是关键性的前提。可以尝试个性化教学。教师与学生双向互动，每堂课拿出一定比例的学时安排学生进行演示、演讲、表演、辩论等，使学生有充分机会展示自己研究学习的成果与体会。课堂以外，则注重加强实践环节，实行课内课外两个课堂相结合。方法二：现场案例教学。就是将案例主人公或业界精英以特邀嘉宾身份请进课堂，结合其自身的经历和感受，围绕某一教学主题现场说法，参与课堂教学，提升案例教学针对性、实效性、吸引力和感染力的一种教学新模式。只有冲破传统思维定式的束缚，采取行之有效的教学策略，通过综合利用各种案例教学元素进行教学设计和开展案例教学，努力使教学目标的实现得到教法设计与优化的有力支撑。

三、教法设计优化与创新应注意的几个问题

（一）紧扣教学目标，强调问题研究

《中国近现代史纲要》教材约 30 万字，以 1840 年鸦片战争为上限，下限是今天，时间跨度相当大，内容极其丰富。纵跨 170 多年的历史时间，怎样在有限的约 32 课时内讲深讲好？作为课堂教学的主导者，“纲要”课教师要将教学重点放在重大历史问题和历史事件的分析研究上，帮助学生掌握历史的发展规律。“三个选择”不是靠空洞的口号堆砌起来的，它是从漫长的历史过程和无数鲜活的重大历史

事件中概括出来的规律性的认识。[4]在开学之初，笔者会做个问卷调查，首先了解学生关注的焦点；然后根据课程的教学要求以及学生的反馈建议提供3~4个讨论选题。选题的范围主要是学生容易产生困惑的问题、教学重点难点问题以及学术热点问题。这些问题大致包括以下几类：

一是重要历史人物的评价。在对历史人物选择上，既要体现阶级阶层的代表性，又要体现时代的代表性，如李鸿章、康有为、慈禧、袁世凯、孙中山、陈独秀、毛泽东、蒋介石等。二是对重大历史事件的评价。如洋务运动、农民战争的评价、戊戌变法与明治维新的比较、辛亥革命、新文化运动等。三是联系大学生经常关注和感到困惑的重大问题。如资本—帝国主义的入侵给中国带来了什么？资产阶级共和国道路为何在中国行不通？怎样客观评价国民党在抗日战争中的作用？如何看待毛泽东领导时期的社会主义建设历史？如何看待中国共产党领导革命和建设过程中发生的失误？等等。

对于设置的选题，笔者一般会将学生分成几个小组进行准备，给学生讲清楚应注意的一些问题，并把这次活动作为平时成绩的一部分。正式发言时，让学生组成评委团来打分，笔者把拟好的评分标准给评委作为参考。这样既能增加学生学习的主动性，又能培养学生独立思考、深入探究的能力。学生发言后，老师进行总体评价，一定要将历史人物和历史事件置于所处的特定历史环境中做具体、全面的评价，也就是从掌握全部历史事实的总和这一原则去分析，不是片段也不是随意的。着重从正面讲清有关的道理，起到释疑、解惑、明理的作用。问题式教学可以让学生参与到教学过程中，改变被动听课的局面，激发学生学习兴趣，学生参与的积极性很高。

（二）坚持历史原则，强调论从史出

为了更好地实现教学目标，教师在论证问题时应收集和运用综合性、典型性的历史资料，尽可能地让历史事实说话。这里说的“历史细节”，主要指教材中涉及的较为翔实或鲜明生动的事件、故事。讲授历史细节，不是指在授课的过程中偏离教学中心要求，讲一些奇闻逸事和花边新闻迎合某些学生的猎奇心理，而是向学生传授一些生动、形象的史实，以“细节”讲述历史逻辑，让学生感觉不是说教，容易接受。

例如，在第一章“反对外国侵略的斗争”的讲授中，清朝统治者闭关自守、骄矜自大是造成近代中国落后于西方从而遭到列强侵略的原因。为了说明这一点，笔者特别为学生讲解了以下两个历史细节：

细节一：1793年清朝乾隆时期，英国马嘎尔尼勋爵率领一个庞大的使团访华，其目的在于请求中国开放更多的口岸。英国使者觐见乾隆皇帝时，围绕三跪九叩之礼发生了严重争执。使者带来了600箱包括新式榴弹炮、自来火枪、英国最先进战舰模型等29种高科技含量和高军事价值的样品，这些均是英国工业革命的成果。但在乾隆皇帝看来，这些不过是“奇技淫巧”，它们被随意摆放在了紫禁城、圆明园等地，供皇亲国戚和满朝文武们赏玩把弄。乾隆皇帝拒绝了英国的要求，在给英国国王乔治三世信中写道：“天朝物产丰盈，无所不有，原不借外夷货物以通有无。特因天朝所产茶叶、瓷器、丝绸，为西洋各国及尔国必需之物，是以加恩体恤，在澳门开设洋行，俾得日用有资并沾余润。”这一事件充分体现了沉醉于“天朝大国”迷梦的清王朝，对于西方正如火如荼进行的工业革命茫然无知，丝毫也没意识到来自西方文明国家的挑战和试探。

细节二：第一次鸦片战争爆发时，作为战争一方的清朝的最高统治者道光皇帝，还在深宫中问群臣：“英吉利距中国，所经过者几国？通中国有无旱路？与俄罗斯接壤否？”“该国女王年甫22岁，系年轻幼女，何以推为一国之主？是否婚配？”包括誉为“睁眼看世界第一人”的林则徐也相信，“中原百产丰盈，尽可不需外洋货物。”只要断绝了对英国人的茶叶供应，英国人消化系统欠佳，离开茶叶便会消化不良而死。生动的历史细节使得学生对于当时国人的蒙昧状态有了一个相对鲜活而又深刻的认识。

提供与教学内容相关的丰富而有价值的知识，使学生获得较多的知识信息，以满足学生的求知欲，增进教学效果。“从历史性入手，会使大学生在潜移默化中受到教育和启迪，从而达到政治性的目的，收到寓政治教育于历史教育的显著效果。”[5]这些历史细节容易生动形象地说明问题，把重点内容讲深、讲透、讲活，不仅使学生容易理解历史逻辑，而且能扩大学生的知识面，增进其学好“纲要”课的愿望和兴趣。

（三）剖析典型案例，增强教学实效

合理有效的案例选择和实际操作，能够使教学内容更加典型，课堂气氛活跃，学生积极思考，参与设置问题的分析、讨论。同样的教学重点和内容，因为换了一个新鲜的角度，就可以引起学生思考的兴趣，也容易让学生信服。

“纲要”教材将“洋务运动的兴衰”和太平天国运动、维新运动并列，放在第二章“对国家出路的早期探索”这部分，体现了对地主阶级内部自救运动的肯定。提到“洋务运动”，一般人都会想到它创办军事工业、民用工业的活动。教师如果再顺着这个思路讲课，学生必然没什么兴趣。为了帮助学生理解洋务派对近代中国出路的探索，正确认识洋务运动失败的原因与教训，笔者结合现在大学生中越来越热的“留学现象”，以“中国留学生之父”容闳倡导的幼童赴美留学运动作为典型案例进行讲授。

在本案例教学设计中，笔者安排以下几个模块开展教学：

教学模块一：中国近代第一次大规模的官派出国留学运动的发起。作为中国第一位完成学业的留学生、第一位勤工俭学的留学生、第一位公派留学倡导人，容闳怀揣着“留学教育救国”计划回国。经过17年的艰辛努力，终于在1871年得到曾国藩、李鸿章的支持，清政府也批准了由曾国藩、李鸿章联名呈奏的留学教育计划，从而有了中国历史上第一次官派留学运动。从1872年到1875年，清政府每年派遣10—16岁（平均年龄12.5岁）的幼童赴美留学，前后4批共120人，拉开了洋务运动时期留美教育运动的序幕。

教学模块二：幼童赴美留学概况及留学计划的中止。（以詹天佑的课程及成绩以观幼童们的全貌）据不完全统计，到1880年，共有50多名幼童进入美国的大学学习。其中22名进入耶鲁大学，8名进入麻省理工学院，3名进入哥伦比亚大学，1名进入哈佛大学。留美幼童于1881年被清廷决定全部撤回，清廷耗资巨额的留学计划半途而废。（插入国内外对这一事件的评论）

教学模块三：分析留美幼童对近代中国的历史影响。（以中国铁路之父詹天佑、首任驻美公使梁诚为例）

> 归国学生后来分布的职业和岗位：
> 国务总理1人，外交部长1人，侍郎1人，公使2人，
> 外交官员11人，大学校长2人，教师1人，
> 铁路局长6人，铁路官员14人，电报局长4人，
> 电报官员6人，海军将官4人，海军舰长4人，
> 海军军医3人，海军军官8人，转入商界8人，
> 工矿产业7人，兵器工厂2人，报业1人。

庚款留学生中很多人成为现代中国各个学科的奠基人和学科栋梁，如建筑学家茅以升、梁思成，物理学家周培源，气象学家竺可桢等。幼童赴美留学之后，留学热潮一浪高过一浪，其中有19世纪末的赴英、法、德留学热潮，有20世纪初的留日高潮，五四运动前后的留法高潮。据教育部统计数据显示，1978年以来，内地出国留学人员总数达到224.5万人，其中2011年留学总数为34万人。中国现在的留学已成为大众留学、人们有选择的自主留学。追根溯源，当年幼童赴美留学，具有拓荒期的奠基作用。

结语：幼童赴美留学的启示（以设问方式启发学生思考）。由根深蒂固的文化优越感而孕育的“中学为体，西学为用”这一指导思想贯穿于洋务运动的始终。洋务派是要培养能为洋务事业效力又循规蹈矩的科技、外交人才，他们要求留学生既掌握西方先进的科学技术，又不超越中国封建专制主义的轨道。幼童留美计划的中止反映了洋务运动的局限性，预示了洋务运动失败的结局，也充分暴露了清政府的腐朽、保守和落后。

通过课后的反馈，学生普遍感觉这个角度新，效果好，更能直观生动地认识洋务运动在中国历史上的地位，而不仅仅是书本上冷冰冰的文字说明。这样既避免与中学课程的简单重复，另一方面也弥补大学生对近现代史把握方面的不足之处，使他们在原来所学基础之上，大大地提高一步。

怎样提高“纲要”课的讲授质量和教学效果，使之成为大学生真心喜爱和终身受益的优秀课程，还需要每一个思想政治理论课教师在教法上精心钻研，促进教学方式的多样化，并运用于实践之中，去实践中不断地修正与完善，从而激发学生对“纲要”课程的学习积极性，在愉快的学习中接受良好的思想道德教育。

参考文献

[1] 田豆豆. 面对80后思想政治课怎么上[N]. 人民日报，2007－01－10.

[2] 范大明. 关于新开设“中国近现代史纲要”课程的若干思考[J]. 当代教育论坛，2007(2).

[3] 耿化敏，汪云生. 中国人民大学“中国近现代史纲要”教学现状的调查与分析[J]. 教学与研究，2009(11).

[4] 路小可. 论“中国近现代史纲要”课件的设计与应用[J]. 北京教育·德育，2011(2).

[5] 武晓华. 增强“中国近现代史纲要”课教学实效性的思考[J]. 思想理论教育导刊，2011(2).

国际视野下大学教师发展模式与途径的比较研究

科研处　姜红

【摘要】教师是大学存在和发展的基础，是大学最重要的人力资源。如何保持教师的质量，促进教师的发展与成长已经成为当今世界各国大学关注的一个焦点。面对高等教育内外环境的变化，国外大学从19世纪下半叶开始探索并逐步形成了一系列有效促进大学教师发展的成熟模式和成功经验。本文综合运用文献分析、比较法、典型案例法等研究方法，辨析了大学教师发展的内涵及其与专业发展的概念，仔细考察了美国、英国、日本等大学教师发展的演变历程，综合分析国外大学教师发展的模式与途径，总结一般规律，并结合我校财经类院校的发展特点，提出构建我校教师发展体系的政策建议。

【关键词】大学教师发展　模式　途径

教师是学校的主要学术资源，是影响教育活动水平和质量的重要因素。在我国高等教育加速发展和高等教育国际化的背景下，如何促进大学教师的发展，是值得各方关注的问题。有研究者认为，对于确保高等教育机构质量以及对机构改革的支持而言，高校教师发展已经成为一种关键的策略性手段(徐延宁,2009)。在竞争日趋激烈的国际化社会中，高校要持续有效地满足社会的需求，获得相应的资源，其首要途径就是促进大学教师的发展。而大学教师也必须努力在新的环境中求得生存和发展。因此，关注高等教育国际化背景下大学教师发展的现状、存在的问题，以及如何寻求更好的发展，是新时期高等教育发展的基本要求，也是高等教育研究者的历史使命。

一、大学教师发展概念

大学教师发展的内涵并不是固定不变的，在不同时期、不同国家或地区，它会因为社会发展需要的变化而有所不同。整体而言，大学教师发展(Faculty Development)是由教师专业化发展而来，其内涵也经历了一个不断扩大的过程，从教学发展向职业发展拓展，从关注专业水平的提高逐渐向关注人的终身成长发展。大学教师发展的概念在不同研究者的论著中有不同的理解。1975年，盖夫(Jerry Gaff)提出“大学教师发展、教学指导发展和组织发展”的概念，把“教师发展”界定为一个"提高能力,扩展兴趣,胜任工作,从而促进教师专业与个人发展的过程"。托斯顿把大学教师发展(Faculty Devefopment)分成广义和狭义之别。广义上指发生在大学教师身上的总体变化。狭义上指为改进大学教师的教学或科研成效而设计的一些发展项目,包含四个层次:教学发展、专业发展、组织发展和个人发展。其中个人发展专指"改变大学教师对自身的理解和认识,改善他们的社会和组织环境,改变他们对自己工作的态度"①。波奎斯特、菲利普在1975年出版的《高校教师发展手册》中根据教师发展项目关注的重点分为三种:教学发展、组织发展以及个人发展。1991年美国教育联合会(NEA)对"教师发展"提出全面界定:教师发展基本围绕着四个目的,即个人发展、专业发展、教学发展和组织发展。专业发展包括促进个人成长,获得或提高与专业工作相关的知识、技能与意识。教学发展包括学习材料的准备、教学模式与课程计划的更新。

我国内地对大学教师发展的内涵,还没有一个明晰的解释,而台湾地区的学界较早关注到这一领域,著名学者陈碧祥认为:"大学教师的学术职业专业化发展是大学教师从事教学、研究与服务工作时,经由独立、合作、正式及非正式等进修、研究活动,引导自我反省与理解,增进教学、研究及服务等专业知识与精神,主要目的在于促进个人自我实现、提升学校学术文化、达成学校教育目标,从而提升整体教育质量。"潘懋元先生针对我国大学教师发展的现状指出,在解释大学教师发展概念之前,是辨析大学教师发展与大家通常所理解的教师培训(Faculty Training)的区别,他认为,广义的大学教师发展,包括一切在职大学教师,通过各种途径、方式的理论学习与实践,使自己的学术职业专业化水平持续提高,不断完善。相当于把大学教师摆在终身学习体系中。狭义的大学教师发展,特指初任教师的培训、教育,帮助初任教师更快更好地进入角色,适应教师学术职业专业化工作,并且敬业乐业。并把大学教师发展的内容概括为学术水平、教师职业的知识和技能、师德等三个方面。②

综上所述,本文认为,大学教师发展是大学教师通过各种正式与非正式途径,丰富和完善自身能力水平,最终达到全面发展的过程。这个过程主要由教学发展、专业发展、组织发展和个人发展四个方面组成。大学教师发展具有实践性,开放性,系统性和科学性。

二、大学教师发展的理论研究——大学教师发展模式

大学教师发展的理论模型是对大学教师发展的基本内涵、组成部分及相互关系的阐释和描述。大学教师发展的第一个模型由伯格威斯特(William H. Berg-

① 托斯顿·胡森,等.国际教育百科全书(第四卷)[M].贵阳:贵州教育出版社.1990:420.

② 潘懋元,罗丹.高校教师发展简论[J].中国大学教学,2007(1):5-8.

quist)和菲利普斯(Steven R. Phillips)于1975年在《有效大学教师发展项目的组成部分》一文中提出。伯格威斯特使用层次分析法,试图建立起一个概念化的综合模型。这个模型是建立在这样的假设基础之上:大学教师发展在态度、过程和结构三个层次上展开的。如果仅仅注重一个层次的变化,教师发展的项目便断难获得成功,大学教师发展是由教学发展(过程)、组织发展(结构)和个人发展(态度)三块相关的活动组成。

第二种大学教师发展模型由盖夫在《大学教师更新》中提出。盖夫定义"大学教师发展"是一个"提高能力,扩展兴趣,胜任工作,从而促进教师专业与个人发展的过程"。盖夫澄清了大学教师发展的类型:个人发展(态度)、教学发展(过程)和组织发展(结构)。对盖夫而言,"大学教师发展"的概念涵盖了个人和教学发展所有的要素,然而他的"教学发展"更多地密切关注科目和课程设计,其目标是"学生学习的改进"。盖夫与伯格威斯特所提的两个模型之间最重要的差别是,当伯格威斯特的模型认为三个部分统一存在于一个成熟的教师发展模型中,盖夫的模型则认为三个部分任何一个都能独立发展,而不必参考其他两个的进度。伯格威斯特和盖夫等学者提出的前两种大学教师发展模型基本澄清了大学教师发展的概念、维度、组成部分及相互之间的关系,肃清了实践活动中对于大学教师发展的误解和偏见,对这一领域的研究起到奠基性的作用。

进入21世纪后,大学教师发展的各种新理论纷纷呈现。澳大利亚格里斯教授提出大学教师发展六变化理论;我国潘懋元先生提出学术—技能—师德三位一体的大学教师发展说;还有学者引入基于多阶梯晋升激励模式的大学教师发展观、基于学习共同体的大学教师发展思考,等等。这些都标志着我国对大学教师发展的研究日趋成熟和繁荣。

三、大学教师发展的实践研究——大学教师发展途径

鉴于大学教师发展日益成为世界大学教育改革的重要领域,各国都希望通过教学改革和促进教师专业化发展来保证教学质量,所以纷纷将视点落在大学教师发展和教师专业素质培训上。美、英、澳等发达国家于20世纪60年代率先对大学教师发展进行理论构建和政策改革,来保证大学教师的质量。美国最早提出建立教师发展(Faculty Development)制度,希望通过大学中各项活动开发大学教师资质。随后,英国、澳大利亚、日本等发达国家也颁布了许多具体政策,例如,实施严格的教师准入制度,选拔优秀的教师;建立职前培养和职后培训体系,促进大学教师的专业发展;实行学术休假制度,规划教师的职业生涯;保持教学、科研、服务人员的适当比例,建设结构合理、高效的教师队伍等。

大学教师发展的形式包括学术休假、学术访问、教师研习会、教师培训课程等

多种专业发展形式。大学教师专业发展的对象既包括在职教师，又包括新入职教师、研究生助教；还可能包括校外乃至全球的教师。大学教师发展的内容主要集中在教学发展、学术性发展和管理能力发展等三方面。教学发展又分为四个维度：教学技巧与策略、学生评价策略、教学技术方法及应用、学生管理。学术性发展包括两个方面：科研中技术工具的使用，科研立项、资助与管理辅导。根据北京大学《国外知名大学教师教学促进项目调查与研究》报告，全球40所著名大学的教师专业发展机构在培训内容的选择上各有侧重，主要围绕教师教学的实际问题展开，重视实践性、技能性、操作性，而丰富的培训内容只有依托有效的培训模式，才能达到促进教学的目的，这方面也有很多值得我们学习的地方。

（一）美国大学教师发展研究

1. 美国大学教师发展历程。美国大学教师发展经历了学者时期、教学者时期、开发者时期、学习者时期、网络时期，积累了丰富的经验。20世纪60年代是美国大学教师发展的启蒙阶段。由于美国高等教育大众化进程的加快，人们开始意识到有必要提高大学教师的水平，以适应高等教育的转变。1965年，在密歇根大学，心理学家威尔伯特（Wilbert McKeachie）发起了第一个教师发展中心。20世纪70年代，大学教师发展项目应运而生，并以提高大学教师的教学能力为重点。各个大学纷纷建立了自己的教学中心，各个基金会开始将教学中心作为优先资助的对象。20世纪80年代，多媒体技术的普及促进了大学教师教学方法的改进。半数以上的美国学院和大学都确立了某种类型的教学改进项目，教学促进中心大量涌现。大学教师发展项目除了私人基金会，还受到了一些联邦政府机构的资助。大学教师发展开始迈向组织化。20世纪90年代至今，是大学教师发展的重大转型期，美国高校普遍设立了大学教师发展中心。人们开始认为大学教师发展不仅包括专业发展和教学发展，还应该包括个人发展和组织发展。

在经历近半个世纪的发展，美国的大学教师发展体系已经形成了几种比较稳定的模式。赖特（Wright）根据高校教师发展中心在院校组织结构中所处的地位和发挥的作用，将这些中心的运作模式分为四种模式：多校区合作模式、校园中心模式、特殊目的中心模式和院系教师发展项目模式。

2. 美国大学教师发展特点。美国高校对教师发展工作实施分权管理，由学校来建立相关的教师发展组织机构管理和实施教师发展项目，由发展机构通过一系列的方式方法了解教师希望开展的活动内容和形式，并通过与教师的交流沟通，使教师了解学校提供的各种服务，对加入发展项目的教师进行各方面能力和水平的评估。因此，美国的大学教师发展具有实践性、服务性和多元化的特点。

（二）英国大学教师发展制度

1. 英国大学教师发展历程。真正意义上的英国大学教师发展是从20世纪60

年代开始的。20世纪60—70年代,英国高等教育大众化发展迅速,大学教师需求量急剧增加,一些大学陆续建立起校本大学教师发展中心。部分大学还拥有校本大学教师发展中心网站。课程、出版物、会议、咨询等是这个时期大学教师发展项目最普遍的实施方式。到了20世纪80年代,高等教育市场化开始出现,由于大学教育经费的竞争,教师聘任方面出现了一些新的变化,出现了临时性的大学教师和研究人员。同时,市场化也使大学教师产生改进教学方法,加强实用性项目研究的需求。因此,各个大学陆续建立起校本大学教师发展中心以及大学教师发展中心网站。大学教师发展项目的形式逐渐多样化,大学教师发展项目的内容逐渐实用化。20世纪90年代后,一系列强调高等教育经费多元化和大学教师为社会服务的职能的教育法案颁布,英国大学教师发展中心的发展逐渐成熟,出现针对不同的大学教师发展群体的区别性发展项目;有些大学教师发展中心推出大学领导课程,开始重视机构发展;有些大学教师发展中心将大学教师发展与个人发展联系起来,出现大学教师项目发展的多样化,大学教师发展组织者团队专业化和大学教师发展的项目特色化等趋势。

2. 英国大学教师发展特点。英国大学教师发展的显著特点就是与其所处的社会环境密切相关。在高等教育大众化的环境下,基于英国各大学的大学教师发展中心逐渐建立。这些大学教师发展中心的建立减轻了大众化给大学教师发展带来的压力,促进了大学教师发展项目多样化的趋势,并且间接促使了专门发展大学教师团队的出现。随着信息化和全球化时代的到来,英国大学教师发展的政策、组织模式与激励机制、项目设计与实施、评估机制四个方面对英国大学教师发展起着更大的作用。

(三)日本大学教师发展制度

1. 日本大学教师发展历程。日本是当前世界上大学教师发展制度化推进速度最快的国家。20世纪80年代,日本开始翻译欧美的文献资料,进行少量的大学教师发展尝试。1991年,文部省提出了两项政策:《大学本科设置基准》的大纲化与大学进行自我评定的规定,揭开了日本高校的大学教师发展制度化的序幕。国家参与到对大学教师发展的管理,大学教师发展开始步入了制度化阶段。此后,日本大学开始建立教师发展组织。1998年,日本大学教师发展的制度化进程进一步深入,直到2007年日本的大学教师发展的制度化进入了实质化阶段。

2. 日本大学教师发展的特点。日本大学教师发展的最大特点就是政策法规的推动作用,因此,日本的大学教师发展制度化是最快的。其次,与美国不同的是,日本是自下而上进行了大学教师发展,虽然一开始的发展也是源于民间,但是真正使大学教师发展走向繁荣的,则是政府的力量。

四、促进国内大学教师发展的相关对策与建议

(一)我国大学教师发展面临的困境

从20世纪末开始,高等教育大众化在中国迅速兴起。高等教育规模快速发展,不同类型和层次的高等学校大量增加,在硬件上,我国大学教师快速增加,高校校园建设豪华气派,但是软件上却严重跟不上,其中,大学教师发展则是高等学校师资队伍建设过程中尤为薄弱的,同时又是至关重要的问题。大学教师发展实践困境具体表现在以下几个方面:

1. 大学教师发展途径单一。目前我国高校教师的学历水平与国外相比依然整体偏低,新教师缺乏必备的教学能力,老教师知识更新缺乏途径。长期以来,大学教师发展主要依靠教师培训这一方式,但是,教师培训的针对性比较差,不能兼顾到不同院校教师发展的不同要求,在培训内容上未能体现不同类型学校、不同学科教师的实际需要和差异性。另外,教师培训模式也比较单一,主要以理论的学习为主,缺少针对性的实践指导。而且,在教师培训中,我们过于重视专业知识的培训,忽视了对教师的教育理念和职业道德的培养;过于强调知识的系统性,忽视了教育教学能力的培养和教学方法的培训。相反,西方国家高校发展中所建立的教师访问指导、Work Shop(工作坊)、Seminar(研讨会)等,这些在我国高校并不普及,这种单一的模式对高校教师的全面发展有所限制。

2. 大学教师发展的创新能力和自主性不强。教师的学术自由和学术创新性不强,这也是制约我国高校教师发展的主要问题。有些高校对教师发展重要性的认识不够,所给予的支持和服务不够,既缺乏必要的激励机制,也缺乏有效的高校教师发展评价体系。一些高校管理者没有将教师发展问题纳入学校发展战略,只简单地将教师发展等同于教师培训;而即使是对于培训问题,也往往只重视教师培训与进修的参与,忽视培训效果的评估。同时,目前中国高校教师的评价体系缺乏弹性,没有真正起到以评价促发展的作用。所以,高校教师的自我发展缺乏自主性和自觉性,往往将培训等活动作为必要的形式来应付,而平时的努力程度不够,工作态度有些松散,结果是高校教师缺少自我发展的根本动力。

(二)促进我国大学教师发展的政策与措施

1. 建立全国性教师发展指导体系,保证教师发展的普遍性。利用现有的完善的培训体系,从中央到地方再到高校分层设立高校教师发展管理机构,中央制定宏观的教师发展规章制度,地方监督,高校结合校情制定合理的教师发展计划并组织实施。这种全国性的教师发展体系的建立,可以保证教师发展制度在全国范围内所有高校的顺畅执行,有利于推进教师发展工作的全面展开。

2. 建立高校教师发展指导机构,促进全体教师持续地发展。教师发展应该是教师有目的、有计划、循序渐进、持之以恒的发展。学校应该结合现有教师发展政

策、可提供的教育资源、教师成长规律和学校发展目标，明确出不同职业阶段教师的发展目标，使得教师能在任何发展阶段都有着清晰的奋斗目标。清晰的、具体的奋斗目标易于调动教师发展的积极性和主动性，促使教师在日常工作中不断自主发展。

同时，教师发展应该是全体教师的共同发展，这样才能促进教育质量的整体提升。为此，有必要成立校院二级教师发展指导机构，分层管理，实现与教师个体的亲密接触，将教师发展工作落到实处。教师发展指导机构成员通过调查、分析教师的发展愿望、发展内容、形式，以及一些建议等，合理确定发展计划，并在计划实施过程中加强跟踪评价，最后根据评价结果提出改进意见，不断完善教师发展计划。

3. 调动教师自主发展的积极性。教师发展应当与人事任免、加薪、职称等脱离关系，从而营造一个宽松自由的氛围。学校教师发展计划为的是提高教师的整体素质、提高学校的整体教育质量。教师的发展是一项长期的艰巨的任务，它必须是全体教师长期共同努力的结果。消除由政策带来的工作压迫感和由此导致的焦虑心理，消除教师对发展计划的排斥，充分调动他们对教师发展项目参与的积极性和配合性，必然可以促进教师的良性发展。

4. 建立有效的高校教师发展评价体系。高校教师发展评价体系的构建可借鉴发展性教师评价体系的构建。首先，发展性评价的宗旨是了解人、关怀人和造就人，这与高校教师发展的目标相辅相成，高校教师的发展首先是教师个体的发展，然后才是学校的发展。其次，发展性评价的方法是协商和对话，结果处理方式是反馈和帮助。通过对教师工作的分析，让教师了解自己在教学工作中的优缺点，确定教师发展计划并提供改进的方式，促进教师的发展。发展性评价一改“奖惩性评价”模式，注重对评价结果的保密性，强调提供可提供的、可利用的条件和资源，采用有效的手段来帮助教师提高自身素质。这正是在高校教师发展过程中尤为重要的内容。由于发展性评价具有诊断、激励和帮助等多重功能，因此，它可作为一种有效的评价方式运用于高校教师发展评价。

五、国际视野下的大学教师发展研究对我校的启示

（一）我校教师发展的现状

近年来，我校全面提高教师队伍的总体实力，已形成一支符合学校发展要求的结构优化、素质良好、富有活力、勇于创新的教学科研队伍。现有教师中具有博士学位的比例近50%。学校从2006年起开展教师职业生涯规划工作，对每位教师职业生涯的主客观条件进行测定、分析、总结和研究，帮助教师确定自己的最佳职业奋斗目标，并在国内高校中率先成立了教师促进中心，得到了全校教师的支持和社会广泛关注，被称为“教师乐业工程”。目前，学校拥有国家教学名师1人，中国

“千人计划”1 人，教育部新世纪人才支持计划 1 人，国务院政府特殊津贴获得者 11 人，北京市教学名师 11 人，北京市海外高层次人才聚集工程短期项目获得者 2 人。

虽然取得的成绩不少，但我们依然要正确认识到我校教师发展中存在的差距：首先，我校教师总体水平不高，学术大师匮乏，与教育部直属的财经类院校相比，无论数量还是质量，都还有很大的差距。其次，我校教师学位层次偏低，学缘结构不尽合理。最后，我校现行的教师考核评价制度依然不能有效地促进教师的发展。评价制度依然过多地注重科研考核，发展性指标的缺失。

（二）促进我校教师发展的对策

1. 着力提高教师的教学与科研能力。大学教师发展的核心是教学与科研能力齐头并进。学校一方面要重视教师教学技能发展。通过学校 OTA 组织和各院系的力量，建立教师职前培训和职后发展，可以采用教学导师指导、课堂观察报告和学生评价反馈等方法，提升教师教学能力。另一方面，引导教师个人的教学与科研相长，协同发展。教学支撑着学术，学术引导着教学，组织良好的大学教师发展规划能使教学与科研结盟、共生。

2. 打造结构优化的学术团队。学校在提高教师学历层次的基础上，要增加经费投入，实施激励措施，加大海内外拔尖人才的引进、选拔。同时，注重对中青年骨干教师的扶持、培养，重视学术研究梯队的建设，使师资队伍结构得到明显优化。这样，通过一段时间的培育和积累，力争使学校拥有一批占领世界学术前沿的重点学科和学科带头人，建立创新团队与跨学科协作机构，促进知识共享交叉。

3. 通过 OTA 平台助力教师发展。我校的教师促进办公室（OTA）在吸收世界一流大学的经验的基础上，与本校的教师职业生涯规划工作紧密结合。今后，学校要继续加大投入，通过 OTA 这个平台，全面促进教师的教学、科研、身心健康等各个方面的发展。继续致力于编写职业导航、举办教师午餐会、提供全校性的教学与科研潜能开发课程、按需求组织一对一私密帮助、举办教师促进研讨会等活动，最大限度地激发教师的发展潜质。

4. 建立以创新质量和绩效贡献为导向的教师考评制度。形成以创新质量和绩效贡献为导向的评价机制。在教师考核、评聘工作中改变单纯以项目、论文、获奖数量为主的考核评价方式，以教师专业发展为目的，强调教师个人发展、专业发展和未来发展的融合。作为一所教学研究型的财经类大学，我们在进行教师考评时要兼顾教师的教学与科研，注重原始创新和解决北京市、国家建设重大科技需求的实效，建立综合评价机制和退出机制，鼓励竞争，动态发展。

参考文献

[1] 托斯顿·胡森，等，国际教育百科全书（第四卷）[M]. 贵阳：贵州教育出版

社,1990.

[2] 格蕾斯·威廉姆斯.英国的高等教育市场.理想还是现实——高等教育中的市场[M].北京:北京师范大学出版社,2008.

[3] 罗杰·盖格.美国高等教育的市场调节.理想还是现实——高等教育中的市场[M].北京:北京师范大学出版社,2008.

[4] 陈碧祥.我国大学教师升等制度与教师专业成长及学校发展定位关系之研究[J].国立台北师范大学学报,2001(14).

[5] 潘懋元.大学教师发展与教育质量提升——在第四届高等教育质量国际学术研讨会上的发言[J].深圳大学学报(人文社会科学版),2007(1).

[6] 有本章.教师发展(FD)的课题——日本的视角[J].复旦教育论坛,2006(4).

[7] 潘懋元,罗丹.高校教师发展简论[J].中国大学教学,2007(1).

[8] 施晓光,夏目连也.日本"大学教师发展"的经验及对中国的启示:基于名古屋大学的个案[J].清华大学教育研究,2011(8).

[9] 钟秉林,林丽.我国大学教师发展的现状、困境及对策[J].国家教育行政学院学报,2012(9).

[10] 梅红娟.论大学教师发展—基于高等教育市场化的思考[D].兰州大学,2011.

[11] 陈素娜.英国、中国大学教师发展体系与特色比较研究[D].厦门大学,2009.

[12] Jerry Gaff. Toward Faculty Renewal: advances in Faculty, Instructional, and organizational development. Jossey - Bass Series in Higher Education, 1975. 14.

[13] Clark Burton R. The Higher Education System: Academic Organization in Cross - National Perspective [M]. University of California Press, 1986.